하드보일드는
나의
힘

김봉석의 하드보일드 소설 탐험

하드보일드는 나의 힘

hARd bOIlEd fIctIOn

잔혹한 세상에서 살아남기

예담

프롤로그

하드보일드
원더랜드로의 초대

시작은 아동문학전집에 끼어 있던 홈즈와 뤼팽이었다. 다음 수순은 『그리고 아무도 없었다』, 『애크로이드 살인사건』의 아가사 크리스티와 『이집트 십자가의 비밀』, 『X의 비극』의 엘러리 퀸. 정석대로 미스터리를 읽어 나가다가 동서추리문고를 만났다. 미스터리, 스릴러, SF, 환상문학 등 장르가 망라된 동서추리문고를 읽으면서 본격적으로 빠져들기 시작했다. 『그린 살인사건』, 『통』, 『빨강머리 레드메인즈』, 『노랑 방의 비밀』, 『환상의 여인』 등 고전적인 작품부터 『웃는 경관』, 『지푸라기 여자』, 『심판은 내가 한다』, 『죽음의 키스』, 『악마 같은 여자』, 『인간사냥』, 『위철리 여자』, 『피의 수확』, 『기나긴 이별』 등 하드보일드 풍의 작품까지 닥치는 대로 읽었다. 샘 스페이드, 루 아처, 마이크 해머, 필립 말로에게 끌리긴 했지만, 정작 그 작품들을 읽을 때는 하드보일드가 정확하게 뭔지도 몰랐다.

하드보일드가 무엇을 말하고 있는지, 확실하게 알게 된 것은 아이러니하게도 영화 〈대부〉 때문이었다. 고등학교 1학년 때 본 프랜시스 코폴라의 〈대부〉는 한 마디로 충격이었다. 나는 〈대부〉에서, 비로소 어른들의 세상을 엿봤다. 그때까지 내가 알고 있던 것은 그저 아이들의 좁은 세계일 뿐이었음을 절감했다. 이탈리아계 가수 겸 배우의 출연을 거부한 영화 프로듀서의 침대에 애마의 잘린 머리가 던져졌을 때, 아무것도 몰랐던 알 파치노의 순진무구한 이탈리아 연인이 차에서 폭사했을 때, 그리고 아버지를 대신하여 대부가 된 알 파치노가 아내에게 정색하며 '거짓말'을 할 때, 내가 알던 세상은 완벽하게 변해버렸다. 어른이 된다는 것이 무엇인지 알게 되었고, 어떻게 그 비정한 세상에서 살아남아야 하는 것인지를 고민했다. 나는 영화를, 책을, 만화를 다시 들여다보기 시작했다. 그리고 점점 하드보일드에 빠져들었다. 세상이 얼마나 거대하고 폭력적인 것인지, 그 얼마나 추악한 것인지, 내가 이 잔인한 세계에서 왜, 어떻게 살아야만 하는지를 생각했다. 나를 둘러싼 모든 것들을, 그 하드보일드 '픽션'들을 통해서 보게 되었다.

하드보일드를 네이버 백과사전에서 찾아보면 이렇게 나온다.

원래 '계란을 완숙하다'라는 뜻의 형용사이지만, 전의(轉義)하여 '비정·냉혹'이란 뜻의 문학용어가 되었다. 개괄적으로 자연주의적인, 또는 폭력적인 테마나 사건을 무감정의 냉혹한 자세로 또는 도덕적 판단을 전면적으로 거부한 비개인적인 시점에서 묘사하는 것이다. 불필요한 수식을 일체 빼버리고, 신속하고 거친 묘사로 사실만을 쌓아 올리는 이 수법은 특히 추리소설에서 추리보다는 행동에 중점을 두는 하나의 유형으로서 '하드보일드파'를 낳게 하였고, 코넌 도일파의 '계획된 것'과는 명확하게 구별된다. 원래 이 장르는 1920년대 금주령 시대의 산물이라고 하며, 헤밍웨이와 도스 파소스 등 미국의 순수문학 작가들의 문학적 교훈을 적용시키려고 한다.

정확하기는 하지만, 구체적인 상은 좀 애매하다. 영화사전을 찾아보면 보다 명확하게 드러난다.

1930년을 전후하여 미국 문학에 등장한 새로운 사실주의 수법을 지칭하는 말로 쓰였다. 영미 문학에서는 수식을 일절 배제하고 묘사로 일관하는 어니스트 헤밍웨이 식의 '비정한 문체'를 칭하기도 한다. 하드보일드는 장르(genre)라기보다는 스타일(style)을 말하는 것으로 자연주의적이고 폭력적인 주제를 냉철하고 무감한 태도로 묘사하는 특징을 가진다. 문학이나 영화 등 예술 텍스트에서 비정하고 건조한 세계의 일면을 미니멀한 스타일로 담아내는 제반 수법들을 지칭한다. 여기서 '비정함'의 속뜻은 캐릭터나 사건이 비정한 것이 아니라 작가(감독)의 표현이 건조하고 냉정하다는 의미이다. 곧 세계를 대하는 태도 혹은 스타일을 뜻하는데 이는 작가(감독)가 사물을 바라보는 태도와 직접적으로 연결된다. 즉 부조리한 세계의 단면을 응시하는 예술가의 냉소적인 시선이 담겨 있다고 할 수 있다. 하드보일드 스타일은 사건이나 인물에 대한 감정적이고 도덕적인 판단을 배제하고 '견해를 덧붙이지 않은' 건조한 스타일을 구축했다. 하드보일드 스타일은 대실 해밋과 레이먼드 챈들러 같은 작가의 추리 소설을 통해 그 기법이 세련돼졌고 이것이 영화로 넘어왔다.

하드보일드는 세계에 대한 절망에서 출발했다. 1차 세계대전이 끝난 후, 많은 사람들이 망연자실했다. 전 세계가 휘말려들어 엄청난 민간인 사상자가 발생한 미증유의 전쟁은, 인간이라는 존재에 대한 근본적인 불신과 회의를 부추겼다. 또한 장밋빛 미래만이 약속되었던 것 같던 자본주의의 모순이 격발하면서 대공황이 일어나자 희망은 점점 희박해졌다. 인간이란 존재는 과연 행복한 미래를 건설할 수 있는가. 아니 인간이 아주 조금씩이라도 뭔가를 개선해갈 수는 있는 것일까. 인간에 대한 불신, 미래에 대한 절망. 결국은 그런 회의와 절망이 하드보일드를 낳았다.

고전적인 하드보일드 소설에서 탐정은 배우자의 불륜이나 연인의 실종 같은 일상의 사건을 풀어가다가 결국은 거대한 사회의 악과 대면한다. 하지만 그가 할 수 있는 일은 없다. 설사 누군가를 구해낸다 해도, 그가 속한 세상의 본질은 변하지 않는다. 하나의 사건을 해결해도, 세상의 악은 결코 사라지지 않는다. 하드보일드의 영화적 변형이라 할 필름 누아르의 걸작 〈차이나타운〉에서 사립탐정 제이크는 이 세상 전체가 '차이나타운'이라는 것을 깨닫는다. 세상의 어떤 법과 질서도 통하지 않는, 무질서와 타락의 온상을 상징하는 차이나타운. 제이크는 오로지 자신의 힘과 지략만을 믿는 인간이지만, 그건 무자비한 세상 앞에서 무기력한 자신을 추스르기 위한 '개별적인' 안간힘일 뿐이다.

'하드보일드'라고 하면, 나는 '회전목마 위의 데드 히트'라는 무라카미 하루키가 쓴 에세이의 제목을 떠올리게 된다. 빙글빙글 도는 회전목마 위에서 미친 듯이 서로 총격전을 하며 다투는 광경. 어디로도 갈 수 없고, 빠져나갈 수도 없는 세상 안에서 우리는 죽을 듯이 싸우고 있다. 내가 상대방을 죽인다 한들, 내가 있는 곳은 그 회전목마 안이다. 어디로도 갈 수 없고, 무엇도 될 수 없는 허망함. 무력감, 절망감 그리고 쓸쓸함. 하드보일드는 이 세상이 너무나도 비정한 곳이라고 말한다. 나 하나의 힘으로는 아무것도 할 수 없는, 지독하게 견고한 세상이라고.

하지만 하드보일드는 단지 그것만으로 끝나지 않는다. 하드보일드는 살아남은 자, 아니 살아가야만 하는 자의 서사(敍事)다. 아무것도 줄 수 없다 해도, 미로를 헤매는 즐거움은 존재할 수 있다. 이 끝없는 미로의 출구가 어딘가에 있을 것이라는, 한 가닥 희망만은 간절하게 남아 있기에. 그게 하드보일드의 비극적인 세계관이다. 알 수는 없지만, 믿을 수도 없지만 지금 이 순간에 내가 할 수 있는 것을 해야만 한다. 나는 하드보일드가 일종의 스타일이며, 애티튜드라고 생각한다. 작가가, 캐릭터가 세상을 대하는 태도와 살아가는 방식으로서, 세상의 폭력에 맞서 살아남는 한 가지 방법.

세상은 잔인하지만, 무한한 경이를 품고 있는 곳이다. 그것을 외면할 필요도 없다. 즐겁게 살고, 다만 이 비정한 현실을 직시하는 것으로도 충분하다. 차갑고 딱딱하다고 해서 인정이 없는 것도 아니고, 즐겁다고 해서 고통이 사라지는 것도 아니다. 하드보일드는 냉정하게, 이 세상의 법칙을 알려준다. 결코 외면하지 말고, 환상에 빠지지 말고 살아가라고 충고해준다. 그리고 말이 아니라 행동으로 보여준다. 그것이 내가 여전히 '하드보일드'에 매료되어 있는 이유이고, 이 책을 쓰게 된 이유다. 우리가 살아가는 이 무자비한 세계를 미스터리를 통해 들여다보고, 살아남기 위해 우리가 무엇을 할 수 있는지를 생각해 보기 위해서.

차례

프롤로그 | 하드보일드 원더랜드로의 초대 … 4

1 개 같은 세상, 그래도 외면할 수 없다 : 비정한 세계를 보는 눈

- 우리 이웃의 범죄와 악인의 실체 / 『악인』 요시다 슈이치 / 16
- 일상의 범죄에서 드러나는 인간의 잔인한 본성 / 『유골의 도시』 마이클 코넬리 / 23
- 좌파 소탕을 위해 마약을 용인한 미국 CIA / 『개의 힘』 돈 윈슬로 / 30
- 공포가 모든 것을 지배하던 공산주의 사회 / 『차일드 44』 톰 롭 스미스 / 37
- 평범한 사람들이 저지르는 악행 / 『이름 없는 독』 미야베 미유키 / 45
- 이유 없는 악의를 다루는 일본의 범죄소설 / 『고백』 미나토 가나에 / 56
- 아웃사이더는 오히려 더 넓은 세상을 본다 / 『레볼루션 No.0』 가네시로 카즈키 / 62
- 인간의 본성, 그리고 미래를 다시 생각한다 / 『제노사이드』 다카노 카즈아키 / 70

2 악해져도 좋다 어떻게든 살아남아라 : 느끼고, 배우고, 행동하라

- 스스로 목숨을 끊는 건 어떤 경우일까? / 『비를 바라는 기도』 데니스 루헤인 / 80
- 완벽한 패배자가 다시 일어서는 법 / 『무덤으로 향하다』 로렌스 블록 / 87
- 버블경제 몰락 이후의 하드보일드 캐릭터 / 『불야성』 하세 세이슈 / 93
- 악당에게도 원칙은 있어야 한다 / 『런던대로』 켄 브루언 / 99
- 살인자만 골라서 죽이는 연쇄살인마 / 『음흉하게 꿈꾸는 덱스터』 제프 린제이 / 105
- 삶의 원칙과 조건을 최대한 심플하게 / 『탄착점』 스티븐 헌터 / 111
- 불확실, 비합리성의 세계를 무시하지 말자 / 『우부메의 여름』 쿄고쿠 나츠히코 / 118
- 단 한 번의 선택으로 인생은 바뀌지 않는다 / 『후회와 진실의 빛』 누쿠이 도쿠로 / 126

3 학교는 진실을 가르쳐주지 않는다 : 인생은, 고통에서 배우는 것

- 개인의 시간이 아니라 역사의 시간을 보아라 / 『아카쿠치바 전설』 사쿠라바 카즈키 / 136
- 개의 눈으로 인간의 역사를 본다면? / 『벨카, 짖고 있는가』 후루카와 히데오 / 143

- 일본 청춘들이 이시다 이라에게 열광하는 이유 / 『IWGP』이시다 이라 / 150
- 우리는 왜 짐승이 되었을까? / 『짐승의 길』 마쓰모토 세이초 / 156
- 사이코패스는 경쟁사회에서 길러진다 / 『악의 교전』 기시 유스케 / 162
- 고통은, 인간을 강하게 만든다 / 『폐허에 바라다』 사사키 조 / 169
- 감정이 아니라 행동으로 말한다 / 『붉은 수확』 대실 해밋 / 176

4 구차해도 좋다
자신만의 길을 가라 : 살아가기 혹은 살아남기

- 범죄의 사슬에서 빠져나오려는 한 남자의 비극 / 『타운』 척 호건 / 186
- 약점을 받아들이면 세상을 버티는 힘이 된다 / 『본 콜렉터』 제프리 디버 / 193
- 살아남기 위해 냉정해지는 것이다 / 『워치맨』 로버트 크레이스 / 200
- 복수는 차갑게 식혀야 맛있는 음식 / 『어벤저』 프레더릭 포사이드 / 206
- 고독한 남자가 위대하다 / 『추적자』 리 차일드 / 214
- 도시에서 홀로 살아가는 여성의 얼굴 / 『아웃』 기리노 나쓰오 / 220
- 결국, 힘은 나 자신에게서 나온다 / 『탄환의 심판』 마이클 코넬리 / 227

5 거대한 벽 앞에서도
즐길 수 있다 : 싸우거나 즐기거나 혹은 피하거나

- 세상을 바꿀 수 없다면 차라리 도망쳐라 / 『골든 슬럼버』 이사카 코타로 / 238
- 국가에 대한 복수는 최후의 비명이다 / 『와일드 소울』 가키네 료스케 / 244
- 신분 상승 욕구와 허영심으로 인한 몰락 / 『이유』 미야베 미유키 / 250
- 직장이란 이름의 전쟁터 / 『은행원 니시키 씨의 행방』 이케이도 준 / 256
- 조직에서 출세하지 않고 살아남는 법 / 『바티스타 수술팀의 영광』 가이도 다케루 / 262
- 목숨과도 바꿀 수 있는 헌신의 대상 / 『용의자 X의 헌신』 히가시노 게이고 / 269
- 운명이 이끄는 곳으로 가라 / 『가다라의 돼지』 나카지마 라모 / 275
- 팜므 파탈, 가장 매력적이고 원숙한 여인 / 『조화의 꿀』 렌조 미키히코 / 281

인용 도서 목록 … 287

개 같은 세상, 그래도 외면할 수 없다

: 비정한 세계를 보는 눈

평화롭고 아름다운 세계. 동의한다. 이 세상에는 그런 모습들도 있다. 착하고 다정한 사람들이, 세상에는 수없이 많다. 하지만 그렇지 않은 경우도 허다하다. 악인들도, 착한 사람들만큼의 숫자는 있을 것이다. 평화를 원하는 사람이 있는가 하면, 타인을 굴복시키고 군림하면서 쾌감을 느끼는 사람도 있다. 이 세계는 다면적이고, 아름다운 동시에 비참하다.

당신이 이 세계를 어떻게 보든, 그것은 당신의 자유다. 당신은 당신이 보는 대로, 당신의 세계를 만들어 갈 것이다. 그건 누가 개입할 수도 없고, 흔들어댈 수도 없다. 다만 한 가지 조언을 하고 싶다. 착하고 아름다운 세상을 꿈꾸는 것은 좋지만, 세상은 결코 당신에게 친절하지 않을 것이란 사실을.

개인적으로 휴머니즘을 별로 좋아하지 않는다. 인간애가 얼마나 위대한 것인지엔 동의한다. 하지만 그 인간이 역사 속에서 얼마나 많은 학살을 저질렀는가. 영화나 소설을 보면, 인간의 고귀한 휴머니즘을 찬미하는 작품들이 많다. 거대한 전쟁, 무참한 비극의 틈바구니 속에서 살아남아, 미래를 향해 나아가는 사람들의 모습은 언제나 경이롭다. 모두가 감동하고, 눈물을 흘린다. 그런데 나는, 그런 휴머니즘의 명장면에서는 눈물이 나지 않는다. 오히려 의외의 장면에서 울컥한다.

〈시티 오브 조이〉, 〈미션〉을 만들었던 롤랑 조페는 '휴머니즘'을 말하는 대표적인 감독이다. 그런데 왜 하필이면 중남미, 인도 같은 제3세계의 박해받는 이들을 배경으로, 백인이 주인공인 영화를 만드는 걸까? 사실은 그것 자체가 오리엔탈리즘이라고 생각한다. 〈시티 오브 조이〉는 보기 전부터 불편한 생각이 들었다. 그런데 영화를 보면서 유독 한 장면에서 눈물이 펑펑 흘러 내렸다.

인도의 빈민가, 그중에서도 가장 밑바닥 천민들이 사는 곳. 그곳에서 난쟁이의 아들이 태어난다. 간신히 순산에 성공하고, 그들은 활짝 웃으며 아이를 바라본다. 이 세상의 가장 아래에서 힘든 삶을 살아내고 있는 그들이 너무나도 천진하게 웃는 그 순간, 눈물이 흘렀다. 그 장면에서 울음을 참을 수 없었던 이유는, 그 광경이 감동적이었기 때문이 아니다. 그 아이의 미래가 얼마나 신산스럽고 고생스러울지 불을 보듯 뻔했기 때문이다. 인도의 천민, 난쟁이 아버지. 간혹 세상에는 기적이 존재한다지만, 아마도 그 아이는 조롱과 차별대우를 받으며 불행하게 성장할 것이다. 내세의 행복을 꿈꾸면서, 그 아이는 견뎌낼 것이다. 그의 미래가 서글펐고, 그럼에도 활짝 웃는 부모의 미소가 너무나 싱그러워 울었다. 그 순진무구한 웃음이 너무나 가련해서.

지금 이야기하려는 소설들도 대개 비관적인 작품이다. 이 세계의 진정한 악인에 대해 물음을 던지는 『악인』, 평범한 사람들의 악에 대해 이야기하는 『유골의 도시』, 세상이 정의가 아니라 돈과 이데올로기에 의해 움직인다고 말하는 『개의 힘』 같은 소설들. 나는 이 세계가 결코 정의롭지 않다고 생각한다. 화사하고 아름다운 곳은 더더욱 아니다. 그 비참하고 잔인한 세상 덕분에, 오히려 인간의 존재가 더욱 빛나는 것이다. 인간에게 주어진 것은 어쨌건 그 '개의 힘'에 사로잡히지 않고 걸어 나가는 길이니까.

이 세상이 아름답다고 생각하다가 뒤통수를 맞고 대체 왜 이런 거냐며 울부짖기보다는 애초에 세상은 더러운 곳이라고 생각하며 묵묵히 자신을 추스르며 걸어가는 게 좋다. 배신을 당하고, 이유 없는 악의에 정신 못 차릴 정도로 나동그라졌다가도, 견디고 일어설 수 있는 내공이 필요하다. 일단은 머리로 알고, 그 다음은 세상과 부딪치면서 맷집을 기르는 것이다. 아무리 힘든 시련도 두 번째 겪고, 세 번째 만나면 조금은 수월해진다.

그러니까 이 세상이 당신을 위해서 움직인다고 생각하지 마라. 세상은 결코 당신에게 친절하지 않다. 오히려 당신에게 무엇인가를 뺏어갈 가능성이 크고, 최소한 아무것도 주지 않을 것이다. 그러니 가네시로 카즈키가 말하듯 벗어나라. 바깥에서, 달리는 거다. 누구의 편도 아니고, 어떤 조직의 하수인도 아닌 독립적인 자신이 되어라. 그게 하드보일드 원더랜드에서 살아남는 방법이다.

우리 이웃의 범죄와
악인의 실체

「악인」
요시다 슈이치

악인이란 누구일까? 사악한 범죄를 일으킨 사람? 그 정의를 부인할 이는 없을 것이다. 하지만 이 세상에는 법률로 정해진 범죄를 저지르지 않았음에도 '악인'이라 부를 수 있는 사람들도 많다. 반대로 살인을 하거나 폭력을 쓰긴 했지만, 악인이라고 부르기 힘든 이들 역시 많이 있다. 그렇다면 요즘 익숙한 단어가 된 사이코패스는 어떨까? 사이코패스는 타인에 대한 공감능력이 전혀 없기에, 오로지 자신의 이익만을 위해 타인을 이용하거나 희생시키는 이를 말한다. 그 정도면 악인이라고 능히 부를 수 있을 것 같다. 하지만 단지 사이코패스들만이 악인일까? 이를테면 자신의 가족을 위해서는 모든 것을 헌신하면서도, 타인들에게는 가혹하고 때로 목숨까지 빼앗는 이가 있다면 어떨까?

세상이 복잡한 것처럼, 악인이라는 존재의 개념도 모호하다. 어떤 끔찍한 사건을 보면서 사람들은 말할 것이다. 저런 나쁜 놈, 이라고. 외형적으로 본다면 『악인』의 주인공 유이치도 마찬가지다. 깊은 산속 도로에서 젊은 여성을 목 졸라 죽이고 도망쳤다. 그 정도 사실만으로도 악인이라고 부를 법할 것이다. 하지만 TV 화면에 비친 것 이상의 유이치는 과연 어떤 인물일까? 그는 대체 어떤 악인일까? 『퍼레이드』에서 보통 사람의 범죄를 통해 우리 사회의 모순을 드러냈던 요시다 슈이치는 『악인』에서 악인이라는 존재 자체를 되짚어본다. 과연 누가 악인인지, 어떤 사람을 우리는 악인이라고 불러야 하는지를 자문하는 것이다.

요시다 슈이치는 살인 사건에 얽힌 다양한 사람들의 이야기를 들려준다. 사랑하는 딸 요시노를 잃은 아버지의 이야기, 기분 나쁘다고 여자를 산속 도로에 내팽개치고 가 버린 남자의 이야기, 같은 직장에 다니던 그녀를 한편으로 질투하고 선망하기도 했던 친구의 이야기, 그리고 그녀를 죽인 남자와 뒤늦게 그를 만나 사랑하게 된 미쓰요의 이야기까지. 하나의 사건을 총체적으로 파악하기 위해 사건에 얽힌 수많은 사람들을 찾아가 인터뷰한 형식으로 쓰여진 미야베 미유키의 『이유』와도 비슷하다. 하지만 인터뷰 형식은 아니고, 그들의 이야기를 하나씩 전개하는 방식으로 담담하게 서술한다.

요시노가 유이치를 만난 것은 만남 사이트를 통해서였다. 그녀는 돈을 원했다. 다른 남자들을 만나서도 돈을 원했다. 그리고 만남 사이트가 아닌 곳에서 만나는, 멋진 남자에게 선택되기를 원했다. 이를테면 여관집 아들이라는 대학생 마스오 같은 남자. 누군가의 말처럼 요시노는 '창녀'일 수도 있고, 신분상승을 위해 남자를 쫓아다니는 속된 여자일 수도 있다. 하지만 그녀의 아버지에게는 그저, 억울한 죽음을 당한 딸일 뿐이다. '한 인간이 이 세상에서 사라지는 것은 피라미드 꼭대기의 돌이 없어지는 게 아니라, 밑변의 돌 한 개가 없어지는 거로구나.' 처음에는 마스오가 범인이라고 생각하고 증오했지만, 정작 진범이 따로 있다는 말에도 아버지의 분노는 사그러들지 않는다.

'딸을 죽인 범인이 있다. 딸의 애정을 짓밟은 놈이 있다. 증오를 퍼부어야 할 대상은 범인인데도 왜 그런지 자꾸만 차에서 걸어차여 쫓겨나는 딸의 모습만 떠올랐다.'

마스오는 요시노를 좋아하지 않았다. 아니 그녀를 무시하고 조롱했다. 보험영업을 하는 이발소집 딸, 아주 예쁘거나 매력이 있지도 않은 요시노를 업신여겼다. 그녀가 죽은 후에도, 마스오는 그녀를 조롱한다. 요시노가 얼마나 어리석고 한심했는지를 깔깔거리며, 친구들에게 떠들어댄다. 마스오는 요시노를 죽이지 않았지만, 악인이다. 그 사실만은 분명하다.

유이치는 요시노를 죽였다. 요시노를 만나기 위해 나갔다가, 그의 눈앞에서 마스오의 차에 올라타는 요시노를 본다. 그래서 쫓아갔고, 산길 도로에서 나동그라지는 요시노를 보았다. 그런 요시노를 걱정하여 다가갔지만, 그녀는 오히려 악담을 퍼부어댄다. 자신의 부끄러운 모습을 본 유이치에게, 요시노는 엉뚱한 분노를 토해낸다. 나를 납치해서 강간했다고 고발할 것이라고. 친척 중에 변호사도 있으니, 반드시 너를 고발할 거라고. 그 말을 들은 유이치는, 제정신이 아닌 상태로 요시노의 입을 막고 목을 졸랐다. 그래서 죽였다. 그런 말을 듣고도 참지 못한, 너그럽게 넘기지 못한 유이치는, 악인이다.

유이치는 어릴 때 엄마에게 버림받았다. 페리 선착장에 버려진 유이치는 외조부모에게서 자라났다. 평범하게 고등학교를 나와 막노동을 하며 살아간다. 착해서, 조부모의 뒷바라지를 묵묵하게 할 뿐이다. 별다른 취미도 없고, 친구들과 놀러 다니지도 않는다. 일을 하고, 병든 할아버지를 보살피고, 지루한 일상을 보낼 뿐이다. 미쓰요도 그랬다. 고등학교를 나와 농네의 상섬에서 일하는 고독한 나날들. 그리 외향적이지도 않고, 미인도 아닌 미쓰요는 늘 혼자였다. 그래서 바보같이, 그들은 만남 사이트를 들여다본다. 혹시, 정말 혹시나 진짜 '사랑'을 만날 수 있을까 해서.

'난 진지하게 문자 보냈던 거야. 다른 사람들은 그냥 장난삼아 그럴지도 모르지만…… 난, 정말로 누군가를 만나고 싶었거든. 촌스

럽지? 그런 거, 너무 슬쓸하지? …… 바보 같다고 해도 좋아. 그렇지만 비웃진 마…….'

바보 같다고 생각할 것이다. 얼마나 한심하기에 일상생활에서 이성 하나 제대로 만나지 못하는 거냐고. 하지만 세상에는 그런 사람들이 많다. 누구는 날마다 연애를 하고, 수없이 새로운 사람을 만나기도 하지만 또 누군가는 용기가 없어서 혹은 연애할 시간과 여유조차 없어서 시간을 흘려보낸다. 만남 사이트에서 요시노를 만났던 한 남자가 있다. 그녀가 자신을 칭찬했었다고, 그는 말한다. 그 남자는 못생겼고, 가진 것도 별로 없었다. 그래서 그녀의 말이 정말 기뻤다. '빈말이라도 상관없습니다. 그렇잖습니까. 그것마저 없다면 저 같은 놈은 정말 아무것도 없으니까요.'

요시노를 죽인 후, 유이치는 미쓰요를 처음 만난다. 그리고 알게 된다. '그곳에만 가면 날 사랑하는 사람이 기다린다. 그런 장소가 이제껏 있었던가? 30년을 살아온 내 삶에 그런 장소가 있었던가? 나는 그곳을 발견해낸 것이다. 나는 그곳을 향해 가는 것이다.' 유이치와 미쓰요는 똑같은 마음이었다. '조금만 일찍 미쓰요를 만났으면 좋았을 걸. 조금만 일찍 만났다면 이런 일은 없었을 텐데…….' 하지만 이미 유이치는 요시노를 죽였고, 그들의 행복은 유예될 수밖에 없다.

유이치와 미쓰요의 운명이 그렇게 가혹했던 이유는 무엇일까? 유이치와 미쓰요는 일종의 사회적 약자다. 극빈층은 아니지만, 그들은 사회의 아래쪽에 위치하고 있다. 그런 그들을, 마스오처럼 가진 자들은 끊임없이 비웃는다. 그런 와중에 약자들끼리는 서로 헐뜯고 싸운다. 유이치를 버린 어머니는, 아들이 사람을 죽였다는 소식을 듣고는 어머니에게 전화를 건다. 그리고 유이치의 할머니를 힐난한다. 어떻게 그런 아이로 키웠냐고. 아이를 선착장에 버리고 도망친 그녀는, 그렇게 자신의 아들을 비난한다. 자신에게 올 때마다 돈을 뜯어갔다고. 하지만 그건 유이치의 또 다른 배려였다. 유이치는 말했다. 원치 않는 돈을 뜯어내는 것도 괴롭다고. 그러면서도 어머니에게 돈을 뜯는 이유를 이렇게 말한다. '그렇지만 양쪽 다 피해자가 되고 싶어하니까'라고. 내가 버린 자식도 이렇게 나쁜 놈이야, 그러니까 나도 피해자라며 자신을 위치 지으면 마음이 편해지고, 정당성이 생기니까. 그렇게 똑같은 위치에 선 사람들끼리 서로를 갉아먹으며 위안을 삼는다.

그 정글에서 살아남기 위해서는, 결코 도망쳐서는 안 된다. 유이치의 할머니 후사에는 우연히 건강상품을 판매하는 행사에 갔다가 빚을 지게 된다. 처음에는 멋모르고 분위기에 취해 샀다가, 나중에는 협박에 못 이겨 지불 각서를 쓴 것이다. 살인범의 가족이라는 비난과 빚으로부터 도망치려고 하던 후사에는 결심한다. 아니 알게 된다. 그게 자신의 잘못이 아니라는 것을. 자기 잘못도 아닌 것에서 도망칠 이유가 없다고. '도망만 친다고 변하는 건 아무것도 없다. 기다려도 도와줄 사람도 없었다…… 힘을 내야 한다. 바보 취급을 당하고 잠자코 있을 수만은 없다. 용기를 내야 한다. 이제 더는 그 누구에게도 바보 취급을 당할 수 없다. 그런 대우를 당하고 더는 참을 수 없다.'

물론 그런다고 이길 수 있는 것은 아니다. 세상이 바뀌는 것도 아니다. 요시노의 아버지가 마스오를 찾아가 스패너를 높이 쳐들어도, 결코 세상은 변하지 않는다. '솔직히 아버님이 마스오를 이길 수 있다고 생각하진 않았습니다. 대결하는 그 장소에서든, 그 후 서로의 인생에서든 분명히 이기는 쪽은 마스오일 거라고 생각했습니다. 그렇지만, 그래도 아버님이 어떻게든 마스오에게 항변해주길 바랐습니다. 침묵한 채 지지 않길 바랐습니다.' 단지 요시노의 아버지는 한 마디를 던진다.

'그렇게 살면 안 돼……. 그렇게 다른 사람이나 비웃으며 살면 되겠어?'

누가 악인일까? 요시노를 죽인 유이치일까? 유이치를 고발하겠다며 소리치는 요시노일까? 요시노를 비웃는 마스오일까? 유이치를 버린 어머니, 물정 모르는 노인들을 유혹해 빚을 지게 해 돈을 뜯는 양아치들, 특종을 얻기 위해 살인범의 가족을 쫓아다니는 매스컴, 이 모든 것을 방치하는 사회. 아마도 우리가 살아가는 이 세상 모두가 악인일 수 있다.

일상의 범죄에서 드러나는
인간의 잔인한 본성

『유골의 도시』
마이클 코넬리

어렸을 때, 전 세계 미술관의 소장품을 담은 화집이 집에 있었다. 저작권 개념이 없던 시절이라 대영박물관과 루브르, 우피치, 프라도 등을 가야만 볼 수 있는 그림과 조각품들이 모두 실려 있었다. 딱히 미술에 취미가 있었던 건 아니지만 눈요기를 하기엔 딱 좋았다. 화가나 작품의 이름을 기억하는 경우는 별로 없었다. 그냥 보고, 틈이 나면 또 들춰보고 하는 식이었다. 몇몇 작품들은 오랫동안 기억에 남아, 어른이 되어 다시 보았을 때는 옛 친구를 만난 것처럼 반갑기도 했다. 그중 가장 인상적이었던 그림을 든다면, 네덜란드의 화가 히에로니무스 보슈의 작품이었다.

작품의 이름은 기억하지 못했다. 다만 곤충처럼 생긴 괴물들이 인간을 통째로 자기 입속에 밀어 넣거나 벌거벗은 남녀를 때리고 죽이는 광경이 광활하게 펼쳐지는 일종의 지옥도로서 너무나 선명했다. 이사를 다니면서 그 책은 사라지고, 어른이 되어 다시 그림을 만났을 때에야 히에로니무스 보슈란 이름을 알게 되었다. 제목이 '세속적인 쾌락의 동산'이란 것도. 15세기 네덜란드 출신 화가인 보슈는 종교적인 소재의 그림을 그리다가 점차 초현실주의적인 민담 혹은 상징의 세계로 나아갔다고 한다. 종교를 소재로 한 미술에서 지옥을 그리는 것은 낯선 일이 아니지만, 보슈의 작품은 유난히 두드러졌다. 지옥이 아니라, 현실의 뒤틀린 이미지 같다고나 할까.

　마이클 코넬리의 『유골의 도시』는 히에로니무스 보슈가 주인공인 미스터리 시리즈다. 당연히 실제 화가는 아니고, 주인공의 어머니가 보슈의 이름을 따서 붙여준 것이다. LA의 형사인 해리 보슈. 현실에서도, 이름을 따라서 주변 상황이 돌아가는 경우가 종종 있다. 작가가 부여한 이름이라면, 그건 단순한 이름이 아니라 캐릭터 자체를 드러내는 상징인 경우가 많다. 창녀였던 보슈의 어머니는 살해당했고, 보슈는 어린 시절 내내 청소년 보호소와 위탁 가정을 전전해야 했다. 16살에 자원입대하여 베트남으로 향한 보슈는 땅굴에 들어가 폭탄을 설치하는 척후병 '땅굴쥐'로 복무하게 된다. 처음 보슈가 등장한 『블랙 에코』에는 보슈가 땅굴쥐로 있으면서 어떤 끔찍한 경험을 했는지가 잘 나와 있다. LA로 돌아온 보슈는 형사가 되었고, 베트남의 전장과 크게 다르지 않은 도시에서의 '전투'를 벌이면서 살아간다.

화가 보슈가 그린 〈세속적인 쾌락의 동산〉에서 충분히 존재할 법한 인생을, 형사 보슈는 살아가고 있다.

『유골의 도시』는 해리 보슈 시리즈의 8번째 작품이다. 앤서니 상과 배리 상을 수상했고 에드거 상, 스틸대거 상 등 수많은 미스터리 상의 후보작으로 오르며 작품성을 인정받은 걸작이다. 그런데 『유골의 도시』에 등장하는 사건은, 다른 작품들에 비해 대단히 소박하다. 연쇄살인범이 있는 것도 아니고, 범인의 캐릭터가 유별나지도 않다. 소소한 범죄를 추적했더니 거대한 음모가 도사리고 있다거나 거물이 숨어 있는 것도 아니다. 수수께끼를 풀어가는 과정이나 사건의 트릭 역시 기발함과는 거리가 멀다. 평범한, 우리 주변에서 언제 어디에서나 일어날 수 있는 일상적인 범죄. 사랑과 증오, 연민과 질투가 이리저리 뒤섞여 만들어내는 현실의 지옥도. 괴물이 등장하지 않아도, 상상을 초월하는 잔인한 광경이 펼쳐지지 않아도, 우리가 살아가는 세상은 충분히 잔혹하고 서글프다.

새해 첫날, 해리 보슈는 할리우드 언덕에서 인간의 것으로 보이는 뼈를 발견했다는 신고를 받는다. 희생자는 20년 전에 사망했고, 생전에 수많은 학대를 받았던 아이로 밝혀진다. 피해자의 신원부터 밝혀내려는 보슈와 파트너인 에드거는 할리우드 언덕의 주민인 니콜라스 트렌트에게 아동 성추행 전과가 있다는 것을 알아낸다. 그런데 보슈가 트렌트에게 사정 청취를 한 다음 날, 트렌트는 유서를 남기고 자살한다. 상층부에서는 트렌트를 소년의 살해범으로 몰아가려 하지만, 보슈는 희생자가 자신의 동생인 것 같다는 쉴러 들라크루아를 만나게 된다.

보슈가 다룬 끔찍한 사건이 한두 번이 아니었지만, 유독 이런 사건은 보슈를 괴롭힌다. 어린아이가 학대를 받다가 살해당해 20여 년간 야산에 묻혀 있었다. 아무도 그를 찾지 않았고, 쓸쓸히 기억에서 사라져간 것이다. '피해자가 어린이인 사건들은 늘 보슈를 따라다니며 괴롭혔다. 그런 사건들은 그를 완전히 기진맥진하게 만들었고 상처를 입혔다. 그 독이 묻은 탄알을 막을 만큼 두꺼운 방탄조끼는 없었다. 어린이 사건들은 이 세상이 잃어버린 빛으로 가득하다는 사실을 절감하게 만들었다.' 어린이와 약자를 대상으로 한 사건들은 시간과 지역을 가리지 않고 범람한다. 여전히 모성과 가족에 대한 신화가 강한 한국에서는, 근친에 의한 학대나 범죄를 제대로 보지 않으려는 경향이 있다. 하지만 유아가 죽었을 때 1차 용의자는 부모이고, 배우자가 죽었을 때 1차 용의자가 남편과 아내인 것은 한국도 마찬가지다. 예나 지금이나, 거리에서 그저 지나치는 사람보다도 못한 가족과 부모가 세상에는 널려 있다. 보슈는 그 사실을 잘 알고 있다. 그래서 그는 늘 방황한다.

그가 오래전부터 알고 있던 사실을, 진정한 악은 세상에서 몰아낼 수 없다는 사실을, 그녀는 모르고 있었다. 그는 기껏해야 양손에 물이 새는 양동이를 하나씩 쥐고 절망의 어두운 시궁창 속을 허우

적거리고 다니며 물을 퍼내려 하고 있을 뿐이었다.

'유골의 도시'라는 제목은, 인간의 악이 결코 사라지지 않는다는 의미다. 수천 년 전의 유골을 분석하면서, 동시에 현재의 범죄 희생자들을 조사하는 사람이 말한다. '이 여자는…… 9천 년 전에 살해당했고, 사체는 범죄를 은닉하기 위해 타르 구덩이로 던져진 것 같아요. 인간의 본성은 변하질 않는군요.' 그건 딱히 범죄적 본성을 지니고 있는, 우리와 다른 누군가의 문제가 아니다. 『유골의 도시』는 가장 평범한 범죄를 다루고 있다. 가까운 사이에서 벌어질 수 있는, 순간의 오류와 그릇된 선택들. 그건 결코 그들이 악인이어서가 아니다. 요시다 슈이치의 『악인』에서도 나오듯, 우리 누구나가 어떤 찰나에는 '악인'이 될 수가 있다.

보슈는 언제나 '세속적인 쾌락의 정원' 같은 풍경을 바라보고 있다. 그 안에서 아무리 뛰어다니고, 악인들을 잡아내도 세상은 변하지 않는다는 사실을 알고 있다. 그렇다면 어떻게 해야 할까? 그냥 내팽개치고 안온하게, 혹은 자연으로 들어가서 홀로 살아갈까? 보슈가 택한 것은 그저 살아가는 길이다. '난 믿음과 소명의식을 가지고 있어요. 그걸 푸른 종교라 불러도 좋고 다른 뭐라고 불러도 상관없어요. 그건 이 사건들을 이대로 놔두진 않겠다는 믿음이에요. 내가 찾아내도록, 내가 뭔가 바로잡아주도록 하기 위해서 튀어나온 거라는 믿음이에요. 그리고 그 믿음이 나를 잡아주고 지탱해주고 일을 계속하게 만들고 있어요.' 살아가면서 눈앞에 보이는 것들을, 하나씩 바로잡고 세워주는 것. 그것만이 보슈의 유일한 종교다.

『유골의 도시』에는 또다시, 보슈가 사랑한 여인이 나온다. 안타깝게도 그녀는 비극의 주인공이 된다. 하지만 기이하게도, 그 비극은 그녀 자신이 만들어낸 것이다. 자신이 원해서, 자신이 만들어낸 지옥으로 걸어 들어가는 것이다. 그 비극이 궁금하다면, 『유골의 도시』를 읽어보면 된다. 다만 여기서 말할 수 있는 것은, 그녀의 비극을 보면서 다시 한 번 보슈가 절절하게 깨닫는 '진실'이다.

궁극적으로 인간은 누구나 자신의 길을 자기가 선택한다. 다른 사람이 길을 가르쳐주기도 하고 손을 잡고 다른 데로 이끌기도 하지만, 언제나 최종 선택은 자신의 몫이다. 누구에게나 상어를 막아주는 울타리가 있다. 그런데 그 울타리 문을 열고 상어 속으로 뛰어드는 사람들은 위험을 무릅쓰고 그렇게 하는 것이다.

인간은 선택을 한다. 어떻게 살아갈 것인지, 어떻게 행동해야 할지 자신이 결정하는 것이다. 그것이 결코, 자신이 모든 것을 결정하고 마음대로 끌어갈 수 있음을 의미하는 것은 아니다. 운명이 있다고 해도, 그 운명의 무게와 향방을 정하는 것은 자신이라는 의미다. 똑같은 자동차를 가지고, 누구는 흉기로 쓰고, 누구는 '스위트 홈'으로 만드는 것처럼. 보슈 역시 마찬가지다. 그는 다시 한 번 위로 올라갈 수 있는 기회를 얻는다. 하지만 보슈는 가만히 물러선다. 물러서서, 그 모든 것을 지켜보기로 마음먹는다. 자신이 있는 곳을, 자신이 누구인지를 가만히 들여다보는 것이다. 그것, 그 선택으로 아무것도 바뀌지 않는다 해도, 적어도 보슈의 시선과 마음은 달라졌다. 내가 '어디에도 없어'라고 생각할 수 있다면, 그 다음 선택은 자명하다. 자신이 있을 곳을 정하는 것. 그래서 해리 보슈는, 형사를 그만둔다. 하지만 보슈의 인생은 그 시점에서 다시 시작되는 것이다.

좌파 소탕을 위해 마약을 용인한 미국 CIA

『개의 힘』
돈 윈슬로

내 영혼을 칼에서 건지시며 내 유일한 것을 개의 힘에서 구하소서.

(시편 22장 20절)

성경에 나오는 '개의 힘'은 아마도 인간의 어두운 본성, 악의 힘 같은 것을 의미할 것이다. 어느 순간 끌려 들어가면 스스로 '인간'임을 잃어버리게 하는 그 무엇. 카인이 아벨을 죽이던 그 순간부터, 어쩌면 인간은 늘 '개의 힘'에 사로잡혀 있는 것인지도 모른다. 종교를 믿건 말건 상관없다. 인간에게 악이란, 태초부터 있었던 본성이다. 단 한 번도 인간은 '개의 힘'에서 벗어난 천국을 만들어본 적이 없다. 유토피아, 샹그리라, 율도국 같은 이상향은 상상 속에서나 가능했을 뿐.

그렇다면 인간은 결코 '개의 힘'에서 벗어날 수 없는 걸까?

한 남자가 있다. 백인 아버지와 멕시코인 어머니 사이에서 태어난 아트 켈러. 그는 태생적으로 '방황하는 사람, 외로운 사람'이었다. '두 문화 속에서 자라 양쪽 세계에 발을 담그고 있지만, 어느 쪽과도 어울리지 못하는 부적응자. 그러나 똑똑하고, 거리에서 막 자랐고, 야망이 있는 사람…… 아버지라는 존재를 다소 용납하지 못하는 사고방식도 지니고 있었다. 낙오자의 사고방식이었다.' 아트 켈러의 영민함을 알아본 이들이 있었고, 그를 CIA로 끌어들인다. 베트남전에서 '더러운' 특수작전들을 수행했던 아트 켈러는 미국으로 돌아와 마약단속국에 들어간다.

돈 윈슬로의 『개의 힘』은 아트 켈러가 멕시코의 마약조직을 일소하는 작전에 투입된 1975년에서 시작된다. 마약 단속국의 이단아였던 아트는 권투선수의 매니저인 아단 바레라와 친해지고, 그의 친척인 경찰 티오를 만나게 된다. 그것이야말로 지옥의 파트너쉽이었다. 티오가 건네준 정보로 수많은 성과를 거두고, 최대 조직의 보스까지 잡았지만 결과는 참혹했다. 티오의 야심은 기존의 조직을 해체시키고 새로운 '연합'의 보스로 등극하는 것이다. 멕시코에서 생산되어 미국으로 팔려나가는 아편의 공급은 거의 사라졌지만, '연합'은 새롭게 콜롬비아에서 코카인을 공급받아 미국 각지로 넘겼다. 진짜 마약 전쟁이 시작된 것이다.

『개의 힘』은 1975년부터 30여 년간 아트 켈러가 벌이는 마약 전쟁의 과정을 그리고 있다. 할리우드 영화에서 많이 본 것처럼, 마약은 인간을 타락시킨다. 마약 자체가 타락시키는 것도 문제지만, 마약을 둘러싼 범죄조직의 문제가 더욱 심각하다. 아트 켈러는 순수했다. CIA를 그만둔 것에는 그런 이유도 있었다. 마약 조직을 부수는 것은, 베트남의 '공산주의자'들을 죽이는 것과는 달랐다. 하지만 마약 범죄의 근원을 파고 들어가면서 아트 켈러는 엄청난 벽에 부딪치고 만다. 케르베로스, 피닉스, 레드 미스트 등 낯선 이름들을 듣게 된 것이다. 그것들은 하나같이 미국의 특수 작전 명이었다.

미국은 자신들의 앞마당인 중남미에 좌파 정권이 들어서는 것을 극도로 싫어했다. 베트남에서 패퇴한 기억은 그들을 더욱 과격하게 만들었다. 중남미 각국의 독재 정권과 우파 민병대 그리고 좌파 정권이 들어선 코스타리카의 콘트라 반군에게도 막대한 금전과 무기 지원을 했다. 하지만 엄청난 예산을 확보하기 힘들었던 미국 정부와 CIA는 마약을 활용하기로 결정한다. 마약조직이 미국으로 안전하게 마약을 옮기는 것을 용인하는 대신 돈을 받고, 그 돈으로 '좌파 소탕' 작전을 벌인 것이다. 스티븐 시걸의 〈형사 니코〉에는 CIA 요원이 마약 조직의 간부가 되어 범죄활동을 벌이고도 처벌받지 않는 모습이 나온다. 『개의 힘』의 살 스카키가 바로 그런 인간이다. CIA 상부의 명령을 받아 움직이는 살 스카키는 뉴욕에 위치한 마피아의 간부이면서, 중남미 마약조직의 연락책이고, 필요하면 암살과 테러 작전도 진행하는 초법적인 인물이다.

'오랫동안 이어져 온 쿠바 마이애미 마피아 마약 커넥션이군.' 아트가 눈치 챘다. 아트는 그 고리가 다시 이어져 콜롬비아에서 중앙아메리카로, 멕시코로, 미국에 있는 마약 중개상에게로 코카인이 운송된다는 사실을 알고 있었다. 그리고 마피아가 공급한 무기는 니카라과 반정부세력 콘트라스로 갔다.

아트 켈러는 마약 전쟁의 실체를 알게 된다. 단지 마약을 파는 사람들을 찾아내서 잡기만 하면 끝이라고 생각했지만, 오산이었다. 거물들은 아무리 잡아도 그냥 풀려난다. 멕시코의 정부, 경찰 심지어 대통령까지 마약조직과 관련이 없는 사람은 없다. 아트 켈러는 동료를 고문하고 죽인 아단과 그의 조직을 궤멸시키고 싶어 한다. 하지만 그들을 잡으려면 CIA의 음모를 폭로해야만 했다. 그래서 아트는 타협을 한다. '오로지 복수를 위해서. 내 보복을 위해 홉스에게 영혼을 팔았을 때부터, 내가 거짓 증언을 하고 은폐했을 때부터, 홉스를 찾아와 아단 바레라를 죽이도록 도와달라고 했을 때부터, 너도 공범이 된 거야.'

『개의 힘』을 읽는 일은 참담하다. 그냥 범죄조직의 만행이 아니라, 우리가 알고 있는 모든 세계가 어떻게 아수라장이 되어 움직이는지를 보여주기 때문이다. CIA의 작전을 통해 미국에 들어온 건 '주식중매인들이나 인기여배우들이 흡입할 마약이 아니었다. 크랙으로 만들어 하나에 10달러씩 받고 가난한 사람들에게 팔 마약이었다. 소비자는 대부분 흑인이나 스페인계였다.' 1985년 멕시코시티 대지진이 일어났을 때, 재건 자금을 구할 곳은 단 두 군데뿐이었다. 교황청과 마약조직. 이걸 선과 악이라고 생각할 수도 있겠지만, 현실은 똑같았다. 보수적인 교황청은 중남미에 신을 믿지 않는 좌파가 득세하는 것을 싫어했고, 오푸스데이를 중심으로 CIA의 공작에 협력했다. 1993년 마약 조직의 싸움에 희생된 실존 인물 후안 헤수스 포사다스 오캄포 전 추기경을 모델로 한 후안 신부의 암살은 그들의 음모로 그려진다.

돈 윈슬로는 실제 역사적 사건과 인물들을 『개의 힘』에 그럴듯하게 옮겨놓는다. 1988년 멕시코 제도혁명당 선거 조작 의혹과 콜롬비아의 대통령 후보 루이스 카를로스 갈란과 카를로스 피사로의 암살, 과테말라의 오스카 로메로 신부의 암살 등 실제 사건들을 소설 속에 절묘하게 끼워 넣고, NAFTA 협정을 통해 미국과 마약조직이 어떻게 멕시코에서 막대한 돈을 벌어들였는지 그리고 마약조직을 이용한 CIA의 비열한 공작들이 어떻게 이루어졌는지를 생생하게 보여준다.

『개의 힘』을 읽는 일이 참담한 것은, 단지 현실이 추악하기 때문만은 아니다. 현실이 암흑이어도 어떤 희망, 인간의 가능성만 보아도 미래를 약속할 수 있다. 『개의 힘』은 오히려 악은 결코 사라지지 않는다는 것을 웅변한다. '홉스가 고개를 끄덕였다. 슬프다. 아트 켈러는 좋은 사람이다. 하지만 분명한 진리가 있다. 전쟁에서는 좋은 사람들이 죽게 된다.' 아트 역시 현실을 잘 알고 있다. 동료인 어니를 위해서 시작한 복수이지만, 그 과정에서 너무나 많은 '무고한' 이들이 죽어간다. 진짜 악은 여전히 호의호식하며 살고 있는데 '개의 힘'이 물어뜯은 이들의 시체가 도처에 즐비하다. 홀로 죽은 자들과 함께 밤을 보내는 아트는, 너무나도 쓸쓸하다. 하지만 결코 개인적인 싸움을 멈출 수가 없었다.

"저는 신의 존재를 믿지 않습니다."
"상관없어. 신은 자네를 믿거든."
아트는 생각했다.
'그렇다면 신은 어리석군요.'

진정으로 어리석은 것은, '개의 힘'을 결코 떨쳐내지 못하는 우리일지도 모른다. 돈 윈슬로는 희망을 완벽하게 포기하지는 않는다. 『개의 힘』의 또 다른 주인공으로는 아일랜드계의 킬러인 칼란과 고급 매춘부인 노라가 있다. 젊은 시절 단 한 번 노라를 만났다가, 수십 년 뒤에 다시 그녀를 만나게 된 칼란. 그동안 칼란은 마피아 보스를 죽이고 도망쳤다가 중남미에서 CIA의 비밀작전에 참여하는 등 파란만장한 삶을 보냈다. 그녀를 만난 칼란은 실낱같은 희망을 믿는다. '어떻게든 그 미녀에게 닿을 수 있었다면 칼란의 삶은 덜 추악해졌으리라'라고.

피와 폭력의 역사는 결코 사라지지 않을 것이다. 그건 알고 있다. '글쎄 저 세상은 완벽했다. 하지만 이 세상은 상당히 부족했다.' 그러니까 필요한 건 '개의 힘'에 사로잡히지 않을 그 무엇이다. 아트의 복수일 수도, 칼란의 사랑일 수도, 노라의 믿음일 수도 있는 그 무엇.

공포가 모든 것을 지배하던
공산주의 사회

『차일드44』
톰 롭 스미스

사회주의 혹은 공산주의가 미래의 희망이라고 믿던 시대가 있었다. 봉건제를 대신한 자본주의는 필연적이었지만, 부도덕한 자본가들은 자신의 이익 극대화를 위해서 노동자를 억압하고 착취했다. 지나친 양극화와 인간에 대한 무자비한 폭력을 경험한 사람들은, 자유롭고 평등한 이상적인 사회를 꿈꾸게 되었다. 1917년 러시아에서 혁명이 일어나고, 중국에서 모택동이 장개석의 국민군을 물리치며 대륙을 장악하고, 세계의 절반이 사회주의 국가가 되었다. 자본주의 사회에 살던 사람들 일부도 얼마 안 있어 새로운 세상이 반드시 올 거라고 믿었다. 이후는 잘 알고 있는 대로다. 90년대 들어 소비에트 연방은 해체되었고, 동독은 서독으로 흡수 통일되었다. 대부분의 동구권

국가들은 자본주의를 택했다. 여전히 사회주의를 고수하고 있는 국가들도 시장과 자본주의적인 경제제도를 도입했다.

더 이상 사회주의 '혁명'이 가능하다고 믿는 사람들은, 거의 없다. 자신을 사회주의자, 좌파라고 말하는 사람들도 점진적인 사회주의를 내세운다. 스웨덴 등 북유럽 국가들이 했던 것처럼 사회민주주의적인 정책을 적극 도입한다든가, 국가와 시장이 서로 견제하고 조화를 이룰 수 있도록 하는 등의 방식으로. 그런데 소련과 동구권의 사회주의가 몰락한 이후, 최근에는 남미를 중심으로 사회주의 성향의 정당이 집권하는 경우가 많아지고 있다. 새로운 좌파 블록이 탄생하고 있는 것이다. 여러 가지 이유 중 하나는 '혁명'의 위험이 사라지고 나자, 역설적으로 사회주의 이상을 실현하려는 현실적인 방법이 제도권 내에서 받아들여지기 시작했다고도 볼 수 있다. 누구나 평등하고, 자유롭게 살아가는 이상적인 사회를 만들기 위한 것이라면 굳이 마다할 필요가 없지 않은가.

그렇다면 기존 사회주의의 문제는, 제도가 아니라 그것을 구현하는 사람들이었을까? 그런 점에서 톰 롭 스미스의 『차일드 44』는 흥미로운 사회주의 사회의 실태를 보여준다. 『차일드 44』는 연쇄 살인범을 쫓는 소련 경찰의 이야기를 통해서, 사회주의 국가들이 필연적으로 몰락해갈 수밖에 없었던 이유를 보여주는 뛰어난 작품이다. 이야기의 중심은 연쇄살인마를 쫓는 경찰의 고군분투이고, 악독한 시스템이 사사건건 사건 해결을 방해한다. 2차 대전 때에는 전쟁영웅이었고 1953년인 지금은 비밀경찰로 일하고 있는 레오. 아내 라이사와 행복한 가정을 꾸리고 있고, 출세 가도를 달리고 있는 뛰어난 경찰이다. 그런데 한 가지 문제가 있다. 비밀경찰의 임무는, 도둑이나 살인 같은 일반 범죄보다 국가의 적을 잡아내는 것이 더욱 중요하다. 그런데 국가의 적은 '단지 국정 운영을 방해하는 자들, 스파이들, 산업파괴자들뿐만 아니라 당의 노선을 의심하고, 도래할 새로운 사회를 믿지 않는 사람들도 해당된다.' 게다가 사회주의 국가에서는 기본적으로 범죄란 존재하지 않는다.

> 공산국가에서는 훔칠 필요도 없고, 모두 평등하기 때문에 시민들 간에 폭력을 쓸 필요도 없다. 한마디로 경찰이 필요 없다는 말이다.

이 말이 얼마나 어리석은 것인지, 우리는 알고 있다. 하지만 사회주의 국가에서는, 그것이 곧 진리였다. 기존의 체제를 무너뜨리고 새로운 사회를 건설하겠다는 약속으로 세워진 소비에트 연방에서는, 자신들의 믿음을 절대화하는 것이 필요했다. 자연스러운 진화나 발전을 거쳐 만들어진 사회가 아니었기 때문에, 더더욱 그들은 믿음을 갖고 그대로 수행해야만 했던 것이다. 그렇기에 그들에게는 일반 범죄자보다, 반혁명분자가 더욱 중요한 악인이 된다. 믿음을 잃은 것이 바로 죄다. 그렇게 어리석은 믿음이 모든 것을 지배하는 사회. 이 세상에서 제일 무서운 것은, 공산주의도 자본주의도 아닌, 자신의 믿음, 이상만이 절대 진리라고 믿고 강요하는 인간들이다.

잔인하긴 해도 죄수들에 대한 간수들의 협박에는 그럴 만한 합당한 이유가 있었다. 즉 대의를 위한 잔인함인 것이다…… 이 모든 공포도 대의의 스케일과 중요성에 비하면 시시해 보인다…… 이런 가혹 행위가 존재하지 않는 시대, 모든 것이 풍요로우며 가난은 추억에 지나지 않게 될 황금시대가 도래할 거라는 약속은 모든 것을 정당화했다.

레오는 순진한 남자다. 그는 자신의 가족을 믿는 것처럼, 국가도 믿었다. 그렇기에 부하의 아들이 살해되었을 때에도, 그것을 부정했다. '빈곤과 결핍이 사라진 것처럼 사회 불안정으로 발생하는 범죄도 언젠가는 사라질 것임을 레오는 알고 있었다…… 이 사건을 살인이라고 한다면 그 믿음을 정면으로 부정하는 짓인 것이다.' 그렇게 부하를 설득하고 레오는, 반혁명분자들을 잡기 위해 뛰어다닌다. 그를 질투하고, 그의 자리를 차지하려는 야심가 바실리와 함께. 하지만 이런 사회에서 살아남는 법은, 끊임없이 누군가를 고발하는 것뿐이다. 바실리는 자신의 형을 고발하여 출세했다. 이제는 가족이 없으니, 상사나 부하를 고발해야 할 것이다. 레오도 마찬가지다. 아내, 부모와 형제, 친구들을 고발하면, 그는 더욱 더 인정받는다. 스탈린은 이렇게 말했다고 한다. 믿되 조사하라.

인간이란 존재는, 사악하다기보다 나약하다. 사랑하는 사람을 배신하는 것은 과연 어려운 일일까? 보통은 그럴 것이다. 그를 지키고, 그와 함께 하고 싶을 것이다. 하지만 단지 그를 고발하지 않는다는 이유만으로 15년, 20년의 세월이 인생에서 지워진다면? 지워지는 정도가 아니라, 끔찍한 수용소에 끌려가 혹독한 노동에 시달려야 한다면? 비밀경찰에 끌려가면, 무죄는 존재하지 않는다. 고문에 의해서건, 약물에 의해서건, 결국은 어떤 말이건 해야만 한다. 지위 고하를 막론하고, 누구나 그런 공포에 사로잡혀 있다. 당 간부, 비밀경찰들조차도 쓰레기통에 버리는 것이 무엇인지를 늘 체크해야만 하는 상황이다. 혹시 당 간부의 사진이 담긴 신문을 버리지는 않았는지, 농담이나 낙서가 있지는 않은지 등등. '자신은 결코 도둑질이나 강간이나 살인을 하지 않을 거라고 안심하기는 쉽지만 반 소비에트 선동, 반혁명적 활동, 첩보 활동이란 죄를 저지르지 않는다고는 누구도 확신할 수 없기 때문이다.' 이런 공포가 바로 사회주의 국가의 일상이었다.

공포는 필요하다. 공포가 혁명을 지켜주었다. 공포가 없었다면 레닌은 무너졌을 것이다. 공포가 없었다면 스탈린도 무너졌을 것이다…… 이렇게 많은 사람들을 공포에 떨게 하려면 공포의 먹이가 될 사람들이 지속적으로 공급되어야 한다.

레오 역시 라이사를 고발해야만 하는 상황에 놓이게 되고, 명령에 거부하지만 기적적으로 살아남아 지방으로 좌천된다. 그 과정을 통해서 레오와 라이사의 관계는 풍비박산 난다. 『차일드 44』는 공포가 모든 것을 지배하는 사회주의 사회에서, 레오와 라이사가 어떻게 살아남아야 하는지를 적나라하게 보여준다. 전반부는 미스터리보다도, 레오의 가혹한 운명 때문에 가슴을 졸이게 된다. 그리고 시골로 좌천되어서, 레오는 자신이 부정했던 부하의 아들 살해사건이 연쇄 살인마의 짓임을 알게 된다. 레오는 아내의 마음도 잡아야 하고, '살인 사건'을 부정하는 마을 민병대를 설득하든가 아니면 아무도 모르게 수사를 해야만 하는 고단한 상황에 처하게 된다.

톰 롭 스미스는 『차일드 44』가 데뷔작인 1979년생의 신인작가다. 너무나도 리얼하게 소련의 상황을 잘 그려냈기에 작가가 러시아 출생인가 생각했지만, 영국 출신이다. 시대적 공간적 상황뿐만 아니라 인물들의 마음까지도 탁월하게 읽어낸 『차일드 44』는 영미권 최고의 소설에 주어지는 맨 부커 상 후보에 올랐고, 영국추리작가협회에서 수여하는 CWA 이언 플레밍 스틸 대거 상(The Ian Fleming Steel Dagger for best thriller)을 수상했다. 『차일드 44』가 의심의 여지없는 걸작인 이유 하나는 의미심장한 사건과 그 시대가 너무나도 잘 얽혀 있다는 것이다. 시대를 보지 못하면 절대로 그 사건을 이해할 수 없으면서도 사건 자체의 흥미가 독자를 자극하고 있다. 또 하나는 레오와 라이사의 인물 설정과 묘사가 지극히 수려하다. 순진하면서도 고고한 인물이었던 레오가 어떻게 변화해 가는지, 라이사가 그런 레오를 어떻게 때로 내치거나 끌어가는지를 감동적으로 그려낸다.

특히 라이사의 캐릭터는, 레오를 압도한다. 초반에 라이사의 성격을 잘 드러내는 장면이 나온다. 아파서 결근한 레오의 용태를 확인하러 의사인 자루빈 박사가 찾아온다. 라이사의 미모에 반한 자루빈은, 자신과 섹스를 하지 않으면 고발한다고 협박한다. 단호하게 거절한 후, 다시 레오의 상사인 쿠즈민 총경이 확인하러 와서는 자루빈 박사의 선물이라며 오렌지와 레몬을 건넨다. '그녀는 과일을 하나씩 꺼내기 전에 그 밝은 빛깔을 물끄러미 바라보았다. 그녀는 그의 선물을 먹을 것이다. 그러나 울지는 않을 것이다.' 라이사가 그렇게 강한 여성이 된 이유가 있다. 전쟁 중 독일에 넘어갈 수 있는 모든 마을을 파괴하라는 소련의 정책으로 일가족을 잃어버리고 오로지 라이사만이 살아남았다. '그녀는 생존 본능이 강한 사람이었고, 살아남았다는 사실, 가족 중에서 유일하게 살아남은 사람이라는 사실이 그녀의 정체성을 규정했다.' 레오와 힘께 실면시도 그녀는, '레오의 기분을 거스르면 그가 그녀를 죽일 수도 있다는 것을 항상 의식하고 있었다.' 사회주의 사회에서 살아남기 위해서, 라이사는 무엇이든 할 수 있었다. 그러나 결코 비굴하지 않게, 결코 비겁하지 않게.

레오는 약간 다르다. 라이사는, 레오를 미워하게 되었다가 다시 사랑하게 된다. 그 이유는, 레오라는 인간의 순수함 때문이다. '국가와 그들의 관계에 대해 레오가 만들어낸 환상들은 하나둘 깨졌다. 라이

사는 그가 부러웠다. 심지어는 지금도, 이 모든 일을 겪은 후에도 그는 아직도 희망을 품고 있었고 아직도 뭔가 믿고 싶어했다.' 믿음이 깨진 후에, 레오는 새로운 믿음을 찾아간다. 자신이 정의라고 생각하는 것, 계속해서 아이들을 죽이고 있는 살인자를 잡아야만 한다는 믿음을 갖게 된 것이다. 살아남기 위해 움직이는 라이사, 믿음을 향해 전진하는 레오. 그들은 전혀 다른 유형이지만, 함께 존재할 때 큰 힘을 발휘하게 된다. 하나는 살아남는 법을, 하나는 우리가 인간임을 결코 잊지 않고 있기 때문에.

『차일드 44』는 스릴러로서 느낄 수 있는 최고의 재미를 안겨주는 동시에, 인간이 만들어낸 사회와 시스템에 대해 생각하게 한다. 인간은 왜 '이상'을 현실로 만들어내지 못하는 것일까. 사회주의 자체의 이상은 좋았다. 자유와 평등이, 절대적으로 지켜진다면 왜 나쁘겠는가. 하지만 현실은 전혀 달랐다. 사회주의는 결국 자본주의보다 못한 사회로 나아가다가 자멸했다. 그렇다면 중요한 것은, 시스템 자체보다는 그것을 실행하는 인간이 아닐까? 아무리 이상적인 시스템과 환경을 만들어도 한 사람이 모든 걸 망쳐놓을 수도 있는 것이다. 대부분은, 함께 망치지만.

평범한 사람들이 저지르는 악행

「이름 없는 독」
미야베 미유키

보통 사람들이 최고로 꼽는 가치는 사랑, 평화, 행복, 자유 등일 것이다. 가족과 이웃을 사랑하고, 평화를 누리며 살아가는 것. 다툼이나 폭력이 존재하지 않는, 누구나 자유롭고 행복한 세계. 아마도 그러한 가치는 인간이 존재하면서부터 추구했고, 자신의 생각을 말로 표현하고 문자로 남기게 된 후에도 크게 변하지는 않았을 것이다. 인간이 원하는 이상적인 사회 혹은 관계로서. 하지만 아이러니하다. 인간이 사유를 시작하면서부터 이러한 좋은, 선한 가치들을 추구했는데도 아직도 인간은 왜 이 모양 이 꼴인 걸까. 전쟁이 나쁜 것이라고 말하면서도, 왜 전쟁이 사라진 순간은 역사상 단 한 번도 없을까. 왜 범죄는 사라지지 않는 것이고, 사악한 일들은 끊임없이 벌어지는 것일까.

왜 배울 만큼 배웠고 가진 것도 많은 사회 지도층이란 사람들은 그토록 부패했고, 거짓말을 하는 것일까.

단순하게 인간의 욕망이라고 치부할 수도 있다. 하지만 그런 성악설에 무작정 동의한다면, 인간이 원하는 이상사회를 꿈꾸는 것도 불가능할 것이다. 인간의 욕망은 사라지지 않을 것이고, 그것을 사회적으로 제어하거나 다른 방향으로 돌리는 것에도 한계가 있으니까. 성악설에 대한 기본적인 거부에는 그밖에도 다양한 이유들이 존재한다. 이를테면 어린 아기를 보았을 때, 그 아이가 언젠가 사악한 범죄자가 될 수도 있다는 생각을 하는 것은 결코 쉽지 않다. 반면 성선설에 기대는 것도 쉬운 일은 아니다. 천사 같던 아이들이 커서 악인이 되는 원인을 단지 환경의 탓으로만 돌릴 수 있을까? 어떤 이들은 타인에 대한 동정이라곤 조금도 갖고 있지 않은, 자신의 욕망과 이기심만을 추구하는 사이코패스가 되기도 한다. 이상과 현실의 괴리를 느낄 때마다, 나는 이상이 아니라 현실을 택하고 싶어진다. 그 어둠을 직시하고 싶어진다. 사랑과 평화 같은 이상적인 가치를 외치는 것보다는, 현실의 악행들을 뼈저리게 느끼고 그것을 막아내거나 최소한 도망치는 방법을 찾고 싶어진다.

미야베 미유키의 『이름 없는 독』에는 두 명의 악인이 나온다. 한 사람은 선량하지만, 내면의 분노를 한순간 잘못 돌린 탓에 사람을 죽이게 되었다. 그는 인간의 나약함을 알려주는 인물이다. 또 한 사람은 가족조차 동정할 수 없는, 오로지 자신밖에 모르는 사악한 인간이다. 그는 직접 사람을 죽이지는 않았지만, 많은 사람을 죽음에 몰아넣거나 끔찍한 고통을 겪게 한다. 법적으로는 두 사람 다 범죄자이지만, 그들은 전혀 다른 종처럼 보인다. 전자를 보면, 인간의 선함을 믿고 싶어진다. 그러나 후자를 보면, 범죄자에 대한 처단을 개인적으로라도 하고 싶어진다. 그러나 알고 있다. 결국은 그 모두가 우리, 인간의 양면이라는 것을.

나오키상 수상작인 『이유』에서 미야베 미유키는 인간의 그릇된 욕망이 불러온 비극을 이야기한다. 담담하게, 기자가 인터뷰하는 방식으로 다양한 사람들의 주관적인 진술을 듣는다. 그들 중 정말로 사악한 사람은 없었다. 다만 정도에서 벗어난 순간, 그들은 점점 어딘가로 멀어져 간다. 일부는 나락으로 떨어진다. 현대 사회의 범죄를 바라보는 미야베 미유키의 시선은, 작품들이 거듭되면서 조금씩 냉정해져 갔다. 그 끝에 『이름 없는 독』이 있다.

일본에서 가장 인기 있는 여성작가로는 단연 미야베 미유키가 꼽힌다. 신가한 사회파 미스터리 『이유』와 『회치』부디 가벼운 고지 미스터리 『스텝 파더 스텝』, 『브레이브 스토리』와 『이코』 등 판타지까지 미야베 미유키는 자유자재로 장르를 넘나들며 엔터테인먼트 작가로서의 위상을 확고하게 견지해 왔다. 여성작가다운 섬세함은 물론 인물의 심연까지 들여다보는 깊은 눈으로, 미야베 미유키는 인기작가의 명성에 안주하지 않고 꾸준하게 수작과 걸작을 이어갔다. 근래에는 『하루살이』, 『얼간이』 등 에도 시대를 배경으로 한 시대물을 주로 발표하고 있다.

  2006년 작인 『이름 없는 독』은 소시민 스기무라 사부로를 주인공으로 한 『누군가』에 이어지는 두 번째 작품이다. 스기무라 시리즈의 흥미로운 점은, 주인공의 미묘한 위치 때문이다. 형식상으로 스기무라는 재벌 기업 총수의 사위다. 다만 우연히 아내를 만나게 되어 결혼까지 이르렀고, 재벌의 후계자들과 아내는 배다른 자식이기에 애초 경영에 개입하지 않겠다는 약속을 한 입장이다. 그럼에도 스기무라가 회장 사위라는 것은 회사 내 많은 사람들이 알고 있다. 누군가는 질투하고, 누군가는 부러워한다. 정작 스기무라는 너무나도 선한 사람이고, 권력 같은 것에는 전혀 관심이 없는 인물이다. 보통 사람이지만, 보통 사람이 아닌 위치에 있는 스기무라. 그것이 소설 속에서 미묘한 자장을 일으킨다. 재벌 그룹에서 사보를 만드는 스기무라는, 우연히 탐정 비슷한 일을 하게 된다. 누군가의 부탁을 받아서 사건의 자초지종을 알아보는 정도였다. 그런 점에서 『누군가』는 일상 미스터리에 속하는 작품이었다. 그런데 『이름 없는 독』은 조금 더 나아간다. 탐정 비슷한 일을 하는 것은 동일하지만, 좀더 직접적으로 사건에 휘말려든다. 일종의 방관자, 혹은 늘 미디어를 통해서나 범죄를 접해온 보통 사람이 더 이상 아닌 것이다. 그러면서 스기무라는, 자신의 위치에 대해서, 자신이 해야 하는 일에 대해서 생각하게 된다.

  『이름 없는 독』에서는 두 개의 사건이 함께 진행된다. 하나는 편의점에 놓인 독극물 연쇄살인사건이다. 누군가 편의점에 독이 든 음료수를 놓아두었고, 우연히 그것을 사서 마신 사람이 변사하는 사건이 연속으로 벌어진다. 범인은 잡히지만 다른 모방범죄가 있었고, 스기무라는 용의자로 의심받는 이의 가족에게 부탁을 받는다. 다른 하나는 스기무라의 사보 편집부에 시간급 아르바이트로 일하게 된 겐다 이즈미가 벌이는 사건들이다. 겐다는 명문대를 졸업하고 큰 편집회사에서 일한 경력이 있다고 이력서에 썼다. 하지만 모두 거짓말이었고, 일을 하면서 끊임없이 트러블을 일으킨다. 무단결근을 한 겐다는 회사 상부에 스기무라를 비롯한 직원들이 자기를 이지메했다며 투서를 하고, 스기무라를 스토킹하기도 한다. 겐다의 악행은 점점 고조되어 흉악한 범죄로까지 이어진다.

겐다 이즈미는 대체 어떤 인간일까? 왜 그렇게까지 무고한 사람들을 괴롭히는 것일까. 그녀의 가족에게 듣기로는 어릴 때부터 '성적이 좋은 친구를 질투하고, 그 애의 얼굴을 자로 때려서 여덟 바늘이나 꿰매게 하는 상처를 입힌다거나 전시회에서 우수상을 받은 친구 그림을 그 애 눈앞에서 찢어 버린다거나' 했고 '친구 물건을 훔쳐놓고도 이건 원래 자기 것이었는데 도둑맞았다고 하거나, 자기가 물건을 슬쩍해 놓고 전혀 관계없는 같은 반 친구에게 뒤집어씌워 선생님에게 고자질을' 하기도 했다. 그리고 결정적으로 자신의 가족을 지옥으로 몰아넣는 끔찍한 사건까지 일으켰다. 스기무라는 이해할 수 없었다.

'그 여자는 무얼 추구하는 걸까? 무엇 때문에 화를 내고, 무엇에

집착하며, 어떤 희망을 품고 살아가는 있는 걸까?'

겐다는 자신이 다른 사람들에게 피해를 입고 있다고 생각한다. 자신은 언제나 옳고 바르게 행동하는데, 타인들이 자기를 이해하지 못하는 것은 물론이고 괴롭힌다고까지 생각하는 것이다.

마음에 든 취조관이 있답니다. 그 형사가 취조를 담당하면 몇 시간이나 수다를 떤대요. 부모가 붙여준 변호사에게 이렇게 말했답니다. 태어나서 처음으로 내 이야기에 진지하게 귀 기울여 주고, 나를 이해해 주는 사람을 만났습니다, 라고요.

이를테면 겐다는 항상 '뭔가에 화가 나 있는 사람'이다. 타인이, 사회가, 세상이 나를 괴롭히고 있다고 생각한다. 모두가 나에게 친절해야 하고, 나는 모든 것의 중심이 되어야 하는데, 그들이 나를 비웃고 박해하기에 자신이 힘들다고 생각한다. 자신은 피해자이고, 타인을 공격할 권리가 있다고 믿는다. 엄청난 착각이다. 아집이고, 편견이다. 하지만 겐다의 머릿속에서는 그런 합리화가 제일 편하고 즐겁다. 나는 피해자니까, 나를 괴롭힌 사람들을 공격할 수 있어. 나는 잘못한 게 아니야. 나는 피해자이고, 약자니까 무엇이든 해도 돼. 스기무라는 그런 겐다를 도저히 이해할 수가 없다.

사람은 약한 존재다. 타인, 사회에 대해 비관적인 생각을 할 수도 있다. 아니 스기무라도 종종 그런다. 자신이 사장의 사위라는 것을 알게 된 구로이 차장이 자신을 비웃지 않을까, 라고 스기무라는 생각한다. 하지만 보통 사람이라면, 그런 생각을 하면서도 다시 평상심으로 되돌아온다. 그게 균형이고, 합리적인 사고다. 자신을 중심에 두는 것이 아니라, 타인까지도 함께 배려하는 사고.

'그가 정말 그런 생각을 할지 어떨지 나는 모르며 알 수도 없다. 하지만 그가 그런 생각을 할지도 모른다고 집착하는 나 자신이 비열하게 느껴진다. 어느 정도 익숙해지기는 했지만, 그 비열함이 나를 속상하게 한다.'

보통은 그렇다. 그렇게 생각하며, 다시 일상으로 돌아간다. 그래서 타인들도 그럴 거라고 생각한다. 하지만 지금은, 특히 인터넷 시대가 되면서 우리는 겐다와 같은 인간을 인터넷 악성 댓글이나 욕설 메일을 통해 흔히 보게 되었다.

대부분의 사람들은 자기 정체를 숨기거나 하지 않는다…… 우리는 모두 그렇게 생각한다. 그런 짓을 하는 건 사기꾼이거나 그 비슷한 사람들뿐이다. 평범한 사람이라면 결코 그러지 않는다. 하지만 현실적으로는 평범한 사람이 아무렇지도 않게 그런 짓을 하는 경우도 있다.

『이름 없는 독』은 평범해 보이는 사람들이 왜 그런 악행을 저지르는가에 대해 말한다. 그리고 나아가 왜 그들이 평범하지 않은가에 대해 말한다. 그들이 뭔가 '이름 없는 독'에 물들어 있다고 생각한다. 나는 아니야, 그들도 아닐 거야, 라고 생각하는 순진한 믿음에 뼛골 시리도록 차가운 물을 끼얹는다.

'우리 집에, 오염은 없다. 집 안은 청결하다. 계속 청결할 거라고만 믿고 있다. 그렇게 믿고 있었다. 하지만 그건 불가능하다. 사람이 사는 한, 거기에는 반드시 독이 스며든다. 왜냐하면 우리 인간들이 바로 독이기 때문에…… 나는 우리 안에 있는 독의 이름을 알고 싶다. 누가 내게 가르쳐다오. 우리가 품고 있는 독의 이름이 무엇인지를.'

문제는 그 독이, 때로는 평범한, 선한 사람들조차도 물들여버린다는 것이다. 아니 그걸 굳이 범죄라고만 생각하지 말자. 그저 사회에서 살아가기 위해서, 좀더 유명해지고 좀더 돈을 많이 벌기 위해서, 그 독을 기꺼이 마시는 이들도 있다. 스기무라는 사건을 쫓아다니며 르포를 쓰는 유명 작가를 만난 후 생각한다.

'딱딱한 글을 쓰는 저널리스트라고 해도 그걸 생업으로 삼은 이상 일종의 인기인이나 마찬가지일 수밖에 없다. 그게 요즘 세상이다.

옳고 그름이나 진실과 거짓은 중요한 문제가 아니다. 얼마나 호감을 주는가, 얼마나 눈길을 끄는가, 얼마나 돋보이는 존재인가로 먼저 평가되고 만다. 그러다보면 하고 싶은 말을 하고, 쓰고 싶은 글을 쓰며 살아가기 위해서는 어쩔 수 없이 예민해질 수밖에 없으리라. 하지만 인간이란 재미있는 동물이다. 예민한 상태 자체를 즐길 수 있고, 한편으로는 처세를 위해 지금까지 하지 않았던 타협도 하게 된다. 적당히 예민하면 용서가 되기 때문이다. 쓰는 글이 허술해지는 프로세스는 요약하자면 이러한 이유 때문일 것이다.'

그나마 자신의 일에 대한 허술함 정도로만 그친다면 좋겠지만, 어떤 경우는 타인에 대한 질투나 폭력으로 급변하기도 한다. 겐다와 같은 인간은 일찌감치 그런 폭력에 빠져든 경우다. 문제는 주변에서 그런 '독'을 가진 인간을 제대로 알아차리기가 쉽지가 않다는 것이다. 『이름 없는 독』에서 새집 증후군 때문에 천식이 걸렸다고 생각한 아이는, 알고 보니 학교의 이지메 때문에 괴로워하고 있었다. 이지메보다는, 새집 증후군에 걸렸다고 생각하는 것이 훨씬 더 원인이 명확하기에 애써 눈을 돌렸던 것이다.

불행하게도 독을 건드려 독에 물들기 전에는, 우리는 늘 이 세상의 독에 대해 생각하지 않으려 애쓰며 살아간다. 하루하루를 편하게 지내기 위해서는 그럴 수밖에 없으니까.

하지만 눈을 돌릴수록, 인간의 '독'에 대해 피하고 싶어 할수록, 우리는 점점 더 상처받고 허물어져갈 수밖에 없다. 심지어 스기무라의 장인인 회장조차 이렇게 말한다. '다만 다른 것에 화가 났어. 덧없다는 생각도 드네. 내 무력함이 슬프다는 생각도 들어. 이 세상 앞날이 불안하다는 생각도 들어.' 자신의 가치를 턱없이 높게 잡고, 그런 자신이 인정받지 못하면 모든 것을 외부의 탓으로 돌리는, 어린아이보다도 철없는 사람들. 무차별 독살 사건을 일으킨 소년의 이유는 단지 자신을 알리기 위해서였다. 자신이 보통 사람이 아니라, 뭔가 특별한 일을 할 수 있다고 생각해서. 그렇게 찾은 길이 타인을 괴롭히고 죽이는 것뿐이었다는 사실이 너무나도 비참하고 분노가 인다. 게다가 그는 자신의 잘못을 인지하지도 못한다.

소년이 취조를 받으면서 '모든 것을 툴툴 털고, 그녀와 새 인생을 살고 싶다'고 했다는 사실을 알게 되었다. 물론 그 소년은 살아 있으니 새 삶을 살 수 있다. 그가 죽여 버린, 인생을 앗아간 피해자들에 대한 사죄는 어디에도 없었다.

'이름 없는 독'이 그들에게 퍼져 있다. 아니 어쩌면 그들 자체가 독일 것이다. 그들에게 상처받은 이가, 자신의 분노를 달래지 못해 또다시 누군가에게 분노와 폭력을 투사하기도 한다. 폭력의 연쇄 고리는 그렇게 끝없이 이어진다. 그렇다면 우리는, 그것을 지켜봐야 하는 것이 아닐까? 당장 방법은 찾지 못하더라도, 그런 인간의 독, 아니 독 자체인 인간을 지켜보기라도 해야 한다. 스기무라도 그렇게 생각한다. 경계선에서, 그런 사람들을 보는 것만으로는 참을 수가 없다.『이름 없는 독』의 마지막 부분에서, 스기무라는 그 '이름 없는 독'에 속절없이 당하는 사람들을 위해 뭔가 해야겠다고 생각한다. 그런 생각 자체가 아마 '독'에 대항하는 하나의 방법일 것이다.

이유없는 악의를 다루는 일본의 범죄소설

『고백』
미나토 가나에

끔찍한 범죄를 저지른 범인들을 보고 있으면 궁금해진다. 그들은 대체 무슨 생각을 가지고 있을까? 어떤 생각으로, 어떤 마음으로 그런 짓을 한 것일까? 프로파일링은 그런 살인자들의 마음을, 행동을 통해서 읽어보려는 시도다. 어떤 지역에서 어떤 희생자를 고르는지, 어떤 수단과 방법으로 범행을 저지르는지를 통해 그들이 어떤 인간인지를 추정하는 것이다. 하지만 프로파일링은 하나의 수사기법일 뿐이다. 프로파일링을 통해서, 겉으로 드러난 행동만을 통해서 인간의 모든 것을 다 읽어낸다는 것은 불가능한 일이다.

범죄 드라마를 보면 수사 기법이 참으로 다양하다. 미국드라마 〈CSI〉의 그리썸 반장은 진술을 믿지 않는다. 목격 증언도 절대적으로는 신뢰하지 않는다. 인간은 눈으로 보고도, 그것을 제대로 인식하지 못하는 경우가 왕왕 있다. 때로는 선입견이 기억을 조작하기도 하고, 사후에 심어진 기억이 실재했다고 믿기도 한다. 의도적으로 조작할 수 있는 진술도 마찬가지다. 그리썸 반장은 오로지 과학적으로 증명할 수 있는 '증거'만을 신뢰한다. 반면 〈CSI〉의 스핀오프인 〈CSI 마이애미〉의 호라시오 반장은 직감을 꽤나 중시한다. 〈뉴욕특수수사대〉의 고렌 형사는 범인이라고 확신하지만 증거를 확보하지 못했을 때, 상대를 심리적으로 옭아매는 수법을 사용한다. 용의자의 자존심, 적개심, 두려움 같은 감정을 이용하여 무의식적으로 범행을 자백하게 한다거나 가짜 증거를 이용하여 궁지에 몰아넣고 자백을 받아내는 것이다.

다양한 수사 기법과 심문을 통해서 형사들은 범인의 자백을 받는다. 그런데 자백이라고 해서 다 똑같다고 할 수는 없다. 누구는 위협에 의해서 없었던 사실을 인정하기도 한다. 누구는 더 큰 범죄를 감추기 위해, 작은 범죄를 너리 털어놓기도 한다. 혹은 정당방위이거나 어쩔 수 없는 불가피한 행동이었다고 변명하는 사람도 있다. 어쩌면 그들의 자백도 그저 연기이고, 거짓일지도 모른다. 도저히 같은 인간이라고 인정하기 힘든, 말로 되뇌는 것조차 치가 떨리는 범죄를 저지르고도 태연한 범인들의 가슴을 열고 들여다본다 한들 속속들이 알 수가 없다.

그렇다면 고백은 어떨까? 자신의 마음속에 있는 것들을 진솔하게 털어놓는 것. 흔히 죽음을 앞두고 하는 말들은 거짓이 없을 것이라고 생각한다. 아니면 자신의 죄를 뉘우치고, 새로운 인간으로 거듭났다고 주장하는 이들이라면 거침없이 '진실'을 이야기할 수도 있을 것 같다. 나는 이러이러한 죄를 저질렀지만 지금은 다른 인간이 되었다, 라고. 하지만 고백 또한 주관적인 토로일 뿐이다. 인간은 누구나 자신을 합리화하고, 부담을 덜어내고, 편안해지려 하는 속성이 있다. 그러니 모두 믿지는 말자. 고백은, 차분하게 듣기는 하되 그 이면을 꿰뚫어봐야 한다. 가감 없이, 최대한 냉정하게 들어보고 판단해야 한다.

미나토 가나에의 소설『고백』,『속죄』,『야행관람차』등은 시점을 바꿔가며 이야기가 진행된다.『고백』은 중학교 선생의 아이가 살해당한 후 벌어지는 일을 각자의 '고백' 형식으로 그리고 있다.『속죄』는 초등학교 여학생이 살해당한 후, 동급생이었던 아이들이 성장하면서 겪는 '속죄'의 과정을 그린다.『야행 관람차』는 고급 주택가에서 벌어진 살인사건 이후의 모습을 다양한 사람의 눈을 통해 보여준다. 각각 시점을 달리하며 진술되는 형식은, 개입된 다양한 사람의 시각에서 하나의 사건을 들여다본다는 효과가 있다. 3인칭으로도 가능하지만, 주관적 시점이 개입되면서 더욱 생생하고 각자의 입장을 구체적으로 전달해준다. 또한 각자 알고 있는 정보가 제한되고, 때로는 왜곡되기 때문에 이야기가 진행되면서 의외의 단서나 상황이 발견되기도 한다. 누군가의 '증언'이 극적인 반전을 가져오기도 한다. 정서적인 울림을 강하게 끌어내면서 이야기의 흐름을 자유자재로 조절하는 형식은 미나토 가나에 소설의 특징이다.

　데뷔작인 『고백』에서는 그런 효과가 탁월하게 발휘된다. 『고백』은 교사의 4살 먹은 딸이 무참하게 살해당한 후, 사건을 둘러싼 사람들이 털어놓는 고백으로 이루어져 있다. 성직자, 순교자, 자애자, 구도자, 신봉자, 전도자라는 제목으로 이루어진 6개의 장은 저마다 자신의 입장에서 본 사건과 그 사건 이후의 일들을 '고백'한다. 여교사의 고백이 먼저 시작된다. 아이가 사고로 익사한 것이 아니라, 살해당한 것이며 자신이 알게 된 살해의 이유를 이야기한다. 범인들이 어떻게 아이를 죽였는지도. 가해자인 두 학생의 이야기도 진행된다. 그들이 어떻게 서로를 이용하며 무모한 경쟁을 했는지 각자의 입장을 들을 수 있다. 그중 한 학생의 누나 입장도 들려준다. 이지메를 당하게 된 범인에게 다가가는 여학생의 고백도 있다. 희생자도 있고, 가해자도 있고, 방관자도 있다. 독자는 그들의 고백을 들으면서, 그들 마음속에 담긴 '진의'를 유추해 보고, 사건의 '진상'이 무엇인지를 추리해 본다. 그러고 나면 어렴풋이 알게 된다. 아이를 살해당한 엄마의 마음이 무엇인지, 그녀의 복수가 왜 합당한 것인지를.

　미나토 가나에는 『고백』의 첫 장인 '성직자'를 단편으로 발표하여 일본의 소설추리 신인상을 받았다. 그리고 '성직자'의 뒷이야기를 묶어 발표한 첫 장편소설 『고백』으로 2009년 서점대상까지 수상했다. 서점 직원들이 고객에게 권해주고 싶은 책을 선정한다는 의미의 '서점대상'을 받은 것에서 알 수 있듯, 『고백』은 쉽게 읽히면서도 감동과 여운을 남겨주는 대중적인 소설이다. '내 딸을 죽인 사람은 바로 우리 반에 있습니다'란 말로 시작하는 유코의 고백으로 출발하여 유코가 학교를 떠난 뒤 그 학급에서 벌어진 사건들을 전하는 반장의 편지 그리고 가해자들의 말을 통해서, '고백'은 단지 사건을 전하는 것만이 아니라 사건을 진술하는 이들의 마음속까지 그대로 전한다. 『고백』은, 고백하는 이들의 내면을 독자의 마음으로 공명하게 한다. 그들이 얼마나 절박한지, 그들이 얼마나 뒤틀려 있는지, 때로는 그들이 얼마나 유치하고 초라한 인간인지를. 고백은 무척이나 힘이 세다.

그런데 미나토 가나에의 소설을 계속 읽다 보면 암울해진다. 『고백』을 지나 『소녀』, 『속죄』, 『야행관람차』까지 미나토의 소설에 등장하는 세계는 악의로 가득 차 있다. 악의의 이유는 어찌 보면 별것 아니다. 세상을 살아가다 보면 어쩔 수 없이 상처를 받게 된다. 누구나 마찬가지다. 상처를 주기도 하고, 받기도 하는 것. 그게 인생이다. 그런데 어느 순간 그 상처가 자신에게만 가혹하고, 특별하다고 믿으며 집착하게 되면 뒤틀린다. 내가 고통받았기 때문에, 나는 무엇을 해도 용서받을 수 있어. 자신이 경험한 고통을 이유로, 자신의 악의와 악행을 합리화하기 시작한다. 외부에서 받은 스트레스를 엉뚱한 타인에게 풀어내기 시작한다. 『고백』, 『야행관람차』의 아이들이 그랬듯이. 자신의 내면을 들여다보기 전에 외부에게, 타인에게 모든 책임을 전가하고 제멋대로 행동한다. 어떤 책임도 지지 않으려 하고.

그들의 가장 큰 문제는 자존감이다. 물론 그들은 상처받았고, 고통스러웠다. 그것이 상처이고, 고통이라고 인정하고 이겨내면 된다. 이겨낼 수 없다면 누군가에게 도움을 청하고, 솔직하게 토로하면 된다. 모든 것이 해결되지는 않지만 적어도 이겨낼 만한 힘은 얻게 된다. 하지만 비대해진 자존심 때문에 현실을 외면하면, 스스로를 합리화하고 타인에게 폭력을 행사하는 방향으로 나가기 십상이다. 가장 쉬운 것이 인터넷상에서 누군가에게 욕설을 퍼붓거나 스토킹하는 것. 아니면 가족에게 화풀이하는 것이다. 그것이 더 심해지면 현실의 폭력과 범죄로 이어진다. 요즘 일본의 범죄소설은 이렇듯 이유 없는 악의를 다루는 경우가 많아졌다. 한국도 마찬가지다. 아직 소설에 반영된 경우는 많지 않지만, 현실에서 일어나는 범죄를 보면 이 세상이 얼마나 악의로 가득 차 있는지 섬뜩할 정도로 다가온다.

그런데 미나토 가나에의 신간 『왕복서간』은 조금 희망적으로 바뀐다. 그들에 대한 시선을 바꾼다기보다는, 그럼에도 불구하고 우리가 어떤 미래를 상상할 것인가를 말한다. 『왕복서간』에서 미나토 가나에가 일관되게 던지는 질문은 '과거에 얽매이지 않고 지금 현재를 살아간다는 의미는 무엇일까? 과거와 현재를 어떻게 미래로 이어나가야 할까?'이다. 과거의 죄를 응시하면서 미래를 내다보는 사람들의 이야기가 『왕복서간』에서 펼쳐진다. 여전히 단서이고, 작은 희망일 뿐이지만 궁금한 것은 미나토 가나에의 작품이 어떻게 변화해 갈 것인지다. 그렇게 지독하게 '악의'를 파고들었던 작가의 '희망'이 무엇일지 정말 궁금하다.

아웃사이더는
오히려 더 넓은 세상을 본다

『레볼루션 No. 0』
가네시로 카즈키

『레볼루션 No.0』가 범죄소설은 아니지만, 하드보일드이기는 하다. 데뷔작인 『레볼루션 No.3』부터 『연애소설』, 『GO』, 『플라이 대디 플라이』, 『SPEED』, 『레볼루션 No.0』까지 '좀비스'를 중심으로 펼쳐지는 이야기에는 이런저런 범죄가 등장하고, 지독한 세상을 어떻게든 돌파하려는 몸짓들이 그려진다. 『플라이 대디 플라이』에는 딸을 폭행한 고교 복싱선수에게 복수하려는 아버지가 있고, 『연애소설』에 실린 단편 「영원의 환」에는 한 여인의 죽음에 연루된 교수를 죽이려는 남자가 나온다. 따지고 보면 『레볼루션 No.0』에서 학생들을 괴롭히고 폭행하는 학교도 일종의 범죄라고 할 수 있다. 하지만 범죄가 나오든 말든 상관없다. 범죄에 맞닥뜨리지 않아도, 이 잔인한 세상에서 살아남는 것 자체가 쉽지 않다. 그런 점에서 가네시로 카즈키가 끈질기게 주장하는 삶의 방법은 흥미롭다.

가네시로 카즈키가 말하는 것은 한결같다. 우선은 싸워서 이겨야 한다는 것. 중년의 샐러리맨 스즈키나 16세의 여고생 카나코는 모두 '싸움'과는 거리가 멀었던 인물이다. 나름대로 그들은 만족스러운 삶을 살아왔다고 생각했지만, 한순간에 모든 것은 물거품이 된다. 그들이 그동안 배운 것, 익혀온 것으로는 자신의 원 안에서 웅크리는 것밖에 할 수 없음을 깨닫게 된다. 그래서 그들은 격투기를 배우고, 운전을 배우는 등 '기술'을 익힌다. 육체의 단련과 대결로 승부를 내는 일은 지극히 원초적인 흥분과 즐거움을 안겨준다. 하지만 그것으로 다가 아니다. 순신은 말한다.

'아저씨는 이시하라에게 폭력을 휘두르려 하고 있어. 폭력에는 정의도 없고 악도 없는 거야. 폭력은 그냥 폭력일 뿐이야. 그리고 사람에게 휘두르는 폭력은 반드시 자신에게로 돌아오게 되어 있어.'

폭력은 이기는 수단이 아니라, 자기를 지키는 수단이다. 말콤 엑스의 말처럼 자위를 위한 폭력은, 폭력이 아니라 지성인 것이다. 그래서 그들은 폭력을 선택하지만, 궁극적으로 이기는 것이 불가능함도 이미 알고 있다. 가네시로 카즈키는 단순하다. 주먹과 지식이 없으면 지금 이길 수 없다는 것을 알지만, 단지 지금 이기는 것만으로는 시스템을 바꿀 수 없다는 것도 안다.

'아까 우리에게 굴복한 놈들은 머지않아 사회의 한가운데에서 다른 형태로 우리들을 굴복시키고 승리를 거머쥐려 할 것이다. 그리고 우리는 몇 번이나 패배의 쓴 맛을 보게 되리라. 하지만 그게 싫으면 이렇게 계속 달리면 된다.'

『레볼루션 No.0』는 새로운 세상을 꿈꾸는 좀비들의 출발선을 그린, 아마도 가네시로 카즈키의 원점인 소설이다. 삼류 고등학교에 들어갔지만, 학교 측의 음모로 자퇴의 위기에 몰린 학생들. 한국으로 치면 '유격훈련장'에 끌려가 엄청난 폭력과 모멸을 견뎌내던 학생들 일부가 저항하기로 한다. '깨달은 게 있어. 무슨 잘못이 있는데, 그걸 사람들이 마치 당연한 일인 것처럼 여기면, 그대로 두어서는 안 된다는 거야. 그러려면 잘못이라고 분명하게 말하거나, 잘못을 인식시키기 위해 행동하는 인간이 필요해.' 그래서 그들은 도망쳐서 '좀비스'가 된다. 아무리 죽여도 죽지 않는다는 뜻에서 붙여진 별명.

사회의 낙오자라고 비웃지만, 그들은 세상 누구보다도 건강하고 쾌활하다. 반드시 그래야만 한다. 그렇지 않고서는 적들의 시스템에 구멍을 낼 수도 없고, 정신없이 달려서 벗어날 수도 없다. '만약 차별이란 개념에서 완전히 해방될 수 있다면, 그 순간에 죽어도 후회 없다'고 순신은 말하지만, 그런 날이 결코 올 것이라고는 믿지 않는다.

그래서 가네시로는 말한다. '너는 고된 인생을 살지도 모르겠다. 상처받아 좌절하는 일도 있겠지…… 무슨 일이 있어도 춤추는 거야.' 가네시로 카즈키의 소설은, 바로 그 춤을 보여주고 있다. 원시 부족이 춤을 추며 전투의 승리를 기원했듯이, 가네시로 카즈키의 인물들 역시 거대한 축제, 카니발에서 그들의 춤을 통해 궁극의 승리를 기원하는 것이다.

그러나 쉬운 일은 아니다. 가네시로 카즈키의 세계인식은 거저 나온 게 아니다. 인간은 자신이 경험한 것을 그대로 글로 옮기기도 하지만, 때로는 자신이 했어야 할 일을 쓴다. 가네시로 카즈키의 소설에는 그가 겪어온 모든 것과 그가 했어야 한다고 생각했던 것들이 탁월하게 엮여 있다. 재일교포인 가네시로 카즈키는 어린 시절부터 어두운 하드보일드 소설에 매료되었다. 『우편배달부는 벨을 두 번 울린다』를 보고는, 주인공 같은 아웃사이더가 되겠다고도 생각했다. 공부보다는 영화와 소설에 미쳤던 가네시로는 불량학생으로서 최전선을 달렸다. 중하교 때에는 마작, 파친코, 담배, 술 등을 배웠고, 지각 120일에 결석 60일을 기록했고, 흉기를 들고 패싸움을 벌이려다 체포되기도 했다. 자칫하면 야쿠자로서의 길로 달려갈 수도 있었지만, 일본 고등학교로 진학하면서 인생이 바뀐다.

매국노란 말까지 들으며 한국 국적으로 바꾸고 일본 고등학교에 진학했지만, 바뀐 것은 없었다. 가네시로 카즈키는 집단폭행을 당하기도 하고, 이지메도 충분히 경험했다. 철학과 사상서를 읽고, 순수

문학에도 빠져들었지만 그건 책일 뿐이다. 순신의 캐릭터처럼, 재일 교포로 살아가기 위해서는 문과 무를 겸비해야만 한다. 그러지 않으면 『GO』의 정일처럼 어이없는 죽음을 맞이하거나, 『플라이 대디 플라이』의 아버지처럼 비굴해진다. 고등학교 시절 처음으로 한국을 방문하지만, 한국 역시 그의 나라는 아니었다. 정일의 외침처럼, '우리는 나라란 것을 가져본 적이 없습니다'였다. 고등학교를 졸업한 후 2년간 백수생활을 하며 책을 읽다가 뒤늦게 게이오 대학 법대에 진학한다. 죽마고우였던 친구가 죽은 후 방황하기도 하고 책과 영화, 마작 등 온갖 유희에 빠져 지내던 가네시로는 93년 대학 졸업과 함께 본격적으로 글을 쓰기 시작한다. 1998년 『레볼루션 No.3』가 소설현대 신인상을 수상하고, 2000년 『GO』가 나오키상을 수상한다.

가네시로 카즈키가 유명해진 것은 영화로도 만들어진 『GO』덕분이었다. 처음 쓴 장편소설로 나오키상을 수상한 이력에서 보이듯 가네시로의 필력은 대단하다. 한번 읽기 시작하면 도저히 손에서 뗄 수 없을 만큼 흥미진진하다. 하와이에 가겠다면서 국적을 북조선에서 한국으로 바꾼 아버지와 조선학교에서 일본 고등학교로 진학하여 싸움을 거는 녀석들마다 단번에 때려눕힌 스기하라. 자신의 정체성을 찾기 위하여 고민하기 이전에 달리고 보는 소년의 발랄한 투쟁과 치명적인 연애이야기는 한국과 일본의 젊은이들을 동시에 사로잡았다.

스기하라는 아버지에게서 권투를 배웠다. 아버지는 말한다. '원 안에 꼼짝 않고 앉아서, 손 닿는 범위 안에 있는 것에만 손을 내밀고 가

만히만 있으면 넌 아무 상처 없이 안전하게 살 수 있다. 권투란 자기의 원을 자기 주먹으로 뚫고 나가 원 밖에서 무언가를 빼앗아오고자 하는 행위다. 원 밖에는 강력한 놈들도 잔뜩 있어. 빼앗아오기는커녕 상대방이 네놈의 원 속으로 쳐들어와 소중한 것을 빼앗아갈 수도 있다. 게다가 당연한 일이지만 얻어맞으면 아플 것이고, 상대방을 때리는 것도 아픈 일이다. 아니 무엇보다 서로 주먹을 주고받는다는 것은 무서운 일이다. 그런데도 넌 권투를 배우고 싶으냐? 원 안에 가만히 있는 편이 편하고 좋을 텐데.' 스기하라는 답한다. 나가겠다고. 이 좁은 세계를 부숴버리고 더 넓은 세계를 보겠다고. 부드럽게 말해준 적은 없지만, 아버지가 조선 국적을 포기한 것은 그런 이유였다. 걸리적거리는 것을 없애주고 아들 스스로가 선택할 수 있도록 조건을 마련해 주기 위해.

스기하라는 싸우고, 달리며, 춤추면서 알게 된다. '이제 더 이상 커다란 것에 귀속되어 있다는 감각을 견디면서 살아가고 싶지 않아.' 이딘가에 속해 있다는 안도감만으로 살아기는 것은 우물 안의 행복일 뿐이다. 아래에서 불이 지펴지고 있는, 거대한 솥 안의 개구리다. 조금씩 뜨거워져도 개구리는 뛰쳐나가지 않고 그대로 삶아진다.『플라이 대디 플라이』의 아버지가 딱 그런 꼴이었다. 그는 가장 소중한 것을 잃고서야 1미터 바깥을 바라보게 된다. 그리고 자신의 육체로, 원 밖으로 주먹을 주고받는 싸움을 하기로 결정한다.『GO』의 스기하라 역시 주먹으로, 달리기로 그 좁은 세계를 거부했다. 일본인이란

게, 한국인이란 게 뭐 그리 중요하단 말인가. 그냥 인간이면 되는 거지. '노 소이 코레아노, 니 소이 하포네스 조 소이 데사라이가도'(나는 한국사람도 일본사람도 아닌 떠다니는 일개 부초다.)

어딘가 한쪽에 붙어버리면 인생이 편해지기는 한다. 자신의 정체성을, 어떤 집단에 귀의하는 것으로 해결하는 것이다. 어느 쪽으로 붙건 혼란과 갈등이 사라진다는 것은 분명하다. 문제는 그게 싫을 때다. '등산과 오래 달리기로 육체에 고통을 주고, 친구와 무모한 쌈질을 시켜 마음을 교란시키고, 이제는 궁지에 몰아넣고 이렇게 속삭이는 것이다. 포기하고 링에서 내려가는 게 좋을 텐데.' 마치 그런 기분이다. 백기를 들고 시키는 대로 해, 라고 누군가 귀에 속삭이는 것. 그럴 때 가네시로 카즈키는 툭 던진다.

"너희들, 세상을 바꿔 보고 싶지 않나?"

가네시로 카즈키는 섣부른 승리를 제안하지 않는다. 이렇게 마음을 달래세요, 라고 치유를 권하지도 않는다. 그냥 달리고, 춤추라고 말한다. '이 세계는 우리를 다시금 위대한 탈주로 인도할 요소와 징조로 넘쳐흐른다'면서 힘껏 달리라고 말한다. 남들이 던져주거나 규정한 것을 뛰어넘어서, 안정된 미래 같은 것은 집어치우고 모든 것을 언제든 리셋하겠다는 마음으로 내달리라고 말한다. 따분한 이 세상은, 나태한 우리가 만들어낸 허상일 뿐이라면서. '그게 싫으면 이렇게 계속 달리면 된다. 간단하다. 놈들의 시스템에서 빠져나오면 된다. 초등학교 1학년생들의 달리기 시합처럼 계속 달리면 된다.' 이방인이 되고, 낙오자가 되는 것을 두려워하지 마라. 민족과 국가 같은 것, 엘리트니 지배층이니 같은 것에 맘껏 돌을 던져라. 우리는 아무 데에도 속해 있지 않고, 어떤 미래도 원치 않으니까. 다만 우리는 우리의 세상을 바꾸기 위해서 달릴 뿐이다. 혹은 춤을 추거나.

인간의 본성, 그리고
미래를 다시 생각한다

『제노사이드』
다카노 카즈아키

모든 생물 중에서 인간만 같은 종끼리 제노사이드를 행하는 유일한 동물이기 때문이네…… 인간성이란 잔학성이란 말일세…… 뇌의 용적은 우리보다 네안데르탈인이 컸네. 확실하게 말할 수 있는 건 현생인류가 다른 인류와의 공존을 바라지 않았다는 점일세…… 인간에게 선한 측면이 있다는 것도 부정하지는 않네. 하지만 선행이라는 것은 인간의 본성에 위배되는 행위이기에 미덕이라고 하는 걸세.

인간은 정말 사악한 존재일까? 『13계단』으로 데뷔했던 다카노 카즈아키의 야심작 『제노사이드』는 인간이란 종의 미래에 대해 질문

한다. 네안데르탈인을 멸절시키고 지구의 지배자가 된 인류는 과연 어디까지 번성할 수 있을까? 이미 한계에 다다른 것은 아닐까?

미국 대통령 번즈는 아프리카 콩고에서 신종 생물이 탄생했다는 보고를 받는다. 신종 생물이 번식할 경우 인류를 대체할 수 있다는 의견을 들은 번즈는 '네메시스 작전'을 명령한다. 민간 기업의 용병을 투입하여 신종 생물을 제거하는 것은 물론 모든 가능성을 차단하는 것. 즉 실질적인 '제노사이드(집단학살)'이다. 한편 일본의 약학 대학원을 다니는 고가 겐토는 급사한 아버지에게서 의문의 메시지를 받는다. 비밀 실험실에서 자신의 뒤를 이어 신약 실험을 계속해달라는 것이다. 아버지가 남긴 컴퓨터를 열어보고 이것저것 알아보던 겐토는 자신이 위기에 처했음을 깨닫는다.

미국 대통령 번즈는, 아들 부시 대통령을 모델로 했음이 분명하다. 한때 알코올중독이었고, 종교에 귀의한 후 자신이 신의 대리인이라는 망상에 빠진 인물. 번즈에게는 한 치의 의심도 없다. 인간은 신에게 약속 받은 존재다. 인간을 대체할 다른 종족이 태어난다는 것은 불가능하다. 아니 그건 '인간'이 아니다. 번즈 같은 사람들의 특징은, 끊임없이 우리와 그들을 구분한다는 것이다. 피부색이 다르고, 종교가 다르고, 사상이 다르고, 하여튼 무언가가 다르기 때문에 그들은 위험하다. 그들은 대량살상무기가 있다면서 침공을 했고, 없다는 것이 증명된 후에는 독재정권을 무너뜨려 미래의 위험을 없앴다며 모든 것을 정당화시킨다. 번즈 같은 사람들에게는 '제노사이드'가 필요

악이고, 양심의 가책도 없다.

예를 들어 적이 인종적으로 다르며, 언어도 종교도 이데올로기도 다르게 되면 심리적 거리가 멀어지며 그만큼 죽이기 쉬워진다. 평소에도 다른 민족과 심리적인 거리를 가지고 있는 사람, 즉 스스로가 소속된 민족 집단의 우월성을 믿으며 다른 민족을 열등하다고 느끼는 인간이 전쟁에서 손쉽게 변모하는 모습을 보인다. 평소에도 주위를 둘러보면 그런 사람을 한둘쯤 바로 찾을 수 있을 것이다. 그리고 싸우는 상대가 윤리적으로도 열등한, 짐승이나 다름없는 사람들이라고 철저하게 가르쳐 두면 정의를 위한 살육이 시작된다.

『제노사이드』는 신종 생물 '누스'를 제거하는 임무를 띠고 콩고에 투입된 용병들의 이야기와 난데없이 경찰에게 쫓기며 신약을 개발해야만 하는 고가의 이야기가 병렬적으로 진행된다. 하지만 두 개의 이야기는 결국 하나의 지점을 향해 달린다. 미국 정부는 누스를 제거하려고 한다. 그것만이 유일한 목표다. 반대로 누스의 목표는 좀 헷갈린다. 처음에는 내전 상태인 콩고에서 도망치는 것이 목표로 보인다. 하지만 애초에 누스가 태어났다는 사실이 알려진 것은 우연일까? 다음 세대의 인류, 즉 누스가 가진 지적 능력은 이렇게 예상된다. '제4차원의 이해, 전체의 복잡한 상황을 단번에 파악할 수 있는 점,

제6감의 획득, 무한히 발달한 도덕의식 보유, 특히 우리의 지적 능력으로는 이해할 수 없는 정신적 특질의 소유.' 『제노사이드』를 읽다 보면 의문이 든다. 과연 실수였을까? 어쩌면 누스는 의도적으로 자신의 정체를 알린 것은 아닐까? 적이 될 수 있는, 현재 지구에서 가장 힘센 권력자가 어떤 대응을 할 것인지 지켜보기 위해서. 그 대응에 따라서, 자신이 해야 할 일을 결정하기 위해서 자신의 존재를 알린 것은 아닐까?

허황된 이야기처럼 들리지만, 다카노 카즈아키가 처음 『제노사이드』의 아이디어를 얻은 것은 1984년, 다치바나 다카시의 『문명의 역설』에서 생물 진화의 가능성에 대해 읽었을 때라고 한다. 그러니까 다카노 카즈아키에게, 『제노사이드』는 아주 오래 숙성된 이야기인 셈이다. 숙성된 시간만큼 『제노사이드』는 패나 묵직한 질문을 던져준다. 지구에서, 모든 생물은 진화의 과정을 거쳐 왔다. 어떤 생물은 완전히 사라지기도 했고, 새롭게 진화한 종에게 자리를 내어주고 변방으로 밀려나기도 했다. 그렇다면 지금 같은 현대적인 문명이 확고하게 자리 잡고 있을 때, 새롭고 더욱 뛰어난 능력을 지닌 종이 탄생했을 때 인류는 어떻게 할 것인가.

다카노 카즈아키는 충실한 취재와 자료조사를 통해 『제노사이드』를 마치 할리우드 블록버스터를 보는 것처럼 드라마틱하게 구성한다. 미국 정부의 최상층에서는 인류의 미래를 둘러싸고 인류학, 정치학, 국제정세 등을 넘나드는 치열한 논쟁과 머리싸움이 전개된다. 사망자 수가 2차 세계대전 이후 가장 많은, 400만 명에 이르는 '제1차 아프리카 대전'이 벌어지는 콩고에서는 누스를 탈출시키려는 용병들과 잔인한 민병대들의 처절한 추격전이 벌어진다. 일본에서는 고가 겐토가 한국인 유학생 정훈과 함께 불치병의 치료약을 시한 내에 만들기 위한 악전고투가 펼쳐진다. 제노사이드를 감행하기 위하여 덤벼드는 무소불위의 세력이 있고, 다른 쪽에는 열세가 분명한 이들이 필사적으로 막아내기 위해 머리를 굴리고, 때로는 목숨까지 내던지며 분투한다. 그 확연하게 불리한 싸움을, 누스는 어떻게 역전시켜낼까? 그것이 『제노사이드』를 보는 즐거움이다.

하지만 그 즐거움을 상회하는 공포가 『제노사이드』에는 깔려 있다. 다카노 카즈아키는 '제노사이드'는 과거만이 아니라 지금도 끊임없이 벌어지는 일이라고 말한다.

마을 사람들의 손발을 끊고 목을 치며 돌아다니는 민병의 모습에, 여태까지 제노사이드를 반복해 온 모든 인종, 모든 민족, 모든 사람들의 모습이 겹쳐 보였다. 이 세상에, 인간은 지옥을 만들어내고 있었다. 천국이 아니라.

그것은 콩고나 발칸 반도 같은 분쟁 지역에서만 벌어지는 일도 아니다. 자신의 모든 것이 추적되고, 테러리스트로 수배되어 쫓기는 것을 알게 된 고가는 생각한다.

세계를 지배하는 한 줌도 안 되는 인간이 만든 작은 테두리 속에서 자신들은 사육당하고 있는 걸까? 하루하루 안전을 확보해 주고 있다면 별 불만이 없지만 상대는 자비심 넘치는 신이 아니었다. 인간이었다. 뭔가 잘못되어 기분이라도 상하면 한 개인을 손끝으로 눌러 죽이는 흉포함을 감추고 있는 인간.

다카노 가즈아키는 의도적으로 고가의 조력자로 한국인 정훈을 설정했다. '제노사이드'를 말하기 위해서는 일본이 과거에 저지른 '학살' 역시 이야기해야만 했고, 그럼에도 전철에 뛰어들어 인명을 구한 유학생 이수현을 생각했기 때문이다. '아무 담보물도 없이 자기 목숨을 위험에 처하면서까지 다른 사람을 구조하려는 사람이 있다면? 역의 플랫폼에 떨어지는 외국인을 구조하거나 아니면 목숨 걸고 신약 개발에 뛰어든다던가…… 그것도 일종의 진화한 인간이라고 할 수 있지 않을까?'『제노사이드』는 단지 새로운 종에 의한 인류 멸망을 경고하는 것만이 아니라, 인류 스스로가 진화할 수 있는 길 역시 열어두고 있다. 지난하지만 우리가 택할 수 있는 유일한 길을.

무서운 것은 지력이 아니고, 하물며 무력도 아닙니다. 이 세상에서 가장 무서운 것은 그것을 사용하는 이의 인격입니다.

2

악해져도 좋다
어떻게든 살아남아라

: 느끼고, 배우고, 행동하라

　　　　　　　　　　세상이 참혹하다는 것은 알고 있다. 더 큰 문제는 어떻게 살아가야 하는가이다. 우리는 이미 세상에 태어났고, 살고 있다. 자살하지 않는 한, 이 세상을 어떻게든 살아가야 한다. 물론 자살을 택하는 이들도 꽤나 많다. 특히 대한민국은 OECD 국가 중에서도 자살률이 무척이나 높은 국가에 속한다. 그러나 자살은 논외의 문제다. 당신이 이 세상에서 떠나기로 결심했다면, 그것 또한 당신의 선택이니 어쩔 수 없다. 하지만 곰곰이 생각해보라. 자살하고 싶다는 것은, 이 세상에서 '원하는 삶'을 살아낼 자신이 없기 때문인가?

　어떻게든 살아야 한다. 차마 이겨낼 수 없는 순간이 온다 해도, 살아가야 한다. 이번 소설들은, 어떻게든 살아가는 사람들의 모습을 그리고 있다. 『불야성』의 류젠이는 이 세상이 그저 약육강식의 정글에 불과하다고 믿는다. 누구도 믿지 않고, 무엇에도 마음을 주지 않으면서 살아간다. 하지만 『무덤으로 향하다』의 스커더는 저 밑바닥에서 한 걸음씩 올라오고 있다. 이 참혹한 세상에서 살아가는 일은 여전히 버겁다고 믿지만, 알코올 중독에서 벗어나고 연인과 사랑을 나누면서 '살아가는 법'을 익힌다.

　『탄착점』의 스웨거나 『런던 대로』의 미첼도 마찬가지다. 그들은 어떻게든 사는 길을 택했다. 그리고 현실에 이길 수 있는지는 모르지만, 그들이 살아남을 수 있는 여하한 '방법'을 찾아냈다. 그들만의 원칙을 지키면서 갈 수 있는 샛길. 그럼에도 패배자의 길이란, 꽤나 가혹하다. 이미 자신에게 열려 있는, 힘들이지 않고 얻을 수 있는 것들이 별로 없다는 걸 알기 때문이다. 하지만 패배자의 길에도 자긍심이란 건 있다. 미첼도, 스커더도 자신만의 윤리와 원칙을 지킨다. 그 원칙을 지키는 것만이, 이 잔인한 세상에서 살아가는 이유라고 믿기 때문이다.

　그러니까 조금은 악해져도 된다. 사회생활을 하다 보면, 착한 사람들이 있다. 그들은 너그럽고, 다정하다. 그건 좋다. 문제는 그들이 도저히 착할 수만은 없는 상황에서도 여전히 '착함'을 유지하고 있는 것이다. 이른바 '착한 사람 콤플렉스'이다. 누군가 그들의 착함을 이용하는데, 그들은 알면서도 계속해서 이용당한다. 후회하고, 독해져야겠다고 말하면서도, 그들은 다시 착해진다. 도대체 왜 그러는 것일까? 심리학적으로 추적해 들어가면 그럴듯한 원인이 밝혀질 수 있겠지만 분명한 건 이것은 선의도 정의도 아니라는 점이다. 나는 착한 인간이 되고픈 생각이 없다. 오히려 미첼 같은 악인이나 덱스터처럼 악인들을 처단하는 연쇄살인마가 더 인간적이고 매력적으로 보인다.

　결국은 선택이다. 이 세상이 어떻다는 것은, 당신이 알아낼 수도 있고 누군가 말해 줄 수도 있다. 중요한 것은, 이 세상에서 어떻게 살아갈 것인가, 그 방법과 자세를 당신이 정하는 것이다. 당신만의 원칙을 정하고, 당신만의 스텝을 밟아가면서. 처음부터 그것이 유효하거나 제대로 될 것이라고는 생각하지 말자. 당신이 선택해도, 여전히 살아가는 일은 힘들고 고난은 계속해서 닥칠 것이다. 그래도 잊지 말자. 당신이 선택한 길이라는 것을. 그리고 어쨌든 이 세상을 살아가야만 한다는 것을.

스스로 목숨을 끊는 건 어떤 경우일까?

「비를 바라는 기도」
데니스 루헤인

스스로 목숨을 끊는 것은 대체 어떤 경우일까? 더 이상은 세상을 살아갈 힘이 없을 때? 지금까지 이룬 모든 것들이 순식간에 사라지거나 신기루라는 것을 알았을 때? 너무나도 억울하고 안타까운 무엇인가 때문에 도저히 자신을 주체할 수 없을 때? 사람들의 자살에 대해 수많은 경우를 추측해 볼 수는 있다. 하지만 아무도 모를 것이다. 그 사람이 정말로 왜 죽었는지는. 모든 것을 다 갖추었거나, 너무나도 강인했던 것처럼 보였던 이들이 어느 날 갑자기 목숨을 끊는 이유는 더더욱. 게다가 자살하는 사람 중에서 유서를 쓰고 죽는 경우는 의외로 10% 정도라고 한다. 당사자가 설명을 하지 않은 이상, 아무리 추측을 해도 그것은 우리의 판단일 뿐이다. 본인이 되지 않는 이상 그 마음의 심연을 헤아리기란 힘든 일이다.

그렇다면 누군가를 죽이기 위해, 자살을 수단으로 택하는 것은 어떨까? 독이나 칼로 죽이는 것이 아니라, 그가 자살할 수밖에 없도록 몰아가는 것. 그가 더 이상 삶에 희망을 느낄 수 없도록, 그가 가진 모든 것을 파괴하고 철저한 절망에 빠트리는 것. 그런 방법으로 자살을 시킨다면 법적으로는 문제가 없을 것이다. 자살방조죄도 구체적으로 자살을 도운 경우에만 해당하니까. 하지만 이 방법에는 몇 가지 문제가 있다. 일단 그가 궁지에 몰렸을 때에도, 자살을 선택하지 않을 가능성은 충분히 있다. 자살을 하는 이유를 정확하게 모르는 것처럼, 때로는 아주 사소한 하나의 이유 때문에 삶을 선택할 수도 있다. 오히려 모든 것을 버리고 자유로워지는 경우도 있다. 얼마의 시간이 걸릴지도 알 수가 없다. 그가 죽으면 거액이 들어온다거나 너무나도 분명한 복수의 이유가 있다면야 모를까, 자살을 시키기 위해서 쏟아야 하는 시간과 노력을 생각해 보면 다른 것을 이루는 게 낫다. 자살을 유도하는 과정이 범인에게 너무나도 짜릿한 쾌락이라면 또 모르겠지만.

데니스 루헤인의 '켄지와 제나로 시리즈' 다섯 번째 작품인 『비를 바라는 기도』에는 그런 사건이 나온다. 한 여인이 자살했다. 그녀가 자살했다는 데에는 한 치의 의혹도 없다. 하지만 사립탐정인 켄지는 사건을 파헤친다. 죽기 몇 개월 전 스토커 때문에 여인의 의뢰를 받았던 켄지는, 그녀가 그냥 자살할 리가 없다고 믿기 때문이다. 자살이라면, 뭔가 그녀를 망가뜨린 외적인 이유가 분명히 있을 것이다.

그것도 아주 야비하고, 아주 파괴적인 무엇인가다. 그리고 사건은 켄지의 의심대로 흘러간다. 그녀가 자살한 것은 평범한 이유가 아니었다. 의도적인 자살에의 손길이, 완벽하게 그녀를 파괴했던 것이다. 그녀는 결국 자살할 수밖에 없었고, 그렇다면 대체 범인은 왜 그녀를, 그렇게 복잡한 방식으로 죽인 것일까?

데니스 루헤인이 국내에 알려진 것은 영화화된 두 편의 작품 때문이었다. 각각 클린트 이스트우드와 마틴 스콜세지가 연출한 〈미스틱 리버〉와 〈셔터 아일랜드〉(국내에는 『살인자들의 섬』으로 출간된). 어린 시절 친구였던 세 남자가 중년이 된 후 딸의 살인 사건을 둘러싸고 벌어지는 두려움과 오해 그리고 분노의 소용돌이를 그린 『미스틱 리버』는 앤소니상과 베리상 등을 수상한 걸작이다. 보스턴을 배경으로 범죄소설을 쓰는 데니스 루헤인은 최근 출간된 역사소설 『운명의 날』에서 보이듯 실제의 사건과 역사적 배경을 튼튼하게 바탕에 깔고 이야기를 펼쳐나간다. '사회의 현실을 소설적으로 파고들면 그 끝에 범죄소설이 있다. 진심으로 그렇게 믿고 있다. 미국의 급소에 대해 쓰고 싶다면, 아무도 보고 싶어 하지 않는 미국의 다른 얼굴에 대해 쓰고 싶다면, 범죄소설에 관심을 갖게 되어 있다.' 이 사회를 말하기 위해 범죄소설을 택한 데니스 루헤인답게, 그의 소설에는 현대사회를 살아가는 사람들의 파란만장한 내면이 풍성하게 담겨 있다.

사립탐정 파트너인 켄지와 제나로는 한때 부부였고, 지금은 친구가 되었다. 요즘에는 하드보일드한 스타일의 범죄소설에서 남자 주인공이 터프하면서도 비교적 로맨틱한 경우가 많다. 악당에게는 폭력적이지만 여성에게는 부드럽고 관대하다고나 할까. 켄지 역시 그런 타입이다. 제나로가 독립적인 성인 여성인 것에 비하면, 켄지는 덩치만 큰 어린아이 같을 때가 있다. 켄지의 절친인 부바 역시 아이 같은 어른이고. 그런 켄지가 보았을 때 카렌 니콜스는 그야말로 전형적인 우아한 여성이었다. '카렌 니콜스의 여왕의 귀환 같은 미소가 떠올랐다. 상아처럼 흰 치아, 그리고 건강미와 백치미.' 양말을 다려 신고, 동물 인형을 수집하는 그 여자가 자살한다는 것은 도저히 상상할 수 없었다.

4개월 전 켄지는, 다른 여인과 휴가를 가느라고 그녀가 남긴 메시지를 무시한 적이 있었다. 의뢰를 받은 것도 아닌 사건에 뛰어든 것은 그런 '낭만적인' 이유였다. 그런데 캐고 들어가다 보니 켄지는 절망할 수밖에 없다. 그토록 밝게 빛나는 듯 보였던 그녀의 인생이 너무나 참담했고, 이 세상이 끔찍하게 잔혹했기 때문이다. 그래서 더더욱 켄시는 사건에 빠져 들어간다. '카렌은 마치 타인의 의지에 따라 움직이는 인형 같았습니다······ 그녀는 시키는 대로 한 겁니다. 그러고는 짓밟혔습니다. 그리고 제가 알고 싶은 건 그녀를 짓밟은 것 중에 우연이 아닌 것이 어떤 것이냐는 겁니다.' 그리고 그 우연이 아닌 것들을 파헤치는 목적은 단지 범인을 잡기 위한 것만은 아니다. '그녀를 위해 말하고 싶어. 아니, 그녀의 삶을 망치려고 한 자나 나 자신에게 그녀의 인생도 가치가 있다고 증명해 보이고 싶어.'

범인을 특정하기 전까지, 켄지는 수많은 절망에 부딪친다. 카렌의 애인이 일하던 영화계의 사람을 만났을 때는 이런 이야기를 듣는다. '아이들은 열심히 연기를 하는 것 같지만, 실제로는 성장 호르몬과 처절한 투쟁을 하는 거요. 물론 이길 수가 없지. 어느 날 일어나 보니 더 이상 아이가 아닌 거요. 그건 배우로서의 생명이 다됐다는 의미요. 역할이 끝났으니까. 그럼 무너지는 거지.' 카렌이, 겨우겨우 만들어낸 역할을 연기하고 있었고, 어느 날 자신의 역할이 끝났음을 알게 되었을 때, 무너졌다는 것이다. '이제 알았지? 사랑 따윈 없어'라는 말을 남기고 자살을 택한 그녀. 그런데 진짜 문제는, 그것이 카렌같이 가혹한 운명에 처한 사람들의 일만이 아니라는 것이다.

당신 과거요. 과거에 일어난 일들을 모두 깔끔히 처리했나요? 아니면 괴로운 문제라든가 남한테 말할 수 없는 문제가 아직 남아 있나요? 그러니까 생각할 때마다 주눅이 들고 식은땀이 나는 그런 일들 말예요.…… 사실 다 마찬가질 거예요. 우린 과거를 끌어와 현재를 망쳐버리고, 사는 의미도 모르는 채 하루하루를 버텨나가는 존재니까요. 자살하는 사람들은 단지 실천하는 사람들일 뿐이에요.

켄지는, 그를 사랑하는 한 여자에게 상처를 준다. 그럴 수밖에 없었다. 그런데 그녀는 심각한 내상을 입는다. 변호사인 그녀가 법정에서 얼마나 공격적이고 자신감 있는 여성이었는가는 중요하지 않다. 우리 모두가, 나약한 존재라는 것에는 변함이 없다. '나는 그녀의 가슴에서 작은 불꽃을 보았다. 하지만 그건 성적 갈망의 불씨가 아니라 또 다른 자아의 상처받은 갈망 같은 것이었다. 그 순간 그녀의 모습은 피폐해졌고, 아름다움은 사라지고 말았다. 이제 그녀는 비의 무게에 상처 입은 작은 새에 지나지 않았다.' 그런데 많은 사람들이, 우리 모두에게 존재하는 그 약함을 좀처럼 인정하고 응시하려 하지 않는다. 게다가 아름다움도, 강함도, 언젠가는 모두 사라져버린다. 『비를 바라는 기도』의 도입부에 인용된 예이츠의 싯구처럼 '아름다운 것들은 모두 물처럼 흘러가 버린다네.' 그것을 받아들이지 못한다면 미망에 사로잡히고, 자신이 아닌 다른 역할을 연기하게 될 수밖에 없다. 강한 척하고, 우아한 척하고, 자신이 뭔가 중요한 인물인 것처럼, 한껏 연기를 하게 된다. 그러다 어느 날, 자신이 그 역할을 더 이상 연기할 수 없다는 것을 알게 되었을 때, 사람들이 그의 연기를 추하다고 느꼈을 때, 그는 절망하게 된다. 자신이 아닌, 다른 무엇인가로 도망치고 싶게 된다. 이를테면 자살 같은 것으로.

구원이요? 이 세계에서? 그건…… 그래요. 그건 비를 기다리는 마음 같은 거겠죠. 사막 한가운데에서 기우제를 지내는 마음.

데니스 루헤인은 결코 낙관을 원하지 않는다. 오히려 이 '미친' 현실을 두 눈으로 똑똑히 보라고 말한다. 결코 오지 않을 비를 기다리는 마음으로, 그래도 우리가 살아남는 방법은 기도를 올리는 것뿐이라고 말한다. 세상에 구원 같은 것은 없다. 자신의 얼굴을 응시하고, 스스로의 길을 걸어가는 것만이 유일한 구원이다.

P.S

켄지와 제나로 시리즈는 4,5번째인 『가라, 아이야, 가라』와 『비를 바라는 기도』가 먼저 나오고 『어둠이여 내 손을 잡아라』(2), 데뷔작 『전쟁 전 한 잔』(1), 『신성한 관계』(3)가 뒤죽박죽 나오며 완간되었다. 그 덕에 한때 부부였다가 5편에서는 친구가 된 켄지와 제나로의 역사가 어떻게 흘러갔는지도 알 수 있게 되었다. 그밖에도 『미스틱 리버』, 『살인자들의 섬』, 『운명의 날』과 단편집 『코로나도』도 출간되어 있다.

완벽한 패배자가
다시 일어서는 법

『무덤으로 향하다』
로렌스 블록

나락으로 떨어진 다음에는, 두 가지의 선택만이 남는다. 한 가지는 그대로 바닥에 널브러진 채, 남을 탓하거나 스스로를 괴롭히면서 살아가는 것이고, 다른 하나는, 아무리 시간이 오래 걸리고 고통스러워도 한 걸음씩 나아가는 것이다. 앞이 보이지 않아도, 내가 지나온 거리를 알 수 없어도 그저 나아가는 것. 바닥에 떨어진 후 한참 동안은, 둘 중 어느 선택을 하더라도 큰 차이는 없다. 여전히 고통스럽고, 어디에도 미래는 보이지 않는다. 하지만 시간이 흐르면 알게 된다. 내가 선택한 것이 무엇이었는지, 미래에 무엇이 기다리고 있는지를.

로렌스 블록의 『무덤으로 향하다』의 주인공 매튜 스커더는 한때 형사였다. 가정도 있고, 상사에게 인정받는 유능한 형사. 그러나 임무 수행 중 자신이 쏜 총에 맞아 무고한 소녀가 죽는 사고가 일어난다. 죄책감에 사로잡힌 스커더는 입에서 술을 뗄 수 없었다. 끝없이 무너져 내리던 스커더는 결국 직장과 가정 모두를 잃게 된다. 그렇게 나락에 떨어진 채로, 모든 것이 끝나버릴 수도 있었다. 하지만 스커더는 조금씩 나아간다. '친구들을 위해' 일을 맡는 무허가 사립탐정 일을 하고, 형사일 때 알았던 콜걸 일레인과 사귀고 금주 모임에도 나가게 된다. 하지만 스커더가 탐정 일을 하면서 맡게 되는 사건들은, 뉴욕의 밑바닥에 깔린 가장 비열하고 추잡한 범죄들이다. 일상으로 돌아갈 수 있도록 한 걸음씩 나아가면서도, 그런 추악한 범죄를 만날 때마다 스커더는 괴로워한다. 다시 술을 마시기도 하면서.

매튜 스커더가 처음 등장한 작품은 1976년작 『아버지들의 죄』(The Sins of the Fathers)였다. 그리고 『무덤으로 향하다』는 1992년에 나왔다. 현실의 시간만큼 스커더도 성장해간다. 하지만 과연 스커더의 변화와 성장만큼 우리가 살아가는 사회도 성숙해 가는 것일까? 국내에 출간된 82년작 『800만 가지 죽는 방법』이 말하는 것은, 뉴욕에 살아가는 800만의 사람 모두가 죽는 방법은 다르다는 것이다. 일본 동북부에 쓰나미가 휘몰아쳐 수천 명의 사람이 죽었을 때, 영화감독으로도 유명한 코미디언 기타노 다케시는 그런 말을 했다. 그들을 희생자 몇 천 명이라고 부르지 마라. 우리는 그들 한 명 한 명의 인생을 생각해야 한다. 그러면 수천 명의 희생자가 얼마나 큰 무게이고, 울림인지 알 수 있을 것이라고.

마찬가지다. 누군가 범죄에 희생된다고 해도, 그들은 단순히 희생자로만 존재하는 것이 아니다. 그들은 저마다의 이름과 가족, 인생이 있는 개별적인 존재다. 그러나 범죄는, 그들을 가리지 않는다. 그들이 악하거나 착하기 때문에 그들을 고르는 것이 아니다. 누구나 자신의 인생을 가지고 있지만, 범죄는, 세상은 그들의 개별적인 사정을 봐주지 않는다. 아니 그들을 인간으로조차 대하지 않으려 한다. 사악한 범죄자들은 인간을, 사물보다도 못한 존재로 취급한다. 그것만을 보면, 세상은 전진하지 않는다. 그것이 하드보일드의 세계관이다.

『무덤으로 향하다』의 범죄는 끔찍하다. 마트에 갔던 아내가 사라진다. 그리고 걸려온 전화에서는 낯선 남자의 목소리가 40만 달러를 요구한다. 남자는 돈을 전해주지만, 돌려받은 것은 몇 개의 검은 비닐봉지에 들어 있는 토막 난 시체였다. 그런데, 아내를 잃은 그 남자는 마약상이었다. 경찰에 알리지 않고, 그의 형을 통해 스커더에게 연락을 한다. 범인을 찾아달라고. 물론 사립탐정이 의뢰인의 직업을 탓하는 건 우스운 일일 수도 있다. 범죄를 저질러달라는 것도 아니고, 범죄피해자로서 범인을 찾아달라는 것이니까. 그럼에도 스커더는 잠시 고민할 수밖에 없었다. '어떤 면에서 보면 난 아직도 경찰 근성을 간직하고 있었다. 반면 그동안 산전수전 다 겪으며 많이 변하기도 했다. 그러니 왜 이제 와서 사소한 일에 구애받겠는가?'

스커더는 사건을 맡는다. 그리고 과거의 동료형사와 거리의 아이인 흑인 소년 티제이, 티제이가 데리고 온 해커 등의 도움을 받아 범인을 추적한다. 스커더의 방식은 가장 일반적인 사립탐정의 것이라고 할 수 있다. 스스로 말하듯 스커더는 집요하다. 본능적인 직감이 아주 뛰어난 것도 아니고, 논리적인 추리에 천재적인 재능을 발휘하지도 않는다. 다만 꾸준하게 찾아간다. 존재하는 증거를 가지고, 하나씩 하나씩 꾸준히 파고들어 단서를 잡아낸다. 아무래도 1992년에 나온 작품이니만큼, 범인들은 공중전화를 사용하고 티제이가 데리고 온 해커들은 전화국 시스템을 이용해서 범인들의 위치를 찾아내는 구식의 방법이 사용된다. 요즘 같으면 선불 핸드폰을 사용하고, 걸려온 전화를 추적하는 방식으로 이루어질 것이다. 옛날 소설을 읽는 기분이다.

그럼에도 『무덤으로 향하다』는 그리 낡았다는 느낌이 들지 않는다. 『800만 가지 죽는 방법』과 『무덤으로 향하다』가 출간된 시차도 10년이지만, 그다지 세월의 흐름이 느껴지지 않는 이유는 스커더가 살고 있는 세상이 바뀐 게 없기 때문이다. 마찬가지다. 누구나 핸드폰을 가지고 있고, 인터넷으로 수많은 정보를 찾아내고 있지만, 범죄의 속성과 얼굴은 똑같다. 『무덤으로 향하다』의 범인들이 저지르는 끔찍한 범죄는, 지금 벌어져도 똑같이 잔혹하고 비열한 짓이다. 그들의 생각이나 말도 그렇다. 범인은 말한다. 그것들은 그저 인형일 뿐이라고. 인간을 인간으로 보지 않고, 사물, 대상으로만 보는 이들이 바로 사악한 범죄자들이다. 꼭 사람을 토막 내 죽이지 않더라도, 세상에는 그런 잔인한 속성을 가진 사람들이 꽤 많다.

그런 세상에 절망하여 매튜 스커더는 나락으로 떨어졌던 인물이다. 자신이 아무것도 할 수 없고, 심지어 무고한 아이를 죽였다고 생각했기 때문이다. 이 세상의 완벽한 패배자였던 셈이다. 하지만 스커더는 다시 세상과 직면하면서 조금씩 나아간다. 그리고 문제들을 해결해 간다. 스커더가 사건을 해결해 가는 과정은, 마치 그의 인생의 문제들을 하나씩 풀어나가는 것처럼 느껴진다. '언젠가는 이 문제들에 대해 생각하고 의논하고 정면으로 부딪쳐야 한다. 하지만 지금까지는 한 번에 하나씩 서서히 대처해왔다…… 큰일도 그렇게 한 번에 하나씩 처리해 나가는 것이 좋을 것이다. 세상사는 그렇게 돌아간다.' 그렇게 하나씩 풀어가다 보면, 커다란 것들도 해결된다. 스커더의 인생도 조금씩 제자리를 찾아가는 것이다.

스커더 같은 인물이 그토록 고뇌하고 괴로워하면서, 겨우겨우 제자리를 찾아가는 과정을 보는 것은 물론 슬프다. 하지만 로렌스 블록은 매튜 스커더 시리즈 전체에 그런 '보통의' 사람들을 깔아놓았다. 그의 세계에서 완벽한 인간은 없다. 영웅도 없다. 모든 것을 완벽하게 처리하고, 언제나 깔끔하고 화려하게 살아가는 여피족 같은 것은 매튜 스커더 시리즈에 존재하지 않다. 스커더는 일레인을 사랑한다. 그런데 그녀는 콜걸, 그러니까 창녀다. 돈을 위해서, 모르는 남자에게 몸을 팔았던 여자. 그녀를 사랑하면서도, 스커더는 그녀의 직업을 존중했다. 스커더는 자신이 그녀를 온전하게 소유하는 것이 과분한 일이라고 생각했을 수도 있다. 알콜중독자, 제대로 된 직업도 없이 세상을 떠도는 패배자가 한 여인을 온전하게 사랑하는 것은 불가능한 일이라고.

  하지만 한 걸음씩 가는 것이다. 현실을 인정하고, 당장 눈앞에 주어진 것들부터 해결해 나가는 것. 그렇게 가다 보면, 가끔은 행복도 찾아온다. 주어진 것들에 만족하고, 자신이 이루는 것들에 충분히 감사할 수 있다면 조금 더 많은 것을 이룰 수 있다. 단지 원하기만 하는 것으로는 부족하다. 스커더는 그 사실을 잘 알고 있다. 그래서 천천히 걸어왔던 것이다. 다행히도『무덤으로 향하다』의 사건이 해결된 후, 스커더와 일레니의 관계는 좀더 진전된다. 그들에게 희망이, 미래가 보이기 시작하는 것이다.

  『무덤으로 향하다』는 잔인한 세태, 비정한 사회에서 고꾸라지는 사람들을 보여준다. 동시에 로렌스 블록은 그렇게 나동그라진 사람들이 조금씩 자신을 추스르며 일어서는 과정들도 차분하게 그려낸다. 세상은 끔찍한 곳이지만, 여전히 살아가는 사람들이 있는 것이다. 그들이 있는 한, 세상은 그렇게 쉽게 붕괴하지 않는다.

버블경제 몰락 이후의
하드보일드 캐릭터

『불야성』
하세 세이슈

세상에는 홀로 살아갈 수밖에 없는 인간들이 있다. 어느 것도 믿을 수 없고, 어느 것에도 의탁할 수 없는 철저하게 고독한 삶. 하세 세이슈의 데뷔작 『불야성』의 주인공 류젠이가 그렇다. 대만인 조폭과 일본 여인 사이에서 태어난 류젠이는 중국인과 일본인 반반의, 어디에도 소속될 수 없는 인생을 타고 났다. 아버지가 죽자, 어머니는 대만인 사회의 숨은 실력자 양웨이민을 찾아간다. 양웨이민은 일본인 신분의 류젠이가 쓸모 있다고 생각하여 손자처럼 대했지만, 결국은 자신의 이익을 위해 키워준 것에 불과했다. 살아남기 위해 중국인을 죽여야만 했던 류젠이는 양웨이민에게 버림받고, 무국적 사회로 변해버린 신주쿠 가부키초에서 정보통이자 장물아비로서 살아간다. 철저히 고독하게.

> 내게 고독이란 소속된 장소가 어디에도 없음을 의미한다…… 지금은 나 자신이 어떤 인간이고 어디에 소속되어 있는지 분명히 깨닫고 있다. 나는 아웃사이더다. 혼자 살다 혼자 뒈진다.

상하이 조직의 보스인 위안청구이의 심복을 죽이고 도망쳤던 우푸춘이 가부키초로 돌아오면서, 한때 파트너였던 류젠이는 궁지에 몰린다. 양웨이민은 류젠이를 보호할 생각이 없고, 위안청구이는 사흘의 시간을 준다. 우푸춘을 찾지 못하면 류젠이는 죽은 목숨인 것이다. 겨우 우푸춘의 여자였다는 나츠미를 만나긴 하지만, 류젠이는 도리어 수렁 속에 빠져버린다. 나츠미는 타고난 배우였고 거짓말쟁이였다. 나츠미는 류젠이와 같은 부류의 인간이었고, 그들은 서로에게 빠지면서도 언제나 거짓과 배신을 준비하고 있다.

나츠미를 본 순간, 류젠이는 반한다. '치켜 올라간 두 눈에 깃든 감정은 경악, 두려움, 습관에 가까운 교태, 그리고 아무리 눌러도 흘러넘치고 마는 증오. 그중에서도 두려움과 증오의 빛이 내 마음을 순식간에 사로잡았다.' 그것은 생존의 빛이었다. 살아남는 것만이 유일한 목표였던 사람만이 가질 수 있는 빛. 결코 환하거나 화사한 빛이 아니라, 칼날처럼 번득이는 우울하지만 매혹적인 빛. '내 인생에는 항상 두려움과 증오가 달라붙은 채로 떨어지지 않았다. 너무 오래 붙어 있어서 자신이 뭘 두려워하고 증오하며 살아가는지 깜빡깜빡할 정도였다. 하지만 아무리 떨쳐내려고 해도 두려움과 증오는 내 영혼 깊숙한 곳에 어금니를 바짝 세우고 으르렁거리고 있다는 건 변하지 않았다.' 그렇기에 나츠미를 보자마자, 류젠이는 알게 된다.

나는 안다. 나츠미가 항상 겁에 질린 채 살아왔음을. 항상 무언가를 미워하며 살아왔음을. 나츠미의 눈빛이 지닌 의미를 나는 이제 이해한다. 나츠미는 나와 같은 장소에 태어난 생물인 것이다.

조금씩 드러나는 류젠이의 과거는 끔찍하다. 결국 류젠이가 알게 된 나츠미의 과거도 그 이상으로 끔찍하다. 그들은 살아남기 위해 거짓말을 하고, 친구를 배신하고, 자신의 이익만을 챙겨왔다. 그것은 그들의 유일한 선택지였다. '우린 문명세계에 살고 있다고 하지. 그건 사기야. 우린 정글에 살고 있어. 최소한 가부키초는 그래. 하이에나가 님의 믹이 훔쳐 먹기를 관두고 쏠쏠하다며 울기라도 헌데? 그놈들은 살아가기 위해 남의 먹이를 가로채느라 정신없어.' 살아남기 위해서, 훔치고 사람을 죽였다. 사람을 죽이는 것은 목적이 아니지만, 어쩔 수 없는 경우에는 기꺼이 선택했다. 사실 류젠이는 겁쟁이다. 겁이 많기 때문에 혼자 살아갈 수 있었고, 결국 살아남았다. 자신의 두려움과 증오를 깨닫고, 자신이 겁쟁이라는 것을 인정했기 때문에.

이것저것 매사를 복잡하게 생각하곤 했어. 내가 튀기라는 것도 그렇고, 가부키초에서 대만인과 대륙 놈들과 살아가는 것도 그랬어. 매일처럼 망설이고 고민하고 누군가를 증오하다 비참한 기분에 처박히곤 했어. 근데 어느 순간 깨달았어. 이 세상은 내가 생각하는 것보다 훨씬 간단한 법칙으로 움직인다는 걸…… 이 세상은 뺏는 놈과 뺏기는 놈 둘밖에 없다는 거야. 자신의 정체성을 갖고 이러쿵저러쿵 고민하는 인간은 평생 누군가의 호구가 될 뿐이야. 그래서 나는 고민하기를 관뒀어. 뺏는 데 전념하기로 했어.

『신주쿠 상어』의 오사와 아리마사, 『전설 없는 땅』의 후나도 요이치 등이 활약했던 80년대 일본 하드보일드 소설과는 달리 하세 세이슈의 작품에는 '감정이입이 가능한 주인공'이 존재하지 않는다고 문예평론가 키타가미 지로는 말한다. 일본에서 『불야성』이 출간된 것은 1996년. 버블이 몰락하고 한참의 시간이 흐른 후였다. 더 이상 희망은 없고, 이 세상이 정글이라는 사실을 누구나 실감했던 시대에 『불야성』은 나왔다. 반쪽으로 살아가야만 하는 류젠이는 악당이 되어야만 했고, 보통 사람이 경험할 수 없는 최악의 길을 걸어왔다. 비극적인 세계를 목격하고 비통해하며 쓸쓸하게 술잔을 기울이는 하드보일드의 탐정들과는 전혀 다른 삶을, 류젠이는 살고 있다.

'목가적인 이야기와 결별했다는 점이야말로 본서의 특징이다…… 여기에 있는 것은 갈 곳을 잃은 현대인의 초조와 통렬한 열기와 위태로울 만치 날카로운 칼이다. 우리가 몰랐던 이야기다. 이미 목가적인 시대가 아니라고 고하는 새로운 시대의 소설이다.'
(키타카미 지로)

하지만 80년대의 하드보일드 영웅에게 감정이입할 수 있었던 키타카미와는 달리, 나는 류젠이에게 더욱 더 끌린다. 심지어 감정도 이입된다. '나는 일주일 앞일을 고민해 본 적이 없어. 나처럼 사는 인간에게 그런 짓은 무의미하니까. 내가 파악할 수 있는 시간은 지금 이 순간뿐이야. 내일이면 상황이 어떻게 바뀔지 누구도 몰라. 일단 오늘 살아남는다. 그게 내가 살아온 방식이야.' 류젠이는 아무것도 믿지 않는다. 미래도, 꿈도 없다. 하지만 그것만이 그를 살아갈 수 있게 하는 힘이다. 지금 이 장소에서, 생존의 선택을 하는 것. 비열하고 잔혹하지만, 그것이 류젠이가 살아남을 수 있는 유일한 이유다.

그리고 무엇보다 류젠이는 자신이 누구인지 너무나도 잘 알고 있다. 류젠이는 나츠미를 사랑하고 있음을 안다. 하지만 그녀는 물론 자신 역시 언제든 배신할 수 있음을 알고 있다. 집착하는 순간, 그것이 곧 죽음의 묏자리를 파는 행위임을 너무나도 잘 알고 있다. 그래서 그들은 사랑하지만, 아니 사랑하고 있기 때문에 배신할 것이다. '한 방울의 물을 마실 수 있다면 아무렇지도 않게 소중한 인간일지라도 배신하고 마는 인물의 목소리였다. 그 목소리는 내 가슴을 통렬히 후벼 팠다. 하지만 내 가슴에는 피가 나오지 않는다. 바싹 마른 모래만 흘러나온다.' 뻔히 알면서도 사랑하고, 사랑하면서도 배신한다. 오로지 살아남기 위해서. 생물의 절대적인 지향인 생존을 위해서.

나는 류젠이에게 끌린다. 어디에도 소속될 수 없었던, 그 누구도 믿을 수 없었던 남자는 이 현실을 받아들인다. 받아들이고, 그 속에서 어떻게 살아남을 것인지만을 고민한다. 어떻게 살아갈 것인지를 고민하는 팔자 좋은 누군가와는 애초에 다른 길에, 그는 서 있는 것이다. 그래서 류젠이의 비극적인, 그러나 잔인한 사랑의 방식에도 끌린다. 간절하게.

난 널 데리고 가고 싶어. 네가 바라는 장소에. 그렇지만, 나츠미, 그런 장소는 세상 어디에도 없어.

악당에게도 원칙은 있어야 한다

『런던 대로』
켄 브루언

피카레스크 소설은, 악당이나 건달을 주인공으로 한 소설을 말한다. 당연히 모범적이지 않으며, 일반 상식과 통념으로는 본받지 말아야 할 주인공을 내세워 세상의 모순을 폭로하거나 역설적으로 '인간'의 존재를 파고든다. 꼭 그런 의미가 아니라도, 악당을 주인공으로 하는 소설은 나름의 재미가 있다. 보통의 사람들이 갖는 생각, 행동과는 전혀 다른 모습을 통해 일상에서는 절대 느낄 수 없는 카타르시스를 맛볼 수 있으니까. 사실 모범적이고, 성실하고, 착하기만 한 인물은 재미가 없잖은가.

켄 브루언의 『런던 대로』의 주인공 미첼은 재미있다. 아니 흥미롭다. 폭행죄로 감옥에 들어갔던 미첼은 출소하자마자 자기 신경을 건

드린다는 이유로 한 남자의 팔을 부러뜨린다. 툭하면 범죄소설의 문구를 인용하고 때로는 철학자나 시인의 경구도 잘 알고 있다. 독서광이면서 건달인 인물이 간혹 등장하기는 하지만, 미첼이란 인물이 유별나 보이는 것은 그의 독특한 세계관 때문이다. 그는 범죄자이지만, 범죄에 탐닉하지 않는다. 폭력을 잘 쓰지만, 폭력의 쾌감에 빠지지도 않는다. 그렇다고 해서 자신의 존재에 대한 불안감이 있는 것도 아니다. 현재에서 도망치기 위해 번뇌하는, 사색하는 주인공이 아닌 것이다. 단지 자신이 처한 위치를 잘 이해하고 있고, 그 상황을 적절히 이용하면서 행동한다. 새로운 미래, 지금의 내가 아닌 나를 꿈꾸지 않는 인물이다.

교도소에서 나온 미첼은 친구 녹턴이 내준 집에서 살게 된다. 빚을 갚지 못해 사라진 여피의 멋진 아파트에서, 도망자가 남겨둔 고급 양복을 입고, 그가 두고 간 범죄소설을 읽으면서 미첼은 사회에 적응해 간다. 녹턴이 원하는 것은, 미첼이 자신의 일을 도와주는 것이다. 돈을 빌려가서 갚지 않는 사람들을 설득하고 협박해서, 때론 폭력을 가해서라도 더 많은 돈을 뜯어내는 것. 하지만 미첼은 범죄조직에 들어가는 것은 거부한다. '난 감옥에 있었어요. 그 생활은 정말 싫었소. 거기 돌아가지 않으려면 내 에너지를 다 쏟아 부어야 한다는 직감이 강하게 들어요. 난 그저 생존하기 위해서 감정을 내색하지 않고 살아야 해요. 열 내기 시작하면 죽은 목숨이오.'

냉정함을 원하는 미첼은 은퇴한 여배우 릴리안의 저택에서 일하게 된다. 그리고 그녀와 사랑, 아니 육욕에 빠지게 된다. 어디서 본 이야기 같지 않은가? 맞다. 『런던 대로』는 할리우드의 명작 영화 〈선셋 대로〉를 켄 브루언의 방식으로 재해석한 소설이다. 빌리 와일더 감독의 〈선셋 대로〉는 퇴락한 여배우의 집에 들어간 시나리오 작가의 이야기다. 범죄에 연루되어 몸을 숨길 곳을 찾던 작가는, 한때 최고의 여배우였으나 지금은 오랜 기간 은둔생활을 하고 있던 여배우의 집에 들어간다. 그녀는 여전히, 과거의 영광, 한때의 찬란한 빛에 사로잡혀 살아가고 있다. 그는 그녀를 경멸에서 찬탄에까지 이르는 복잡 미묘한 스펙트럼으로 바라보게 된다. 그리고 점점 나락으로 빠져간다. 신기루를 찾아가는 사막의 낙오자처럼.

하지만 미첼은 다르다. 그가 일종의 낙오자인 건 분명하지만, 자신의 삶에 좌절하지 않는다. 너무나 정확하게 자신과 주변 사람들의 비참함을 알고 있기에 그는 더 이상 절망하지 않는 것이다. 미첼의 여동생 브라이어니는, 남편이 죽은 후 망상에서 벗어나지 못한다. 아직도 그가 살아 있다고 믿으며, 환상 속에 살면서 현실이 자신을 파괴해 간다. 그런 여동생을 보면서, 미첼은 아무것도 할 수 없음을 안다. 그녀를 고쳐줄 수도 없고, 환상을 유지시킬 수도 없다. 그저 그녀를 따뜻하게 받아주는 것뿐. 현실을 정확하게 인식하는 힘, 그것이 미첼이 이 미친 세상에서 냉정해질 수 있는 방법이다.

동생을 사랑하게 되었다는 의사에게 미첼은 말한다. '난 충고를 하지도 않고 절대 받지도 않지만 이거 하나만은 말해주죠. 가서 공을 차지하고 불꽃처럼 살아요. 사실 그 애가 당신을 떠날 거니까. 걘 언제나 그럽니다. 그런 후에 프랭크를 되살려서 코카인과 총과 광기로 돌아갈 거요.' 의사는 절망하며, 다시 미첼에게 묻는다. '그럼 난 어떻게 살죠?' 미첼은 단순하게, 단호하게 답한다. '다른 사람들처럼 살겠죠. 아주 잘.' 미첼은 섣부른 희망을 갖지 않는다. 사랑을 하게 되었다고 해서, 그것이 영원하리라고 전혀 생각하지 않는다. 그 사랑으로 여동생이 구원받으리라는 어설픈 착각도 결코 하지 않는다.

그러나 미첼이 단지 냉정한 현실 인식으로 세상을 살아가는 인물일 뿐이라면 그리 매력적이지는 않을 것이다. 그런 인물은 그저 약삭빠르고, 매사에 구획 지어진 영역에서만 안전하게 살아가는 소인배에 불과하다. 하지만 미첼은 다르다. 그는 현실을 알고 있지만, 그렇다고 거기에 복종하며 살아가지는 않는다. 이를테면 녹턴과 함께 빛을 보러 갔다가 거대한 흑인을 만난다. 싸움을 피하는 법? 미첼은 그런 법따위는 모른다. 싸움을 걸면 받고, 뭔가 거슬리면 그대로 해치워버린다. '남자는 덩치가 크고 억셌지만 그게 다였다. 독하지가 못했다. 나는 독했다.' 미첼은 독한 인간이고, 자신이 원하는 것을 얻어내기 위해서는 기꺼이 행동한다.

미첼은 릴리안에게 빠져들지만, 그것을 사랑이라고 착각하지 않는다. 섹스를 하고 후회하지도 않는다. 미첼은 고뇌하는 대신에 행동한다. 그리고 자신의 원칙을 지킨다. 미첼의 유일한 친구는 아마도, 거리에서 '빅 이슈'를 팔던 노숙인 조일 것이다. 그런 조가 누군가에게 폭행을 당해 죽는다. 조의 장례를 치러준 미첼은, 범인이라고 추정되는 소년들을 찾아간다. 베컴을 닮았다는, 10대의 축구선수. 그를 찾아낸 미첼은 바로 다리에 총을 쏴 버린다. 말도 필요 없고, 그의 미래도 걱정하지 않는다. 그는 미첼의 친구를 폭행하여 죽였고, 미첼은 그 복수를 한다. 다시 감옥에 가지 않겠다는 결심은, 더 큰 원칙 아래에서 묻혀버린다. 필요한 일, 해야 하는 일은 반드시 한다. 그것이 바로 미첼의 원칙이다.

미첼이 사랑에 빠졌을 때에도, 그는 두려워한다. '그녀는 세상에서 가장 배신을 잘하는 독약을 주었다. 희망.' 희망을 가지게 되면, 언젠가 자신이 무너질 것이라고 생각한다. 아예 희망 없이 당장 눈앞에 보이는 것들만을 처리하며 나아가는 것, 그것만이 미첼의 유일한 원칙이다. 그녀를 사랑하면서도 릴리안과의 섹스를 꺼리지 않는 것은 그런 이유다. 미첼은 미래에 대한 계획 같은 것은 믿지 않는다. 해야 한다면 한다. 치고 싶으면 치고, 죽이고 싶으면 죽인다. 하지만 아무나 죽이지는 않는다. 오지 이유가 있을 때에만, 싸우고 죽이는 것이다.

『런던 대로』가 〈선셋 대로〉의 오마쥬이긴 하지만, 켄 브루언은 영화의 명성에 기댈 생각은 없었다. 그저 영락한 여배우와 집사, 그녀의 집에 들어간 (다소) 젊은 남자라는 구도만을 가지고 와서, 자신만의 누아르를 써내려간다. 할리우드의 빛과 그림자, 지나간 세월의 흔적 같은 것에 켄 브루언은 전혀 관심이 없다. 미첼에게 필요한 것은, 지금을 살아가는 구체적인 행동일 뿐이다. 〈선셋 대로〉를 좋아했던 팬이라면, 『런던 대로』의 릴리언에게 실망할 수밖에 없다. 릴리언의 캐릭터는 평면적이고, 조잡하기까지 하다. 하지만 『런던 대로』는 릴리언의 저택이 아니라 거리에서 벌어지는 미첼의 사건들에 초점을 맞춘다. 저택에서의 일은, 거리에서의 미첼을 방해하거나 조종하려는 음모일 뿐이다.

  미첼은 그들의 음모 덕분에, 한순간 느꼈던 희망에 완벽하게 배신당한다. 하지만 그 최악의 상황에서도, 미첼은 냉담하게 자신이 해야 할 일을 한다. 아주 심플한 켄 브루언의 문체처럼. 그런 미첼의 선택과 행동을 보고 있으면 문득 그를 닮고 싶다는 생각도 든다. 악당이어도 좋으니, 미첼처럼 단호하게, 직선으로 세상을 살아가고 싶은 것이다. 악당이 되고 싶다면 되자. 단 자신만의 원칙을 확고하게 지키는 악당이 되자.

살인자만 골라서 죽이는 연쇄살인마

『음흉하게 꿈꾸는 덱스터』
제프 린제이

요즘 범죄 드라마나 영화에서 최고의 악당을 꼽는다면, 흔히 사이코패스를 떠올린다. 선천적으로 타인에 대한 공감을 느낄 수 없는, 자신의 이익만을 위해 행동하는 포식자. 하지만 영화와 드라마 등을 통해 널리 알려진 것과는 달리 아직까지도 사이코패스는 확정된 개념이 아니다. 사이코패스가 과연 선천적으로 타고나는 것인지, 심각한 정신적 충격에 의해서 누구나 사이코패스가 될 수 있는 것인지도 분명하게 밝혀지지 않았다. 사이코패스를 보통 사람들과 다른 종으로 봐야 한다고 주장하는 사람이 있는가 하면, 사이코패스 역시 일종의 정신병이나 장애로만 봐야 한다고 말하는 이들도 있다. 아직까지 무엇이 정답인지는 정확하게 판단할 수 없다.

분명한 사실은, 악인의 내면 역시 보통 사람들 이상으로 복잡하다는 것이다. 그들은 단지 악하기 때문에 악행을 저지르는 것이 아니다. 보통 사람들 역시 내면에 어느 정도의 악함은 존재하고 있다. 그렇다면 내면의 악을 실제 범죄로 실행하는 이들은 대체 누구일까. 단지 악행을 저지르는 것을 뛰어넘어, 그런 행위에 대해 일말의 가책도 없이 때로 즐거워하기까지 하는 이들의 마음에는 무엇이 들어 있을까. 초월적인 악의 존재를 상정해 버리면 쉽겠지만, 단지 악마의 존재만으로 인간의 모든 악행을 규정짓는 것은 어리석은 일이다. 그래서 더더욱 궁금해진다. 악인의 내면은 도대체 어떻게 이루어져 있을까. 아니 거기까지 나아가지 못하더라도, 그저 악인들의 마음을 한 번 들여다보고 싶기는 하다. 그러면 우리 마음속의 악에 대해서도 조금은 알 수 있지 않을까 싶어서.

내면을 알고 싶었던 가장 매력적인 악역이라면 『양들의 침묵』의 한니발 렉터가 역시 최강이다. 토머스 해리스의 원작소설로 읽어도 카리스마가 넘치지만, 안소니 홉킨스가 연기하는 영화 속 한니발 렉터는 그야말로 상상 이상이었다. 경비원의 귀를 물어뜯고, 입에 피를 묻힌 채 클래식 음악에 심취한 한니발의 모습은 우리가 생각하는 악인의 모습을 훌쩍 뛰어넘었다. 사람을 죽이고, 인육을 먹는 살인귀가 그토록 지성적일 수 있고, 그토록 사려 깊을 수가 있는 걸까. 한니발을 보고 있으면, 사람들이 때로 악에 현혹되는 것을 이해할 수도 있을 것 같았다. 그의 정체가 무엇인지는 잘 모르겠지만, 한니발이라는 캐릭터는 너무나도 압도적이고 강렬했다.

하지만 『레드 드래곤』과 『한니발』 정도로 끝났으면 좋으련만, 『한니발 라이징』에서 한니발이 왜 그런 '악인'이 되었는지를 추적하면서 신화는 깨져버린다. 동생의 죽음, 인육을 먹게 된 이유 등이 밝혀지면서 한니발의 정체는 만천하에 드러난다. 그런 이유만으로 한니발 렉터라는 존재가 만들어질 수 있다면, 악의 정체란 너무나 단순한 것이다. 『양들의 침묵』에서 우리가 본 한니발 렉터는 그렇게 얕은 악인이 아니라 지옥의 심연, 무저갱처럼 바닥이 보이지 않는 악 그 자체였다. 순수한, 우리가 경외할 수밖에 없는 악의 신. 우리가 도저히 범접할 수 없을 것만 같은 신적인 존재.

어린 시절의 정신적 충격이 악인을 만들 수 있다면, 현실적으로 매력적인 인물은 아마도 덱스터일 것이다. 신이 아니라, 인간적인 덱스터. 어렸을 때 끔찍한 경험을 한 덱스터는 공감 능력이 없는 동시에 '검은 승객'에게 이끌려 살인의 욕망에 사로잡히는 '사이코패스'다. 하지만 경찰인 해리에게 입양된 덱스터는 어린 시절부터 양아비지에게서 교육을 받는다. 옳고 그름의 가치 판단에 대해서 배우고, 살인의 욕망을 긍정적으로 순화시키는 방법을 찾는다. 즉 무고한 희생양이 아니라 살인자들을 찾아내서 죽이는 연쇄 살인마, 결과적으로는 사회에 이득이 되는 악인으로 성장한 것이다. 성인이 되어 혈흔 분석가가 된 덱스터는 여동생인 데보라와 함께 마이애미 경찰서에 근무한다.

『음흉하게 꿈꾸는 덱스터』,『끔찍하게 헌신적인 덱스터』,『어둠 속의 덱스터』,『친절한 킬러 덱스터』를 쓴 작가 제프 린제이는 '연쇄살인이 무조건 나쁘기만 할까?'라는 질문을 생각하다가 덱스터를 창조했다고 말한다. 사회 정의나 복수를 외치면서 악당들을 죽이는 영웅은 기존의 소설, 영화, 만화에 흔히 존재한다. 하지만 덱스터는 좀 다르다. 살인자들, 그것도 교묘하게 법망을 피해가는 악당들을 죽여 버리는 그는 전혀 세상에 모습을 드러내지 않는다. 은밀하게 자신의 욕망을 처리하면서, 세상에 좋은 일도 한다. 해리가 덱스터에게 가르친 것은, 사회의 정의를 수호하는 것이 아니라 욕망을 다스리는 법이다. '검은 승객'에게 이끌리는 덱스터가 세상과 화합할 수 있는 유일한 방법은 악당만을 죽이고, 철저하게 안전을 위한 코드를 지키는 것이다. 그리고 사람들과 어울리기 위한 테크닉을 익히는 것. 그게 가능한지는 잘 모르겠지만, 제프 린제이가 창조한 덱스터를 통해서 유추한다면 '사이코패스'가 세상에 공헌할 수 있는 방법도 분명히 있는 것 같다. 단 확고한 교육이 가능하다고 전제할 때와 해리처럼 신뢰할 수 있는 보호자가 존재할 때.

『덱스터』는 책으로 읽어도 재미있지만, 각색한 드라마도 아주 흥미롭다. 설정은 동일하고 많은 사건들이 겹치긴 하지만 원작보다 빨리 진행되는 드라마〈덱스터〉는 독자적으로 흘러간다. 서로 이해할 수 있는 친구를 만나기도 하고, 때로는 '검은 승객'을 컨트롤할 수 있는 방법을 찾았다고도 생각한다. 그러나 결국 덱스터는 처참하게 배신당한다. 구원을 찾으면서도, 덱스터는 늘 의심한다. 자신은 결국 자신이 될 수밖에 없음을 절감하는 것이다. 책과 드라마를 같이 보면, 각각의 작품이 어떻게 덱스터란 캐릭터를 자기만의 방식으로 다루고 탐구하는지를 흥미롭게 비교할 수 있다.

끊임없이 살인자를 죽이고, 끔찍한 연쇄살인마들과 대적해야 하는 덱스터 시리즈이지만, 읽다 보면 이야기 전체에 유머가 흘러넘침을 알 수 있다. 그럴 수밖에 없는 것이, 덱스터의 행동은 사실 미묘하게 뒤틀려 있다. 보통 사람들의 정서를 이해할 수 없기에 언제나 냉소하게 되지만, 보통 사람인 척하기 위해서는 그들과 어울려야만 한다. 타인과의 대화에도 적절히 참여하며 웃어줘야 하고, 타인의 슬픔에도 호응하는 척해야 한다. 자신의 정서적 결함을 숨기기 위해서, 타인의 감정을 익혀서 써먹기 위해 덱스터는 부단히 노력한다. 그러다가 때로는 미묘하게 감정 비슷한 것에 끌리기도 하고. 사이코패스이지만 보통 사람들처럼 행동하기 위해 덱스터는 계속해서 난처한 상황에 직면해야만 하는 것이다. 가장 황당한 상황은 위장으로 연애를 시작했다가 결혼까지 하게 되고, 아내가 데리고 온 아이들이 학대의 상처 때문에 자신과 같다는 것을 알게 된 것. 덱스터는 자신이 배우고 익힌 것들을, 다시 아이들에게 전해줘야만 한다. 이런!

덱스터란 캐릭터가 흥미로운 것은 인간의 감정을 거의 느낄 수 없으면서도 함께 살아가야 하는 딜레마를 제대로 보여주기 때문이다. 사실 사이코패스까지는 아니어도 보통의 사람들 역시 타인과의 관계에서 대부분 소외감 같은 것을 느낀다. 왜 나는 저들과 다른 것인가, 라는 생각은 사춘기 시절부터 많은 이들을 괴롭힌다. 누군가는 집단의 일원으로서 동질감을 찾으려 하고, 누구는 극단적으로 외톨이가 되기도 한다. 하지만 어느 쪽이건 근본적으로 문제를 해결하지 못한다. 그런 점에서 덱스터의 노력은 충분히 배울 만한 가치가 있다. 자기가 다르다는 것을 인식하고, 덱스터는 함께 살아가기 위한 방법들을 체득한다. 같아질 수는 없지만, 함께 살아가는 방법을 찾아가는 것이다. 그건 사실 우리 모두의 과제이기도 하다. 내가 저들과 똑같지 않고, 똑같아질 필요도 없다는 것. 다르다는 것을 인식하면서, 조화롭게 살아가는 방법을 찾는 것.

사이코패스인 덱스터가 우리와 함께 살아갈 수 있다면, 조금은 다르거나 이상한 누군가도 충분히 함께 어울릴 수 있을 것이다. 물론 한니발 렉터 같은 사람이라면, 어울리는 대신 군림하는 포식자로 남으려 하겠지만. 그건 신의 영역이니 어쩔 수 없는 일이고, 덱스터 정도라면 우리도 기꺼이 친구로 받아들일 수 있을 것이다. 덤으로 악당들까지 처치해주니 일석이조이지 않은가.

삶의 원칙과 조건을
최대한 심플하게

『탄착점』
스티븐 헌터

소설이나 만화를 영화로, 혹은 소설을 만화로 각색한 작품들은 대체로 원작보다 못한 경우가 많다. 단지 각색한 이의 역량 때문만은 아니다. 소설, 만화, 영화 등이 만들어질 때 창작자는 매체의 장점을 최대한 살리기 마련이다. 소설의 심리 묘사, 만화의 컷 구성과 편집, 영화의 영상 같은 것들. 독자들은 각 매체의 특성을 잘 살린 작품들에 매료되는 경우가 많다. 마찬가지로 하나의 작품이 다른 매체로 각색될 때에는 새로운 매체의 특성에 맞게 변형되어야만 한다. 이를테면 소설의 세밀한 심리 묘사는 영화로 각색될 때 내레이션이나 영상의 구도, 미장센, 뉘앙스 등으로 대체된다. 또한 장편인 만화와 소설을 2시간 남짓의 영화로 만들려면 이야기와 인물의 많은 것을 포기해야만 한다. 당연히 원작의 팬은 분노한다. 그들이 흥미롭게 느꼈던 인물의 다양한 에피소드나 매력적인 디테일들이 사라졌기 때문이다. 원작을 능가하는 각색물, 리메이크는 그래서 너무나도 힘들다.

그래도 몇 가지 방법은 있다. 원작의 피치 못할 아쉬움을 달래는 것도 한 가지 방법이다. 최대한 원작을 살리면서, 소설의 팬들도 만족시킬 수 있도록 '환상 세계'를 실사로 구현한 〈반지의 제왕〉이 그렇다. 『반지의 제왕』은 그 자체로도 완벽한 작품이지만, 소설을 읽으면 읽을수록 그 세계를 눈으로 보고 싶은 마음이 든다. 어설프게 그 장면을 재현한다면 욕을 먹겠지만 피터 잭슨의 〈반지의 제왕〉은 거의 완벽하게 팬들이 상상했던 세계를 구현하여 찬사를 들었다. 스탠리 큐브릭처럼, 원작을 완전히 파괴하는 것도 또 다른 방법이다. 『롤리타』, 『시계태엽 오렌지』, 『샤이닝』 등 문제적 소설들을 탁월한 걸작으로 만들어낸 스탠리 큐브릭은 원작의 스토리나 주제 등을 자신의 시각으로 완전히 변형시키는 경우가 많아 '원작 파괴자'라고도 불렸다. 〈샤이닝〉의 원작자 스티븐 킹은 스탠리 큐브릭의 〈샤이닝〉을 너무나 싫어했고, 급기야는 자신이 각본을 써서 TV시리즈로 다시 만들기도 했다. 하지만 스탠리 큐브릭의 〈샤이닝〉은 영원한 걸작으로 남았고, TV시리즈는 기억하는 사람조차 드물다.

반드시 걸작으로 각색하지 않아도 좋다. 상업적인 영화를 만들 경우에는, 원작의 복잡한 플롯이나 다층적인 인물을 단순화시켜 흥미를 자극하는 경우가 많다. 엽기적인 만화 『디트로이트 메탈 시티』를 각색한 실사 영화는 원작을 꽤나 순화시켰고, 꿈과 희망 같은 낯간 지러운 주제가 전면을 장식한다. 당연히 원작의 팬은 싫어했지만, 원작을 모르는 일반 관객들은 기발하고 유쾌한 코미디 영화로서의 〈디트로이트 메탈 시티〉를 좋아했다. 스티븐 헌터의 걸작 스릴러 『탄착점』을 각색한 영화 〈더블 타겟〉의 경우도 그렇다. 블록버스터로 만들기 위해서, 주인공을 비롯한 인물들의 성격을 단순화시켰고 플롯도 아주 심플해졌다. 너무 말끔하게 흘러가서 액션영화로서 즐기기에는 좋지만, 원작의 탁월한 점 중 하나였던 주인공의 복합적인 매력이 확 줄어들었다. 하지만 그것도 나름 성공적이다.

소설 『탄착점』을 읽기 전에 영화 〈더블 타겟〉을 먼저 보았는데 아주 재미있었다. 특수부대 스나이퍼였던 밥 리 스웨거. 마지막 임무에서 동료를 잃고, 숲속에서 개 한 마리와 함께 고독한 삶을 살아가는 남자. 그는 대통령의 암살 기도를 막기 위해 도와달라는 정부기관의 요청으로 작업에 나섰다가 난데없이 암살범으로 몰려 총상을 입고 쫓기게 된다. 원래 스나이퍼는 적신에 혼자 혹은 두 명이 팀을 이뤄 침투해 목표물을 사살한 후 감쪽같이 빠져나와야 한다. 사격 솜씨만이 아니라 잠입술과 격투술, 체력과 정신력까지 모두 출중해야 완수할 수 있는 일이다. 함정에서 도망친 밥 리 스웨거는 몸을 추스린 후 복수에 나선다. 타겟이 시야에 들어올 때까지 기다렸다가 망설임 없이 타격하는 스나이퍼답게, 전혀 흔들리지 않고 화끈하게 적을 공격해 들어간다. 〈더블 타겟〉이 재미있었던 이유는 역시 스웨거 때문이었다. 지나치게 냉소적이지도 않고, 열혈도 아닌, 이것이 자신의 임무라면 철저하게 완수하겠다는 철혈의 스나이퍼에게 강하게 끌렸다. 『탄착점』이 출간되자마자 읽은 것도, 밥 리 스왜거가 원작에서 어떤 인물이었는지가 너무나 궁금해서였다.

남부 촌놈…… 저런 놈들은 제대로 총을 쏠 줄 알지만, 태도에 문제가 있습니다. 명예란 걸 꽤나 중시하거든요. 속았다는 걸 알면, 기를 쓰고 보복하려 들 겁니다…… 저 녀석들은 진정한 사내이고, 뭔가 머릿속에 박히면 그냥 지나가는 법이 없습니다.

조금 더 세밀하게 짚고 넘어가자면 이렇게 된다.

이 자는 노새처럼 자존심이 강한 남부인이고, 그들은 전통적으로 고집불통이지. 남에게 떠밀리지도 않으려 하고, 모욕을 그냥 참아내지도 않아. 또한 해병대 특유의 경호도 여전히 품고 있단 말이야. 부러질지언정 휘어지지는 않는 놈이지.

악당들은 스왜거를 함정에 빠트리기 위하여, 심리학 권위자를 불러다가 스왜거를 분석한다. 어떻게 하면 그를 음모에 끌어들일 수 있는지, 그러면, 그가 어떤 식으로 반응할 것인지 알기 위해서다. 그들은 스왜거를 이렇게 부른다. '남부 촌놈.' 미국의 남부 하면 머릿속에 떠오르는 이미지는 어딘가 보수적이고 거친 촌놈이다. 북부지역, 도시지역의 사람들에게 조롱을 받으면서도 자신들의 것을 지켜가는 고집 센 사람들. 뭐, 미국 남부에 살아본 적도 없으니 그저 그 정도였다. 그런데 『탄착점』을 읽으면서 그 고집 센 사람들의 긍정적인 면을 보게 되었다. 밥 리 스웨거는 전형적인 남부 남자다. 그는 자신이 해야 하는 일을 한다. 하지만 단 한 가지 오점이 있었다. 베트남전에 참가하여 저격수로서 탁월한 명성을 쌓았지만, 절친한 동료를 소련의 저격수에게 잃은 것이다. 스웨거 역시 부상을 당하여 고향으로 돌아왔다. 그런데 저격수가 하는 일은 대체로 비밀 임무, 즉 더러운 임무가 많다. 그는 전쟁영웅이 되어야 했지만, 오히려 그의 영웅적인 행위가 그를 나락에 빠트렸다.

> 밥 리 스웨거는 조국을 위해 모든 걸 바쳤지만, 그 결과 자신의 모든 것을 잃고 말았습니다. 그의 영웅적인 행위는 많은 미국인들을 불편하게 만들었습니다…… *그*는 비상하게 뛰어난 킬리일 뿐입니다. 바로 그런 이유라고 보입니다만, 당연히 그의 것이 되었어야 할 훈장과 찬사를 받지 못했습니다.

하지만 그 정도까지는 참을 수 있었다. 스웨거는 누군가에게, 국가에게 인정받는 것이 중요하지 않았다. 그가 흥미를 가진 것은, 자신이 해야 하는 임무뿐이다. 전쟁 이후 살생이 의미 없다는 것을 알았기에, 사냥을 나가서도 생물을 죽이지는 않는다. 자신의 소총이 얼마나 완벽한 것인지, 숲 속의 신과도 같은 존재인 거대한 사슴을 자신이 잡을 수 있다는 것만을 확인할 뿐이다. 누군가를 복종시킬 생각도 없고, 누군가의 존경을 받을 생각도 없다. 그가 속임수에 넘어간 이유는, 악당들이 그의 유일한 약점을 건드렸기 때문이다. 사실 영화에서 스왜거가 속아 넘어가는 이유는 좀 치졸하다. 단지 국가를 위해서라니. 그건 스왜거 같은 인물에게는 전혀 합당하지 않은 유치한 수작이다. 원작에서는, 그의 동료를 죽이고 그를 부상시킨 소련 저격수 T. 솔라라토프를 끌어들인다. 그가 개입되었고, 당신만이 그를 대적할 수 있다고. '놈들에게 빚을 갚지 않고 살아가는 게 어떤 느낌일지 난 잘 알고 있어. 어쨌든 이번에는 빚을 몽땅 다 갚아줄 거야.' 그것만이 스왜거의 유일한 신조다. 그래서 뛰어들었고, 다시 그를 속인 악당들을 완전히 짓밟아버린다. 물러서지 않고, 확실하게.

　스왜거는 단순한 인간이다. '혼탁한 현실세계에 뛰어드는 바람에 너무나 복잡해져버린 자신의 인생이 안타까웠다.' 영화에서처럼 단선적인 인간이라는 게 아니라, 삶의 원칙과 필요한 것들이 너무나도 심플하다는 의미다. 오히려 그렇기에 가정의, 조직의 일부가 될 수 없는 남자. 자신이 지켜야 하는 것, 해야만 하는 것들이 가정이나 조직과 상충된다면 언제든지 떠나갈 수 있는 남자. 전쟁에서 돌아온 후, 스왜거는 그렇게 살아왔다. 조용하고 평온하게. 하지만 스왜거의 그런 삶이 비관적이거나 서글픈 것은 아니다. 스왜거는 해야만 하는 것, 인간으로서 지켜야 하는 것들에는 언제나 동의한다. 영화에서 송두리째 빠진 것 중 하나는 악당들이 죽인 개의 시체를 찾아가는 장면이다. FBI 요원들이 겹겹이 포위하고 있는 건물 안으로, 스왜거는 기꺼이 들어간다. 억울하게 죽고, 부검을 당하고 무덤도 없이 사라져갈 개가 아니라고 믿기 때문이다. 한때를 같이 하며, 서로에게 믿음을 가졌던 동료를 위해, 스왜거는 자신의 목숨을 건다. 그것이야말로 고집 센 남부인의 자긍심인 것이다. 우리들이 눈여겨보아야 할, 지켜야 할 삶의 신조. 해야 할 일을 한다는 것.

불확실, 비합리성의 세계를 무시하지 말자

「우부메의 여름」
쿄고쿠 나츠히코

눈에 명확히 보이는 것만을 믿는 태도는, 꽤나 합리적으로 보인다. 자신의 경험에만 함몰될 위험이 있긴 하지만 일단 자신의 행동이나 생각의 근거는 명확해지기 때문이다. 객관적인 근거를 가지고 있기 때문에, 자신의 판단을 크게 의심할 필요가 없다. 나의 시야 바깥에서 벌어지는 일들은 개입하지 않거나, 믿을 만한 근거와 정보에 의지하면 된다. 그런 점에서 개방적인 태도를 견지할 수만 있다면, 나름 인정할 수 있다.

하지만 생각해보자. 우리가 눈으로 보는 것은 과연 믿을 만할까? 눈으로 보면 믿을 수 있다, 는 관념은 대체로 보편적이다. 하지만 그 지각을 신뢰할 수 없다면? '시각' 자체를 의심하게 되면 과연 어떤 일이 벌어질까? 『우부메의 여름』의 주인공 쿄고쿠도는 말한다. 우리의 뇌는 '뇌가 고른, 소위 편중된 약간의 정보만을 자각할 뿐'이라고. 우리가 눈으로 보는 것은 뇌로 전달되고, 뇌가 정보를 처리하면서 일부만을 지각한다. 잘 알고 있다고 착각하는 것이나 모호한 것은 그냥 넘겨버리거나 다른 방식으로 지각하는 것도 늘 벌어지는 일이다. 즉 우리의 감각, 지각은 우리가 믿는 것처럼 객관적이라고 말할 수가 없다. 쿄고쿠도의 어투를 빌려 말한다면, 인간은 보고 싶은 것만을 보고 믿고 싶은 것만을 믿는 것이다.

쿄고쿠 나츠히코의 『우부메의 여름』은 소설가 세키구치와 고서점 주인이자 신사의 신주인 쿄고쿠도를 주인공으로 기괴한 미스터리를 해결하는 '쿄고쿠도' 시리즈의 첫 번째 권이다. 이 시리즈는 『망량의 상자』, 『광골의 꿈』, 『철서의 우리』 그리고 외전인 『백기도연대』로도 뻗어나간다. 일본에서는 라이트노벨로 분류하기도 하고, 본격 미스터리로도 칭해진다. 개성 강한 주인공들을 등장시켜 요설을 일삼는다는 점에서는 라이트노벨이고, 치밀하게 구축된 트릭을 공들여서 파해(破解)해 나간다는 점에서는 본격이라고 할 수 있다. 그리고 무엇보다 특이한 점은, 세계요괴협회 회장이기도 한 쿄고쿠 나츠히코의 소설답게 '요괴'를 수수께끼의 전면에 내세운다는 것이다. 그런데 더욱 기묘한 것은, 요괴가 주요한 모티브나 소재로 등장하지만 결코 불가해하거나 초자연적인 결말로 귀결되지는 않는다는 점이다. 철저히 과학적이고 논리적인 사유에 의거하여 문제를 해결한다. 등장

인물들의 온갖 미망(迷妄) 덕분에 기묘하게 일그러지는 것뿐.

『우부메의 여름』에서 소설가이면서 생계를 위해 잡설을 팔기도 하는 세키구치는 20개월째 임신을 하고 있는 여인의 이야기를 듣게 된다. 남편은 어디론가 실종되었다. 기묘한 사건의 윤곽을 더듬어보던 세키구치는 언제나 그렇듯 쿄고쿠도에게 자문을 구한다. 와중에 그들의 친구인 탐정 에노키즈에게 사라진 남편의 행방을 찾아달라는 의뢰가 들어온다. 우부메, 망량, 광골 등 요괴의 이름이 제목에 들어가 있는 '쿄고쿠도' 시리즈에서는 일반적인 상식으로 도저히 이해하기 힘든 사건들이 벌어진다. 요괴나 악마 같은 초자연적인 존재가 개입된 설명이 아니고는 도저히 사건을 해결할 수 없다고도 생각하게 된다. 하지만 요괴 전문가인 쿄고쿠 나츠히코는, 태연한 얼굴로 세키구치에게 타이르듯, 쿄고쿠도의 입을 빌려 독자에게 말해준다.

'이 세상에는 이상한 일 같은 건 아무것도 없다네, 세키구치 군…… 원래 이 세상에는 있어야 할 것만 존재하고, 일어나야 할 일만 일어나는 거야. 우리들이 알고 있는 아주 작은 상식이니 경험이니 하는 것의 범주에서 우주의 모든 것을 이해했다고 착각하고 있기 때문에, 조금만 상식에 벗어난 일이나 경험한 적이 없는 사건을 만나면 모두 입을 모아 저것 참 이상하다는 둥, 그것 참 기이하다는 둥 하면서 법석을 떨게 되는 것이지. 자신들의 내력도 성립 과정도 생각한 적 없는 사람들이, 세상을 이해할 수 있을 것

같나? ……언제 무슨 일이 일어나도 당연하고, 아무 일이 일어나지 않아도 당연한 걸세. 되어야 하는 대로 되고 있을 뿐이야. 이 세상에 이상한 일 따윈 아무것도 없어.'

그렇다면, 쿄고쿠 나츠히코의 전문 분야인 요괴는 어떻게 된 것일까? 소설 속의 사람들은 요괴를 본 것이건, 어떤 불가해한 이유 때문에 어디론가 빨려 들어가는 것이건, 괴이한 미망에 사로잡힌 것만은 분명하다. 쿄고쿠 나츠히코는 초자연적인 무엇을 부정하지 않으면서, 거기에 현혹되는 어리석음을 경계한다. '망량은 사람에게 들러붙는 게 아니네. 그러니 떨어뜨릴 수 없어. 현혹되는 것은 사람 쪽이지. 망량은 경계적인 존재이고, 따라서 어디에도 속하지 않는다네. 그리고 섣불리 손을 대면 현혹당하네.'(『망량의 상자』) 인간은 약하기 때문에 경계를 기웃거리게 되지만, 정말로 현혹되면 인간이 아닌 오니(鬼)가 되어버린다. 쿄고쿠 나츠히코는 그 경계에서 서성거리는, 혹은 넘어가버린 사람들의 이야기를 전한다.

세상에는, 존재할 수 없는 일들이 존재한다. 믿을 수 없는 사건들이 버젓이 눈앞에서 일어나곤 한다. 쿄고쿠는 그런 믿을 수 없는 사건 대부분이, 우리의 마음과 욕망 때문에 벌어지는 일이라고 말한다. 분명히 존재하는 것이지만, 우리가 보지 않으려고 애쓰면서 뭔가 초자연적인 탓으로 돌린다는 것이다. 그것이 더 편하고, 자신의 기존 인식을 바꾸지 않아도 되니까. 새로운 것을 받아들이지 않고, 모든 것이 조화로운 자신의 세계 안에서만 살아가면 평화롭고 행복할 수 있다고 생각하니까. 과하게 말하자면, 잘못을 저지르고도 주말에 교회 가서 회개하면 모든 것을 용서받을 수 있다고 생각하는 것과 다를 바 없다. 일상의 인식이나 행동을 바꾸기보다는, 지금 이 상태에서 초자연적인 존재를 끌어들여 책임을 돌리는 것이 편하기 때문이다. 그런 면에서 '종교란, 뇌가 마음을 지배하기 위해서 만들어낸 신역이라는 궤변'이란 말도 나오는 것이다.

인간의 지각이란 결코 완전하지 않다. 모르는 것, 불편한 것이 있으면 도망치려는 속성도 강하다. 알 수 없는 것을 외면하는 경우도 많다. 인간은 자신이 이해할 수 있도록, 또는 자신의 마음이 편하도록 객관적 현실 따위는 얼마든지 조작하고 왜곡시켜 받아들일 수 있다. 2007년 버지니아 공대에서 한국계 미국인 조승희가 총을 난사하여 32명이 죽고 29명이 부상당한 사건이 있었다. 미국 총기 난사 중에서도 최악의 참사였던 사건을 두고 많은 음모론이 돌았다. 다양한 의심 중 한 가지는, 캠퍼스라는 열린 공간에서 한 사람의 범인이 그렇게 많은 사람을 죽일 수 있을까, 였다. 사실 나도 의심스럽긴 했다. 하지만 스페인의 작가 후안 고메스 후라도가 직접 현장에 있던 사람들을 만나 취재한 후에 쓴 르포 『매드 무비』를 읽고는, 조승희 혼자서 그렇게 많은 사람을 죽일 수 있었던 이유를 정확히 알게 되었다.

총소리가 들렸을 때, 사람들은 소리를 듣고도 계속 강의실에 남아 있었다. 총을 쏘는 남자를 발견하고 모두 창을 넘어 도망갈 때에도, 어떤 사람들은 자리에 주저앉아 눈과 귀를 막았다. 이건 현실이 아니야, 라고 자신에게 주문을 걸면서. 설마, 라고 생각하겠지만 현장에서 부상을 당한 사람 중에도 이런 경우가 있었다. 총소리를 듣고도 사람들이 바로 도망가지 않았던 이유는, 그들이 의심했기 때문이다. 인간은 일상과는 다른 특이한 것을 맞닥뜨렸을 때, 그것 자체를 부인하는 속성이 있다. 잘못 들은 거야, 일상적인 소음이야 등으로 간주하고 넘겨버리는 것이다. 눈으로 보고도, 객관적 사실을 믿지 않는 것이다. 자신의 일상에서는 전혀 일어날 수 없다고 믿는, 거대하고 기이한 상황이었으므로. 반드시 총기난사 같은 끔찍한 사건이 아니라도 이런 경우는 비일비재하다. 인간은 자신에게 불편한 것, 보고 싶지 않은 것을 보지 않는다. 아니 눈으로 보고 있으면서도, 뇌는 그것을 '거짓'이라고 지각한다. 결국 나를 속이는 것은 나 자신인 셈이다. 그래서 쿄고쿠도는 말한다. '가상현실과 현실의 구별은, 자기 자신은 절대로 할 수 없는 법'이라고.

 자신을 속이는 것이 가능해지고, 반복해서 그렇게 속이다 보면 스스로 길들여진다. 매 맞는 아내가, 남편이 사실은 착한 사람이고 내가 잘못해서 때린다고 흔히 믿어버리는 것처럼. 그나마 매 맞는 아내처럼 자신만을 속인다면 좋겠지만, 어떤 사람들은 자신을 속이면서 다른 사람들을 지옥으로 몰아넣는다. 사회가 자신을 홀대하고 무시한다고 생각하면서, 자신보다 약자인 사람들을 죽이는 연쇄살인마들처럼. 쿄고쿠는 인간이 얼마나 부조리한 존재인지, 얼마나 사악해질 수 있는 존재인지를 독특한 장광설로 설명해준다. 그들은 결코 이상한 존재가 아니다. 그들은 바로 우리와 똑같은, 사람인 동시에 요괴인 것이다.

"범죄자는 평균인에서 일탈한 자로 파악되지만, 평균이란 괴물은 존재하지 않는다. 그렇다면 거기에서 일탈한다는 것은 난센스란 말일세. 범죄는 언제나 찾아왔다가 떠나가는 도리모노 같은 거거든…… 성장과정에 원인이 없다고는 안 하겠고, 유아학대를 받은 많은 사람들이 그 인생에 큰 상처를 입는 경우는 분명히 있지만, 그렇다고 해서 그것이 범죄를 저지르는 이유가 되지는 않아! 구보와 똑같이 비참하게 자란 사람이라도 바르게 살아가는 사람들이 많이 있네. 그런 것은 무시해도 좋을 일이야…… 계기는 반드시 있는 거야…… 비상식의 문을 여는 계기가 반드시 있고, 그것을 실행해도 될 듯한 분위기를 가진 온바코님이라는 특이한 환경이 만들어져서 비로소 범죄는 성립한 거란 말일세. 범죄는 사회조건과 환경조건, 그리고 도리모노와 같은 광기어린 한때의 마음의 진폭으로 성립하는 걸세."(『망량의 상자』)

누구에게나 그럴 가능성은 존재한다. 인간은 약한 존재이기 때문에 언제나 경계를 기웃거리게 되고, 어느 순간 정말 아무것도 아닌 작은 방아쇠 하나로 오니가 되어버린다. 인간과 함께 살아가면서도 인간이 아닌 그 무엇, 인간 사회에서 내동댕이쳐진 누군가가 되어버린다. 요괴에게 매혹당한 쿄고쿠 나츠히코처럼, 나 역시 그들에게 이끌린다. 대체 그들의 전락에는 어떤 이유가 있는 걸까? 그들이 자신의 내부에서, 혹은 세계의 근원에 있는 심연에서 무엇을 보게 되었는지가 정말 궁금하다. 쿄고쿠는 지독한 요설로 인간과 세계 그리고 요괴의 이야기를 질기게 늘어놓는다. 실용적인 지식은 아니지만, 항간에 떠다니는 쿄고쿠의 잡설들은 우리가 살아가는 세계의 진짜 얼굴을 지독하게 끌어낸다. 아마 그것 자체가 요괴일 것이다. 인간의 벌거벗은, 세계의 추한 모습 그 자체가.

단 한 번의 선택으로
인생은 바뀌지 않는다

『후회와 진실의 빛』
누쿠이 도쿠로

고등학교 때 시마다 소지의 『점성술 살인사건』을 읽고 미스터리 작가가 되겠다고 결심한 누쿠이 도쿠로는 게임에 능한 작가다. 누쿠이는 치밀한 복선을 세세하게 깔아두고 독자가 수수께끼를 따라오도록 섬세하게 유도한다. 데뷔작인 『통곡』은 아이들이 유괴, 살해되는 사건을 중심으로, 두 개의 이야기를 병렬적으로 진행한다. 두 이야기가 대체 어떻게 얽혀 있는지를 알게 되었을 때, 독자는 짜릿한 희열을 느낀다. 두 개의 이야기가 서로 교차했던 지점이 어디였는지, 은유적으로 혹은 모호하게 묘사되었던 부분들이 무엇을 말하는 것인지 알게 되는 즐거움. 머릿속의 희미한 조각들이 서로 맞춰지면서 하나의 그림을 만들어냈을 때의 환희 같은 것.

하지만 누쿠이 도쿠로를 단지 신본격 미스터리 작가라고만 하기에는 아쉽다. 『통곡』이 실제로 벌어졌던 미야자키 쓰토무 사건에서 모티브를 가져온 것처럼, 누쿠이는 단지 트릭에만 초점을 맞추지 않고 '사회'를 이야기 속에 적극적으로 끌어들이는 작가다. 『우행록』은 완벽해 보였던 중산층 일가족이 살해당한 사건을 통해 현대 사회의 거짓과 위선을 낱낱이 드러낸다. 피해자들의 어리석은 행동, 그들을 비웃는 지인들 그리고 미디어를 통해 사건을 접하는 대중의 말초적인 시선까지, 누쿠이는 어느 것 하나 놓치지 않는다. 어쩌면 범죄라는 것은, 이 사회의 총체적인 어리석음 때문에 벌어지는 일이기도 하니까. 『살인 증후군』, 『실종 증후군』 등 '증후군' 시리즈에서도 누쿠이는 사회파적인 시선을 견지한다. 누쿠이 도쿠로는 신본격과 사회파의 장점들을 적절하게 활용하는 작가인 것이다.

야마모토 슈고로상을 받은 『후회와 진실의 빛』은 그러한 누쿠이 도쿠로의 장점들이 최고조에 다다른 듯한 작품이다. 도쿄에서 젊은 여자들이 잔인하게 살해당하고, 손가락 하나를 잘라가는 엽기적인 범죄가 발생한다. 경시청의 형사 사이조, 기동수사대의 와타비키, 첫 번째 범죄 현장을 발견한 경찰 오사키 등이 합동수사본부에 배치되어 수사를 시작한다. 범인은 경찰을 비웃듯이 인터넷에 범행예고를 올리고, 수사본부의 허를 찌르며 계속해서 범행을 성공시킨다. 범인은 스스로 붙인 '손가락 수집가'라는 별명을 자랑스럽게 여기며, 정의를 수호한다는 망상에 사로잡힌다.

누쿠이 도쿠로는 사건을 수사하는 경찰, 형사들에게 초점을 맞춘다. 경시청에서 합류한 수사 1과 9계의 형사들은 저마다 독특한 개성을 가지고 있다. 육체 능력은 떨어지지만 한 번 본 사람은 절대 잊지 않는 가나모리, 언제나 싹싹하고 까불까불하지만 모든 것을 계산하고 있는 미쓰이, 오타쿠처럼 이것저것 파고들지만 모든 정보를 예리하게 분석하는 톰 등등. 주인공인 사이조는 지나칠 정도로 원칙적이고 합리적이라 마찰도 잦지만, 탁월한 감 덕분에 '명탐정'이라고 불리는 형사다. 그리고 한때 사이조와 함께 근무하면서, 그를 질투하게 된 와타비키. 누쿠이 도쿠로는 공들여 그들을 하나하나 묘사한다. 사이조가 주인공이라고 해서, 그의 동선만을 따라가지 않는다.

『후회와 진실의 빛』은 연쇄 살인사건의 범인을 잡는 이야기가 중심이지만, 그보다 중요한 이야기는 사이조라는 한 남자의 전락이다. 사이조는 차가운 남자다. 공을 세우기 위해서, 출세하기 위해서 움직이지 않는다. 그렇다고 해서 사람들과 잘 지내면서 행복하게 사는 걸 원하지도 않는다. 사건을 해결하는 것. 그것만이 사이조의 목적이다. 어린 시절부터 사이조는 원칙에 맞지 않는 것, 불합리한 것에는 결코 굽히지 않았다. 경찰이 된 것도 그런 이유다. 뛰어난 감각과 논리로 사건들을 해결한 사이조는 출세가도를 달렸다. 누구나 질투하고, 서먹해 하면서도 사이조의 실력만은 인정했다. 사이조도 그것으로 만족했다.

하지만 어느 순간 어긋나버렸다. 자신의 결혼이, 잘못된 선택이었다는 것을 알게 되었다. 아내와 멀어지면서 불륜에도 빠졌다. 단순한 불륜이 아니라, 사이조의 가슴에 뚫린 구멍을 그 여자는 너무나 다정하게 메워주었다. 그것은 사이조의 원칙에 어긋나는 행동이었다. '남자의 야비함을 여자가 허용함으로써 성립되는 관계. 자신의 신조와는 어긋나는 삶.' 그렇게 서서히 사이조의 삶은 허물어지고 있었다. 『진실과 후회의 빛』은 '손가락 수집가'를 추적하는 과정에서, 순식간에 사이조가 굴러 떨어지는 모습을 때로는 측은하게 때로는 차갑게 지켜본다. 사이조는 잘못을 저질렀지만, 그것은 결코 그의 악의 때문이 아니었다.

와타비키는 사이조를 미워했다. 가족을 돌보기 위해서 치열하게 일했지만, 아내는 교통사고로 죽었고 아들은 장애인이 되었다. 가정을 잘 돌보지 못한 자신 때문에 사고가 일어났다고 자책한다. 와타비키가 본 사이조는 너무 쉽게 사건을 해결하고, 공을 가져간다. 그래서 질투한다. '일에 파묻혀 가정을 돌보지 않는 남자야 어디에서나 흔히 찾아볼 수 있지만, 그 탓에 씻고 싶을 수 없는 회한을 품게 된 인간은 과연 몇이나 될까. 이런 고통을 짊어지면서까지 직무에 긍지를 가져 온 내가, 단지 운이 좋은 것 말고는 아무것도 없는 기생오라비 같은 녀석보다 성적이 떨어지다니.'

누쿠이 도쿠로는 그들을 비난하지 않는다. 조롱하지도 않는다. 우리는 누구나 때로 어리석은 행동을 한다. 부질없는 감정에 사로잡히기도 한다. 너무나도 냉철하고 명석했던 사이조는 누구도 이해할 수 없는 행동들, 하지만 인간적으로는 너무나 절실한 일들 때문에 추락한다. 와타비키는 자신의 질투가 얼마나 추악한 것인지 알고 있다. 그럼에도 떨쳐버릴 수가 없었다. 미쓰이도, 톰도 다 그들 안의 세계에서 때로 분노하고 자책하며 살아가고 있다. 어쩌면 그들도, 어느 한순간 선택을 잘못했다면 '손가락 수집가'가 되었을지도 모른다. 빛과 어둠, 선행과 악행의 경계는 우리가 알고 있는 것보다 훨씬 더 희미하고 허약한 것이다.

『후회와 진실의 빛』은 어둡다. 손가락 수집가의 어리석은 악행보다는 사이조의 추락 때문이다. 그 남자의 절망과 고통 그리고 후회를 보는 것만으로도 너무나 처절하다. 그런데 궁금하다. 그 남자, 사이조가 모든 것을 잃어버린 후 어떻게 살아갈 것인지. 누쿠이 도쿠로가 사이조를 주인공으로 하는 하드보일드 소설을 연이어 써준다면 정말 읽고 싶다. 추락하기 전의 사이조는 그리 매력적인 인물이 아니었지만, 그 모든 상처와 고통을 짊어진 사이조에게는 한없이 끌린다. 그 어둠, 아니 그 상처와 흉터들 때문에 더욱 매력적이다.

3

학교는
진실을 가르쳐주지 않는다

: 인생은, 고통에서 배우는 것

　　　　　　　　　현재의 교육 시스템은 소위 시민 교육을 위해 탄생했다. 민주사회를 만들기 위해 기본적인 교육을 시킨다는 취지였다. 그러나 이면에는 다른 목적이 있다. 봉건제가 무너지고 도시로 몰려든 농민들이 공장에 취업을 했다. 공장에서 일을 배우기 위해서는 기본적인 지식이 필요하다. 글을 읽고, 과학을 이해하고, 구조를 파악하기 위한 기초 교육. 아동 노동이 죄악시 되면서 '교육'의 중요성은 더욱 강조되었다. 근대 교육 시스템은 꽤 중요했다. 근대 이후의 '과학 지식'은 부모나 마을 어른들한테 쉽게 배울 수 없는 것이었다. 철학이나 역사 등의 인문학도 마찬가지다. 그래서 현재의 교육 시스템이 만들어지게 되었다. 세상을 살아가기 위해 필요한 국어, 수학, 과학 등의 기초 지식을 배우는 곳으로서.

　하지만 시대가 변했다. 인터넷이 대중적으로 보급되면서, 전제 자체가 바뀌었다. 학교에서 배웠던 지식들 태반이, 인터넷만 치면 바로 답이 나온다. 세상에서 살아가기 위한 기초 지식은, 더 이상 학교에서 배울 필요가 없어진 것이다. 대신 상위 학교로 진학하기 위한 '입시 준비' 교육으로 변했다. 즉 현재의 학교란 시험을 잘 치르기 위한 스킬을 배우는 곳으로 전락한 것이다. 그렇다면 차라리 학원을 강화하는 게 낫지 않을까?

　교육의 진정한 가치는 공부 잘하는 학생이 아니라 소위 '인간'을 만드는 데 있다. 전인 교육이라고나 할까. 인간으로서 필요한 다양한 교양과 지식을 불어 넣어주는 것. 거기에는 커뮤니케이션과 공감 능력, 사회적인 교육까지 포함된다. 최근에는 대학에서도, 부모들이 학생의 결정을 대신해주거나 간섭하는 경우가 많아지고 있다고 한다. 즉 성인이 되어서도 여전히 주체적인 결정과 행동을 하지 못하는 '어른 아이'가 늘고 있는 것이다. 전적으로 교육의 책임이다. 진정한 어른으로 성장할 수 있게 만드는 교육이 부재했기 때문이다.

문제는 어른이 되는 교육을 현재의 학교에서 수행할 수 있는가이다. 아마도 힘들 것이다. 전인 교육을 하려고 해도, 성적이 떨어진다며 입시 준비에 치중하라는 압력이 들어오지 않을까? 이지메가 늘어나는 것도 그런 이유다. 약자를 괴롭히는 것은 어느 시대에나 있었지만, 지금처럼 집요하고 악의적인 괴롭힘이 늘어나는 것은 결국 교육의 문제다. 그래서 타인의 고통에 대해 이해하고 공감하는 능력이 점점 떨어져가는 것이다. 마찬가지로, 세상에서 살아남기 위한 교육이 제대로 이루어지고 있는가, 라고 물었을 때도 대답은 회의적일 수밖에 없다.

개인적으로도 학교에서 받은 교육이 내 인생에 어떤 도움이 되었는가 묻는다면 부정적이다. 비록 두려워서 학교를 벗어나지는 못했지만, 학교에서 배운 지식이 실제적인 쓸모가 된 경우는 거의 없다. 그렇다고 해서 학교 교육 전반을 부정할 생각은 없다. 학교에서 배운 것은 그야말로 기초일 뿐이다. 세상에서 살아가기 위해 진짜 필요한 능력들은 스스로 탐구해서 배워야 한다.

그러니까 세상을 보자. 학교에서 가르치는 상식적이고 객관적인 세상이 아니라 당장 눈앞에서 펼쳐지고 있는 생존경쟁의 치열한 정글을. 세상에 공정함, 자비심 같은 것은 거의 존재하지 않는다. 가족과 절친한 친구 사이에서는 가능하겠지만 때로는 그런 지인들에게서 더 심한 배신을 당하는 경우도 허다하다. 원칙과 규칙은 대체로 힘을 가진 자의 입장에서 만들어진 경우가 대부분이다. 소위 신자유주의 시대가 되면서 그런 경향은 강해졌다. 그러니까 살아남고 싶다면, 일단 세상을 제대로 보고 배워야 한다.

이 세상이 얼마나 잔인하면서도 아름다운 곳인지, 왜 평범한 이웃이나 친구가 스스로 '짐승의 길'로 떨어지는지, 매스컴에서 흔히 말하는 승자가 과연 누구인지 잘 들여다봐야 한다. 그리고 타자의 시선에서, 긴 시간을 내다보자. 당장은 패배할지라도 그 고통이 어떻게 우리를 성장시키고, 강하게 만드는지를 지켜보자. 진리는 책이 아니라 세상에 존재한다.

개인의 시간이 아니라
역사의 시간을 보아라

『아카쿠치바 전설』
사쿠라바 카즈키

흘러가는 시간은 누구도 막을 수 없다. 다가오는 미래도 막을 수 없다. 현세의 인간이란, 한정된 시간에 얽매인 존재다. 누구나 공평하게 주어진 시간 속에서 자신의 인생을 살아야만 한다. 타인이 대신 살아줄 수도 없고, 아무리 후회스러워도 다시 되돌릴 수 없다. 다른 시간을 원하는 이들이라면 불공평하다고도, 무자비하다고도 말할 수 있을 것이다. 왜 나에게 행복의 시간, 평화의 시간은 찾아오지 않았던 것이냐고. 그러나 한 개인의 시간에서 벗어나 무한한 시간 속에서 바라본다면 달라진다. 시간은, 세계는 단지 자신의 할 일을 묵묵히 할 뿐이다. 그 안에서 어떻게 살아갈 것인가는, 오로지 우리 각자에게 주어진 문제일 뿐이다.

사쿠라바 카즈키의 『아카쿠치바 전설』에는 아카쿠치바 가문 여성 3대의 이야기가 펼쳐진다. 사쿠라바 카즈키는 라이트노벨로 출발하여 『아카쿠치바 전설』로 일본추리작가협회상을, 『내 남자』로 나오키상을 수상한 특이한 이력의 작가다. 철저한 허구의 세계로 시작하여 점점 현실로 발을 딛게 되었다고나 할까. 『아카쿠치바 전설』은 허구와 현실의 세계를 접합한 사쿠라바 카즈키 소설의 매력이 무엇인지를 너무나도 잘 알려주는 작품이다.

1953년 전쟁이 끝났을 때부터 현재까지, 아카쿠치바 가문의 세 여인들은 각자의 시대를 살아간다. 아카쿠치바 만요의 1953년부터 1975년까지는 '최후의 신화시대'란 제목이 붙어 있다. 산에서 살아가는 '변경 사람들'이 마을에 내려왔다가 두고 간 아이 만요가 아카쿠치바 가문의 며느리가 되고, 전후의 부흥을 일궈내던 시기의 이야기다. 아카쿠치바 게마리의 1979년부터 1998년까지는 '거(巨)와 허(虛)의 시대'라고 칭해진다. 폭주족 리더였던 게마리가 인기 만화가로 변신하고, 데릴사위로 들어온 남편괴의 사이에서 아이를 낳는다. 그리고 시대를 통칭하는 제목은 따로 없는, 아카쿠치바 도코의 시대인 2000년대. 도코는 만요와 게마리의 시대를 반추하며, 자신이 살아가는 시대의 본질을 찾아가려 한다. 『아카쿠치바 전설』은 아카쿠치바 여성들의 연대기인 동시에 그들이 살아간 시대의 신화 이야기다.

만요는 가끔 미래를 봤다. 대부분 높은 곳에 있을 때였던 것 같다.

번쩍하면서 산산조각 나는 시체를 본 것도 젊은 부부의 남편이 목말을 태워줬을 때였다. 산에 오르거나 마을 부자들이 사는 언덕 위로 올라갈 때면 문득문득 만요의 눈앞에 미래가 스쳐 지나갔다. 사람이 죽고, 태어나고, 큰 사고가 일어났다. 성도 없이 이름만 있는 만요는 그것을 그냥 바라보기만 했다.

만요는 보지 말아야 할 것들을 본다. 본다고 한들, 닥쳐올 미래를 막을 방법은 없다. 만요에게 주어진 인생은 그런 것이었다. 산에서 내려와 홀로 마을에 남고, 운명처럼 제철소를 경영하는 아카쿠치바 가문의 며느리가 되었다. 그리고 시대는 요동쳤다. '전쟁이 끝난 후는 남자의 시대였다. 노동이라는, 남자들의 힘의 시대였다.' 끊임없이 만들어내고, 건설해야만 전진할 수 있었던 시대. 하지만 남자들의 시대는 해악도 가져왔다. '층층으로 이루어진 세상을 사람들은 앞다투어 오르기 시작한 것이다.' 사람들의 목표는 오로지 성공이 되었고, 배금주의에 물들기 시작했다. 공해 문제가 심각하게 나타나고, 오일 쇼크도 닥쳤다. 그러다가 60년대 말에는 '국가와 가족을 부정하는 시대'가 도래했다. 시골 마을에서 자라난 만요에게는 그 모든 것이 격동이었다. 아니 만요만이 아니다. '맨주먹 하나로 싸워온 이들이 정신을 차리고 보니 주변 경치는 모두 잿빛으로 변해 있었다.' 신화는 끝났다. 열심히 달려가기만 하면 모든 행복을 얻을 수 있다는 희망은 사라졌다.

만요의 딸 게마리는 폭주족 리더가 된다. 아이들과 함께 바이크를 타고 맹렬하게 질주하고 싸운다. 싸움의 짱이 되기 위하여, 가식으로 가득 찬 세계에서 도망치기 위해서. 그들에게는 또래의 즐거움만이 모든 것이었다. 미래 같은 것은 생각하지 않는다. 폭주야말로 청춘의 모든 것, 청춘만이 누릴 수 있는 특권이었다.

게마리 또래 소녀들에게는 사상도 없고, 사회라는 의식 또한 없었다. 그 또래 아이들은 재미없는 실제 사회를 보지 못하는 대신, 자신들만의 허구의 세상을 만들어 실제 세상 위에 덧칠했다. 불량문화는 젊은이들 공동의 환상이었다. 거기엔 막연한 천하 통일과 싸움의 지존이란 사상만 있었고 무엇을 위해 싸우는지, 무엇을 위해 달리는지 그 중심 부분은 텅 비어 있었다. 그래서 더욱 불타올랐다. 아무것도 없으니까 더욱 열광할 수 있었던 것이다.

게마리는 거칠고, 열정적이었다. 이른이 되면서 만화가가 되고, 미친 듯이 만화에만 열중할 수 있었던 것도 그런 이유일 것이다. 게마리가 살아가는 법은 오로지 싸우는 것뿐이었다. 청춘 시절에는 폭주족으로서, 성인이 되어서는 만화가로서. '게마리에게는 시대를 짊어지고 있는 사람 특유의 두 가지 오라가 뒤엉키며 뿜어져 나왔다. 그건 화려함과 동시에 그에 상반되는 죽음의 기색이기도 했다.' 그러나 게마리는 현실에 들어갈 수는 없었다. 폭주족 리더를 그만두고 만화가가 된 것 역시, 또 다른 허구의 세계를 건설하는 것이었다. 게마리는 성공했고, 치열했지만 그것은 허(虛)의 세계였다. 그토록 치열하게 싸우면서도 세상 속으로 들어갈 수 없는 비극.

엄마, 게마리는 결국 어른이 되지 못한 사람이 아니었나 생각해본다. 아이들의 픽션의 세계에서 쫓겨났지만 어른이 되지도 못한 중유(中有, 사람이 죽은 뒤 다음 생을 받을 때까지의 49일 동안)를 떠도는 혼…… 거인의 환영처럼 만화가 게마리는 아카쿠치바 가문에 군림했지만, 현실의 게마리는 허(虛)의 여인이었다.

하지만, 비록 허구의 세계와 싸우더라도, 그토록 치열하게 싸울 무엇인가를 발견했던 게마리는 행복했을지도 모른다. 게마리의 만화 편집자였다가, 실패를 거듭한 끝에 아카쿠치바 가문에 객식구로 기거하는 남자를 보며 도코는 생각한다. '그의 지식은 지금보다 나은 삶과 지금보다 만족할 만한 문화에 자신이라는 열차를 반드시 도착시키고 말겠다는 신념을 뒷받침하는 것처럼 보였다. 그건 우리 세대에는 없는 성질이었다. 우린 그런 감각을 전혀 몰랐다. 모든 것이 이미 종료된 이 나라에서 그냥 떠돌듯이 자랐다.' 그 남자는, 모든 것을 잃어버리고도 태연했다. 그러면서도 미래에 대한 이상이 있었고, 버블의 경험도 있었다. 도코의 세대는 다르다. 미래 같은 것은 보이지 않는다. 이 세계의 어딘가가 이미 고장나버린 느낌이다. 엘리베이터를 타도 언제나 같은 곳에서만 멈춰 서 있을 것 같은 기분. 그 남자처럼 가만히 있다 해도, 결코 그 남자처럼 태평할 수는 없었다. 에너지가 멈춰버린 사회에서, 그들의 에너지는 내부에서 엉뚱한 방향으로 들끓고만 있었다.

많은 것을 견디며, 사회 모순과 체념을 받아들이며 떠돌 듯이 어른이 되어간다. 맑은 것과 탁한 것을 함께 마시며 어른이 되어간다. 세상에 나가면 시시한 매일매일과 영원히 싸워야 한다. 그런 일은 나로서는 어려운 일이었다…… 부모로부터 사회에서 살아나갈 힘과 각오를 이어받지 못한 것이다. 힘든 일이야 어디 가나 있겠지만 그것에 상처받을 마음의 준비도 되어 있지 않고 자신감도 없어서, 그래서 도망치는 것이다.

채 100년도 안 되는 시간인데 만요와 게마리와 도코의 시대는 너무나도 다르다. 하지만 어떤 수수께끼를 풀어야만 하는 상황에 놓인 도코는, 만요와 게마리의 시대를 되짚어본다. 그 시간들이 무엇이었는지, 그 시대의 정체가 무엇이었는지, 어렴풋하게 짐작하며 파고들어가 본다. 그리고 알게 된다. 만요와 게마리의 인생이 무엇이었는지를. 그들이 무엇을 얻었고 또 잃어버렸는지를. 시간이란 얼마나 잔인한 것인지, 동시에 얼마나 다정하고 풍요로운 것인지를. 그 시간들이 없었다면, 나는 이 세상에 존재하지 않을 것이고, 또한 이 세계도 존재하지 않을 것이다. 시간은, 언제나 공평하다.

　환영해.
　나는 울면서 속삭여보았다.
　환영해. 환영해. 뷰티풀 월드에 온 것을. 고민 많은 이 세상에. 우리는 같이 앞으로도 계속 살아나갈 것이다. 세상은, 그렇다, 조금이라도 아름다워야 한다.

개의 눈으로 인간의 역사를 본다면?

『벨카, 짖지 않는가』
후루카와 히데오

'어디선가 신적인 존재가 지켜보고 있는 것 같다'고 느껴본 적이 있는가. 정말로 신일 수도 있다. 아니면 당신을 알고 있는 누군가의 호의적이거나 악의적인 시선일 수도 있다. 아니면 신까지는 아니어도, 초자연적인 무엇? 혹은 단지 다른 존재의 시선일 수도 있다. 이를테면 거리에 서 있는 커다란 나무라던가, 낡아서 언제 헐릴지 모르는 건물이라던가, 오랫동안 함께 해온 만년필 같은 것들. 그렇게 자연이나 무생물에게도 시선이 있다고 생각할 법도 하지 않은가. 그것 모두가 아니라면 개나 고양이는 어떤가. 늘 인간의 주변에 있었던, 지금도 함께 있는 동반자. 때로는 미움을 받고 학대를 받았을지라도, 단 한 번도 인간의 곁을 떠나지 않고 함께 살아왔던 그들. 개와 고양이는 습성과 행태, 인간에 대한 태도 등이 사뭇 다르지만 언제나 우리와 함께 존재했다는 공통점만은 변하지 않는다. 그들이라면 아마도, 언제나 우리를 지켜보고 있다, 라고 말해도 틀리지 않을 것이다. 그들은 분명히 인간을, 인간의 역사를 꽤나 다정하게 혹은 담담하게 지켜봤을 것이다.

후루카와 히데오의 『벨카, 짖지 않는가』는 바로 그 이야기다. 인간의 역사를, 개들의 눈으로 본 이야기. 아니 개들이 경험하고 지켜본 인간이라는 존재의 시간들. 2차 대전이 끝나고 다시 미국으로 반환된 알류산 열도의 키스카 섬에는 4마리의 군견이 남아 있었다. 그들은 미국으로, 중국으로, 소련으로 퍼져나가 수많은 자손을 낳으며 베트남 전쟁, 우주 개발, 미국과 소련의 냉전, 아프가니스탄 전쟁, 소련의 붕괴, 마피아 항쟁 등 역사의 순간을 인간과 함께 한다. 그 역사의 순간들을 개의 눈으로 본다. 이를테면 이렇게.

20세기는 두 번의 대전이 일어난 이른바 전쟁의 시대였다. 하지만 그와 동시에 군견의 시대이기도 했다. 수십 만 마리의 군견이 최전선에 배치되었다. 그리고 1943년 7월, 그 섬에서 군견 네 마리가 잊혀지고 있었다. 그 섬은 이제 이름이 없다. 일본군이 일장기를 거두고 퇴각한 뒤로 그곳은 이제 나루카미토가 아니다. 하지만 미군은 여전히 그 섬을 일본군이 점령하고 있다고 생각했다. 그 때문에 자신들이 다시 탈환할 때까지는 부당하게 뺏긴 일본 영토라고 인식하고 있었다. 즉 그곳은 이제 미국 영토인 키스카 섬도 아니었다. 그곳은 잊혀진 개 네 마리를 위한 이름 없는 섬이었다.

개들을 위한, 개들의 섬. 인간의 역사도 그렇다. 『벨카, 짖지 않는가』에 나오는 사람들에게는 이름이 없다. 노인, 소녀처럼 그들을 지칭하는 명사만이 있을 뿐이다. 개들에게는 인간의 이름이 중요하지 않다. 역사의 흐름 역시 마찬가지다. 그들은 운명을 받아들이고, 함께 달려갈 뿐이다. 베트남 전쟁에서 군견들은 베트콩의 땅굴을 찾고, 먼저 땅굴 속으로 들어가 희생되어야만 했다. 그러나 단 한 번도 불평하지 않았다. 개는 충성의 동물이다. 신뢰를 통해서 주인을 받아들이면, 그들은 끝까지 함께 달려간다.

『벨카, 짖지 않는가』의 제목에 나오는 벨카는 소련의 우주 개발에 동참했던 개의 이름이다. 1957년, 지구에서 최초로 우주공간에 나간 동물은 인간이 아닌 개 라이카였다. 라세 할스트롬 감독이 만든 〈개 같은 내 인생〉의 주인공인 사춘기 소년은, 우주공간에서 홀로 쓸쓸히 지구를 내려다보는 라이카를 상상하며, 내 인생도 그런 라이카 같다고 생각한다. 최초로, 인간이 지배하는 지구를 우주에서 바라본 개. 저 작은 별에서 아웅다웅하며 살아가는 인간에 대해서 생각했을까? 아니면 나는 여기에서 무엇을 하고 있는가, 라는 실존적인 고민? 혹은 삶과 죽음에 대한 초월적인 명상? 그런 말도 안 되는, 한심한 공상이라고 생각하지 말라.

당신은 이 작품을 픽션이라고 말할 것이다.
나도 그것을 인정한다. 그런데 과연
이 세상에 논픽션이 존재한다고 생각하는가.

후루카와 히데오는 당당하게 선언한다. 모든 것은 논픽션이자, 픽션이라고. 이것은 개들의 이야기인 동시에 인간의 역사이며, 허구인 동시에 사실이라고. 후루카와 히데오의 작품세계는 바로 그, 픽션과 논픽션의 구분을 무색케 하는 방대하면서도 허황한 작업이었다. 후루카와 히데오의 대표작은 2002년 추리작가협회상과 일본SF대상을 수상한 『아라비아 밤의 종족』이다. 18세기, 나폴레옹의 침공을 앞둔 이집트에서 은밀하게 '재앙의 서'를 복원하려는 시도를 그린 『아라비아 밤의 종족』은 역사적 사실과 예술적 허구를 하나의 이야기 안에 통합한다. 일종의 아라비안나이트 같은 '재앙의 서'를 복원하려는 시도는, 허구를 통해서 현실을 압도하거나 지배하려는 의도로 비쳐진다. 후루카와 히데오는 모든 것을 지켜보며, 인물들의 감정과 행동에 기꺼이 개입하며, 이야기를 들려주는 화자로서 모든 것을 관장한다. 그런 태도는 『벨카, 짖지 않는가』에서도 재현된다. 또한 『로큰롤 7부작』에서는 로큰롤의 역사를 7개의 대륙을 무대로 대담하게 재구성한다. 분명히 허황된 이야기들이지만, 그것 자체가 우리 인간이 그동안 쌓아올린 것들과 절묘하게 합치한다. 그 치밀한 장광설과 어리석은 담대함조차도.

벨카는 라이카에 이어 우주공간으로 나간, 그리고 처음 지구로 귀환한 개의 이름이다. 1960년 8월, 벨카와 스트렐카는 스푸트니크 5호를 타고 우주 궤도를 돌고 귀환했다. 라이카는 돌아오지 못했지만, 벨카와 스트렐카는 최초의 살아남은 '우주견'이 된 것이다. 인간조차 하지 못했던 미증유의 경험을 한 그들은 어떤 삶을 살았을까. 또 그들의 후예는 어떤 삶을 살았을까. 후루카와 히데오는 벨카와 스트렐카의 후예들이 어떻게, 인간의 현대사와 함께 흘러갔는지를 '개들의 시선'으로 그린다. 그러면서 또 하나의 이야기를 병치시킨다. 소련 붕괴 후 러시아에서는 기존 마피아와 체첸 마피아의 항쟁이 시작된다. 그 항쟁에 일본 야쿠자가 개입했다가 두목의 딸인 12살 소녀가 납치된다. 일본인 소녀는 외딴 마을에 감금되어 수많은 개들과 함께 생활하게 된다. 마피아는 개를 살인도구, 목적을 위해 쓰이는 도구로서 훈련시킨다.

사실 언제나 그래왔다. 인간은 개를, 사냥을 위한 도구로서, 외부의 침입에서 인간을 보호하기 위한 수단으로써 이용해왔다. 친구이면서 하나의 수단이자 도구로서. 그러나 후루카와 히데오가 1957년, 라이카가 우주로 나간 해를 개의 기원 원년이라고 말한 것은, 우주에서 귀환한 '벨카'의 이름을 제목에 쓴 것은, 개를 단지 인간의 소유물이나 도구로 바라보는 시각을 원치 않았기 때문이다. 후루카와는 묻는다. 왜 짖지 않는 것이냐고. 왜 항상 인간을 지켜보고 있었던 개, 당신들의 목소리를 내지 않는 것이냐고. 그러면서 야쿠자 두목의 딸인 소녀에게, 다시 벨카라는 이름을 물려준다. 그것은 곧 개의 시선이, 인간에게 투영되기를 바라는 의미다.

47번은 소녀의 말을 이해했다. 그리고 오페라에게 덤벼들었다. 오페라에게 달려들어 계속 공격하다가 노인이 "앉아" 하는 명령을 내리자, 먼저 소녀를 돌아보았다. 소녀는 아연한 표정으로 인식표 47번을 쳐다보고 있었다. 강아지는 나 잘했죠, 하고 소녀에게 묻고 있었다. 소녀는 말없이 인식표 47번에게 고개를 끄덕였다. 이때 비로소 대화가 시작되었다. 소녀는 이 '죽음의 마을'에 갇힌 뒤로 처음 누군가와 의사소통이 이루어진 것이다. 상대는 인간이 아니었다. 개였다. 하지만 한 마리의 개와 일본인 소녀 사이에 말이 통했다.

개와 인간의 말이 통하는 그 순간, 개의 시선이 인간의 눈을 통해 드러나는 순간 모든 것은 다르게 보인다. 사실 인간의 역사란 애매하고 뒤틀린 것이다. 때로는 오로지 승자의 시선만으로 왜곡되기도 한다. 패배자, 보통 사람들의 시선은 무시당하기 일쑤다. 혹은 사건의 진상이 제대로 드러나지 않은 것들도 많다. 우리는 고대의 문명들이 왜 멸망했는지, 단지 추정할 뿐이다. 혹은 현대의 수많은 사건들도 여전히 미제이고, 수수께끼다. 아니 어쩌면 우리는 가장 가까운 가족, 연인이 누구인지조차 정확히 말하기 힘들 것이다.

인간의 역사 역시 하나의 픽션에 불과할 수도 있다. 하지만 픽션이라 해서 가치가 떨어지는 것은 아니다. 오히려 픽션의 힘으로, 다른 시선을 빌리고 뒤집어 봄으로써 색다른 경험을 할 수 있다. 보여주는 것만이 아니라 실제로 우리가 봐야만 하는 것들을 볼 수도 있는 것이다. 개의 시선으로 인간의 현대사를 보면 한편으론 인간이란 얼마나 어리석은 존재인가, 라는 생각이 든다. 그러니 당신도 봐라. 개의 시선으로 보든, 당신만의 시선으로 보든, 어쨌든 뭔가 다른 시선으로. 그러면 다른 세상이 보일 것이다. 『벨카, 짖지 않는가』의 황망한 세계처럼.

일본 청춘들이
이시다 이라에게 열광하는 이유

『이케부쿠로 웨스트 게이트 파크』
이시다 이라

'허무하다거나 공허하다고 생각하지도 않는다. 저건 모두 인간이 지닌 욕망의 빛이다. 욕망을 미워할 수는 없다. 다들 말없이 그대로 빛나기만 하면 된다. 아름다운 것은 추한 것, 추한 것은 아름다운 것.'

마시마 마코토도 한때는 이케부쿠로의 불량 청소년이었다. 하지만 인생이란 의도치 않은 곳에서 방향을 바꾸기 마련이다. 우연히 거리에서 만난 여자애 중 하나가 살해당한다. 아마도 '스트랭글러'라고 불리는 여고생 연속 교살 사건의 용의자가 범인인 것 같다. 범인 색출에 나선 마코토는 스트리트 갱단의 보스인 다카시의 도움으로 '범인'을 잡기는 한다. 그런데 이상하다. 진범을 알고 나니, 기분이 더 우울해지고 세상은 더욱 알 수 없는 곳이 된다. 이 밝고 화사한 세상 어딘가에서는 날마다 근친 성폭행, 은둔형 외톨이, 원조교제, 스토커, 거대 기업의 불법 행위 등 끔찍하고 잔혹한 일들이 벌어지고 있다. 그 모든 것들을 지켜보면서, 마코토는 인정한다. '우리는 모두 회색으로, 태어났을 때부터 빛과 어둠을 같은 분량만큼 나누어 가지고 있다…… 산다는 것은 그런 것이 아닐까. 그때그때 상황에 따라 그릇된 일이나 올바른 일을 자기도 모르게 저지르면서, 그다지 특별할 것도 없는 매일을 열심히 살아가고 있는 것이다.'

마시마 마코토가 해결한 사건 이야기를 들은 사람들이 하나 둘 찾아와 부탁을 한다. 사람을 찾아달라거나, 트러블을 해결해 달라거나, 복수를 해달라거나. 그렇게 마시마 마코토는 이케부쿠로의 아마추어 탐정이 된다. 마코토는 누구보다 머리 회전이 빠르고, 스트리트 갱 G 보이스의 두목 안도 타카시와 친구이고, 이케부쿠로에서 1, 2위를 다투는 폭력단 하자와 조직의 중간 보스와도 친구다. 여기에 이케부쿠로 경찰서장과는 어릴 때부터 막역한 사이이고, 인터넷에서 모든 정보를 빼올 수 있는 해커와도 친하다. 정보, 무력과 공권력 그리고 판단력과 적당한 싸움 기술까지 마코토에게는 탐정에게 필요한 모든 것이 있다. 단 하나 여자친구는 좀처럼 생기지 않지만, 그것도 시간문제다. 매일 과일가게를 지키면서, 거리에서 벌어지는 일을 한 달에 한 번 칼럼으로 쓰고, 가끔 골치 아픈 사건들을 해결한다. 세상에는 이런 탐정도 있다.

『4teen』으로 나오키상을 받은 이시다 이라의 연작 소설『이케부쿠로 웨스트 게이트 파크』는 이케부쿠로에서 벌어지는 각양각색의 사건을 마코토가 해결해가는 이야기다. 각종 범죄라던가 기묘한 사건을 해결해나가니 미스터리라고 할 수 있지만, 그보다는 청춘활극이라는 편이 훨씬 잘 들어맞는다. 『이케부쿠로 웨스트 게이트 파크』는 2000년 드라마로 만들어졌을 때, 일본의 젊은 세대에게 선풍적인 인기를 끌었다. 〈키사라즈 캣츠 아이〉, 〈타이거 & 드래곤〉 등의 각본을 쓰면서 젊은 세대의 아이콘이 된 시나리오 작가 쿠도 칸쿠로의 힘도 컸지만, 원작의 매력을 간과할 수는 없다. 이시다 이라가 쓴 원작『이케부쿠로 웨스트 게이트 파크』의 생생함과 쿠도 칸쿠로의 재기가 어우러진 드라마 〈I.W.G.P.〉는 신세대의 교본이 되었다.

이시다 이라는 거리에서 살아가는 젊은 세대를 보면서 결코 두둔하거나 비난하지 않는다. 단지 바라볼 뿐이다. 그리고 자신이 본 것을, 마코토를 통해 우리에게 들려준다. 그들은 사회의 시스템에 쉽게 동조하진 않지만, 그렇다고 모두 제멋대로만 사는 것은 아니다. 그들에겐 나름의 규율이 있고, 나름의 도덕이 있다.『이케부쿠로 웨스트 게이트 파크』는 고정된 시스템의 사선(斜線)에서 살고 있는 젊은 세대의 좌충우돌을 화려하면서도 잔인하게 그리고 있다. 있는 그대로, 꽤나 낭만적이지만 결코 현실의 어둠을 외면하지 않으면서.

사실 이케부쿠로에 사는 마시마 역시, 사회적 통념으로 본다면 패배자라고 할 수 있다. 변변한 직업도 없고, 그렇다고 어둠 속에 군림하는 것도 아니다. 미래 같은 것도 전혀 보장되어 있지 않다. 하지만 마코토가 알고 있는 것은, 지금 살아가는 일이 중요하다는 사실이다. 그리고 자신이 해야 하는 일, 주어진 일에 대해서만은 언제나 당당하게 부딪친다. 패배자라고 해서, 다 같은 패배자가 아니다. '전자의 별'에 나오는 시골에서 올라온 청년은 자신을 '루저'라고 인정한다. 취직할 곳도, 장사할 것도 제대로 없는 시골에서 무기력하게 살아가는 청년. 그는 단지 도쿄에서 산다는 이유만으로 마코토가 패배자가 아니라고 말한다. 그 말도 맞지만, 그렇다고 해서 마코토가 시스템의 패배자에서 탈출할 수 있는 건 아니다. 더욱 중요한 것은, 내가 패배자라는 '사실' 자체가 아니다. 친구를 위해 마코토에게 도움을 청하러 온 청년은, 자신의 전력을 쏟아 부어 복수를 완수한다. 그리고 말한다.

> 지금은 돈도 없고 직장도 없어요. 미래의 일 같은 건 전혀 상상이 안 되지만 돌아가면 이제 모두에게 말할 수 있어요. 나는 한 번은 해냈다고 말이에요. 정말 자신의 힘으로 싸웠어요. 이제부터는 가슴을 펴고 당당히 패배자라고 말할 수 있어요.

이시다 이라는 고정된 장르 소설을 쓰는 작가가 아니다. 순문학 작가도 아니다. 이시다 이라는 지금 우리가 살아가는 사회의 일면을 그린다. 작가의 예리한 안테나에 걸려드는 중요한 이야기를 철저한 조사와 분석을 거쳐 만들어낸다. 소년 범죄를 다룬『아름다운 아이』, 증권시장을 무대로 자본주의라는 정글을 그려낸『빅 머니』, 디지털 세대의 도래를 예언적으로 설파한『아키하바라 딥』등 굵직한 사회적 사건들을 그리는가 하면 연상 여자와 연하 남자의 사랑을 그린『잠들지 않는 진주』, 남창을 주인공으로 한『렌트』등 사회의 일상적인 단면을 날카롭게 포착한 작품도 있다. 하나의 소재와 주제에 천착하기보다는, 지금 필요한 이야기를 잡아내고 만들어내는 게 이시다 이라의 장기다. 이시다 이라는 계속해서 우리가 살아가야 하는 세계의 어둠을 어떻게 헤쳐 나갈 것인가를 말하고 있다.

연작 단편집『LAST 라스트』는 궁지, 막다른 길에 몰린 사람들의 이야기다. 이시다 이라는 리얼리스트다. 그는 사회의 어두운 면을 보면서도 극단적인 감정을 드러내지 않는다. 냉정하게 관찰하면서, 그들의 상황을 예리하게 드러낼 뿐이다. 의외로 그런 차가움에서 희망이 새어나온다. 단지 감싸 안는 것만으로 문제는 해결되지 않으니까.

『아름다운 아이』에서 14살의 소년은, 한 살 아래인 동생이 끔찍한 엽기살인을 저지른 범인이라는 것을 알게 된다. 그의 가족은 깨지고 일그러진다.『아름다운 아이』가 말하는 것도 비난이나 동정이 아니다. 소년은 그의 동생을 받아들여야만 한다. 그건 혈연으로 이어진 운명이다. 타인들은 그를 비난하고 외면하면 끝나지만, 소년은 그럴 수가 없다. 소년은 현실을 받아들여야만 한다. 도망치거나 부정하는 것으로는 결코 끝나지 않는다.

단편집 『푸른 비상구』는 절망에 빠졌던 사람들이 희망을 찾아가는 이야기다. 말 그대로 비상구를 발견하는 이야기. 인생이란 고통스러운 것이다. 많은 사람들이 절망에 빠지거나, 회복불능이라고 생각하는 순간까지 다다르게 된다. 하지만 어떤 순간에도 비상구는 있다. 조금만 시선을 돌리면, 희망이라는 비상구는 보일 수 있다. 물론 그곳을 빠져나온다고 해서 갑자기 세상이 희망으로 가득차거나, 모든 일이 일사천리로 해결되는 것은 아니다. 그러나 적어도 살아갈 힘을 얻게 된다. 아니 애초에 자신에게 있었던 힘을 발견하게 된다. 그것만으로 족하다.

마시마 마코토가 살아가는 힘도 그것이다. 첫 번째 사건을 해결하면서, 마코토는 알게 된다. '직접 부딪치면서 깨달은 것도 있다. 나만이 쓸 수 있는 게 있다는 것을.' 그리고 칼럼을 쓰고, 탐정 역할을 하게 된다. 나만이 할 수 있는 것을 하기 위해서. 그것이 아무리 보잘것 없어 보인다 해도, 그것이 바로 나다. '우리는 아무리 사소한 이유로도 자살할 수 있고, 그 반대로 아무리 시시한 목적으로도 살아갈 수 있다'는 말처럼, 살아가는 것 자체가 용기이고 승리다. 그게 시스템에 굴복하지 않아도 '상쾌한 패배자'로 살아가는 방법이다.

우리는
왜 짐승이 되었을까?

『짐승의 길』
마쓰모토 세이초

마쓰모토 세이초의 『짐승의 길』 초입에 '짐승 길'에 대한 설명이 나온다.

> 산양이나 멧돼지 등이 지나다녀서 산중에 생긴 좁은 길을 말한다. 산을 걷는 사람이 길로 착각할 때가 있다.

사람이 짐승의 길을 착각하여 들어서면 어떤 일이 벌어질까? 길이라 생각하고 가다 보면 수풀 밑으로 길이 나 있기도 하고, 진흙탕을 통과할 수도 있다. 사람이 다니기에는 도통 불가능한 험한 길을 만날 수도 있다. 애초에 짐승의 길이란, 사람이 다닐 만한 곳이 아니다. 그렇다면 마쓰모토 세이초는 어떤 의미로 '짐승의 길'이란 제목을 붙인 것일까?

다미코란 여인이 있다. 병에 걸려 쓰러진 남편은 거동이 불편하여 일을 할 수가 없다. 어쩔 수 없이 다미코는 고급 온천 여관에서 일을 하며 며칠에 한 번씩 집에 들른다. 남편은 그런 다미코를 의심한다. 정확하게 말하자면 의심이라기보다는 질투이고 욕정이다. 자신은 하루 종일 누워서 허송세월하고 있는데 아내는 혹시, 이런 나를 비웃으며 누군가의 품에 안겨 있는 것은 아닐까. 질투는 망상을 부르고, 집착은 날로 심해져만 간다. 다미코는 알고 있다. 이런 남편과 함께 있는 이상, 시들어가는 날들밖에는 오지 않으리란 것을.

그런 다미코에게 제안이 들어온다. 뉴 로얄 호텔의 지배인 고다키는, 잠시 동안 도구가 되지 않겠냐고 물어온다. 일본 정재계를 쥐고 흔드는 기토 고타라는 노인의 애인이자 하녀가 되어달라는 것이다. 당분간 그 일을 하고 나면, 오히려 누군가를 쥐고 흔들 수도 있는 미래가 열릴 수 있다면서. 나미코는 망설인다. 과연 이대로 가면 내 인생은 좋아질 수 있을까? 뼈 빠지게 일해서 돈을 벌어봐야 남편의 병간호에 다 들어갈 것이고, 그래 봐야 얻을 것은 남편의 질투와 시기가 아닐까. 고다키는 말한다. '보통 사람의 보통의 심리로 당신을 행복하게 해주고 싶다'고.

행복해지고 싶었던 다미코는 짐승의 길로 들어선다. 골칫거리가 될 수 있는 남편을 죽이고, 도구가 되기로 한 것이다 하지만 그녀는 몰랐다. 짐승의 길에 들어선다는 것이 어떤 의미인지를. 들어서기는 쉽지만 빠져 나오는 것은 결코 쉽지 않다. 기토 고타라는 노인은 일본 사회를 뒤흔드는 실력자다. 돈과 폭력 그리고 섹스를 이용하여 사람들을 조종하고 파멸시키거나 죽이기도 한다. 다미코는 그런 남자의 도구가 되기 위해, 자신 역시 살인을 저지른다. 우발적으로 저지른 살인이 아니기에, 한 번을 하나 두 번을 하나 마찬가지가 된다. 다미코도 잘 알고 있다. 이제 과거의 자신으로 돌아갈 수 없다는 사실을. 그래서 점점 더 짐승의 길로 깊이 들어간다.

『짐승의 길』에는 특별히 사악한 인간이 나오지 않는다. 대신 '짐승길'에 접어든 인간의 말로가 생생하게 드러난다. 다미코는 보통의 여자였다. 그런 사실을 잘 알고 있었기에 고다키는 '보통의 행복'을 들먹였던 것이다. 이대로 살아갈 수는 없다는 불안감 그리고 도망치고 싶은 욕망이 다미코를 '짐승'이 되게 했다. 살인이나 강도 같은 흉악한 범죄를 겪지 못한 보통 사람들은 '범죄자'를 특별한 사람으로 보는 경우가 종종 있다. 뭔가 성정이 포악하거나 심각한 문제가 있는 사람들이 범죄자가 된다고 생각하는 것이다. 물론 세상에는 '사이코패스'라고 부를 만한 범죄자들이 존재한다. 타인에 대한 공감 능력이 전혀 없고, 자신의 이익을 위해서라면 태연하게 타인을 희생시키는 특별한 인간들이 범죄자가 되는 경우도 많다.

그러나 현실에는 의외로, 보통 사람들이 저지르는 흉악한 범죄가 상상 이상으로 많다. '별로 범죄를 저지르려는 생각은 없었어. 하지만 커다란 소용돌이 속에 들어가 있다 보면 자신도 모르게 휘말려서 위법 행위를 해야 하지. 어쩔 수 없는 일이야'라는 말을 생각해보자. 다미코는 남편을 죽였다. 형사인 히사쓰네는 다미코를 의심한다. 그런데 히사쓰네는 의혹을 상부에 알리고 정식으로 수사를 하는 대신 홀로 다미코의 뒤를 추적한다. 히사쓰네가 무엇을 원하는지 알고 있지만, 다미코는 그 이후가 더욱 더 두렵다. 짐승의 길에 이미 접어든 다미코가 택할 수 있는 방법은 하나뿐이다. 아예 짐승의 길에서 나오면 좋겠지만 이미 다미코는 소용돌이 속에 갇혀 있다. 다미코가 살아나는 방법은 히사쓰네를 제거하는 것뿐이다. 그렇게 그들은 공범자가 되고, 악인을 넘어 짐승이 된다.

사회파 미스터리의 선구자인 마쓰모토 세이초는 추리소설이 트릭과 반전을 위주로 한 '논리 게임'에 치우치는 것에 반대하며 '사회'를 전면으로 끌어들였다. 『짐승의 길』에서도 다미코는 그저 보통의 여자였다. 그러나 고다키의 제의를 받아들이는 순간, 그녀는 범죄자가 되고 짐승이 되어버린다. 이처럼 보통 사람들이 범죄에 휘말리거나 선택을 하면서 벌어지는 일상적인 범죄들을, 사회파 미스터리는 주요 제재로 삼는다. 그리고 개인의 일상적인 범죄들을 파헤쳐 보면, 우리의 일상을 지배하거나 간섭하는 더욱 더 큰 권력과 음모들이 드러난다. 개인을 통해서, 개인적인 범죄를 통해서 사회의 구조적인 문제와 모순을 들여다보는 것. 마쓰모토 세이초의 소설에서 범죄는 별세계의 게임이나 사건이 아니다. 아사다 지로의 말처럼 '독자들은 그의 소설 속 등장인물을, 자기와는 전혀 상관이 없는 별개의 존재가 아니라, 자신과 같이 어쩔 수 없는, 인간으로 느낀다.'

물론 마쓰모토 세이초는 사회 전체를 뒤덮고 있는 '흑막'에 대해서도 이야기한다. 그것을 누구는 단지 음모론일 뿐이라며 일축하기도 한다. 그런데 마쓰모토 세이초의 소설을 읽다 보면 흑막의 존재에 대해서 놀라기보다는, 보통 사람들이 짐승이 되어가는 과정에 먼저 공감하게 된다. 『제로의 초점』이나 『모래 그릇』 같은 작품들에서는, 범죄자가 될 수밖에 없었던 그들의 슬픈 과거가 드러난다. 물론 그들은 범죄를 택했고, 짐승이 되기를 자처했기에 용서받을 수는 없다. 그러나 그들을 이해할 수는 있다. 그들이 왜 짐승의 길로 접어드는 선택을 했는지 어렴풋이 이해할 수 있게 되는 것이다.

나라면 어떻게 했을까? 내가 다미코와 같은 상황에 놓여 있다면 어떻게 할까? 도구를 거부하고, 매일같이 열심히 일하면서도 어떤 희망도 미래도 없는 날들을 택했을까? 아니면 다미코처럼 짐승의 길로 접어들었을까? 글쎄, 단번에 결정할 수가 없다. 고심하고 고심하다가, 어느 순간에 한쪽으로 기울어져버렸을 것 같다. 그리고 어느 쪽이건 후회했을 것 같다. 왜 나는 다른 길로 가지 않았을까, 라며.

『짐승의 길』은 1962년에 발표한 작품이다. 무려 50년 전의 소설. 그런데도 핸드폰이 없고 인터넷이 없다는 사실 정도를 제외하면 낡았다는 느낌이 그다지 들지 않는다. 그것은 곧 『짐승의 길』이 쓰여진 당시와 50여 년 후의 지금 상황이 별 차이가 없다는 말도 된다. 즉 인간이 살아가는 조건, 보통 사람들이 느끼는 고통과 절망은 전혀 바뀐 것이 없다는 것. 그 말은 곧 지금 우리 역시 똑같은 선택의 기로에 놓여 있다는 것이다. 짐승의 길에 접어들 것인가, 말 것인가.

사이코패스는
경쟁사회에서 길러진다

『악의 교전』
기시 유스케

범죄 중에서 가장 중하게 다루는 것은 살인이다. 인간이 행하는 많은 죄악 중에서, 타인의 생명을 빼앗는 행위를 가장 나쁘다고 생각하는 것이다. 그렇다면 어떤 사람들이, 어떤 이유로 흉악한 범죄인 살인을 저지르는 것일까? 보통 살인사건이 벌어지면 가장 먼저 조사하는 것은 돈과 이성 문제이다. 즉 돈과 질투 혹은 색욕에 눈이 멀어 살인을 저지르는 경우가 태반이기 때문이다. 여기서 주목할 것은 '눈이 멀어'라는 점이다. 대개의 경우는 돈 문제에 얽히거나 이성 관계에 휘둘려도, 살인을 하는 지경까지는 이르지 않는다. 하지만 어떤 순간, 어떤 계기로 눈이 멀면, 다른 말로 하자면 광기에 휘말리는 순간 순식간에 범죄를 저지르고 만다. 이성적인 논리와 해결보다는, 뭔가에

휩쓸리듯 살인이라는 행위로 모든 것을 해결하고픈 마음에 사로잡히는 것이다.

죄는 미워하되 인간은 미워하지 말라, 는 말은 그런 연유에서 나온 것이다. 누구든 광기에 휩말리면 살인을 할 수 있다. 성장 과정에서 끔찍한 트라우마를 갖고 있었다거나, 지속적인 폭력과 억압에 시달리다가 복수를 했다거나, 정신이상 같은 경우가 정상참작을 받는 이유도 그것이다. 우리 누구나 범죄자가 될 가능성은 있다. 아무리 착한 사람이어도, 궁지에 궁지로 몰리다 보면 한순간 미쳐버릴 수도 있다. 그것이 보편적인 상식이었다.

그런데 요즘에는 이런 선입견이 들어맞지 않는 경우가 많아졌다. 흔히 말하는 연쇄 살인범이 그렇다. 살인 사건이 일어나면 보통은 피해자 주변을 탐문하면서 용의자를 찾아간다. 그가 살인을 당했던 이유가 무엇인지를 캐고 들어가는 것이다. 하지만 연쇄 살인범은 피해자와 직접적인 연관이 없는 경우가 많다. 피해자 주변을 아무리 캐봐야, 사건 당일의 현장 목격 말고는 단서를 찾기가 힘들다. 그래서 등장한 것이 프로파일링이다. 피해자들의 유사성, 연관성 등을 통해서 범인의 형상을 추정해나가는 기법.

그렇게 연쇄 살인범들을 잡고 보니, 강박에 사로잡히거나 정신적인 문제로 연쇄살인을 하는 경우도 있긴 하지만 많은 경우가 사이코패스였다. 오로지 자신의 이익이나 즐거움을 위해 타인을 이용하고, 희생시키는 존재들. 그렇다면 왜 사이코패스들은 연쇄살인을 저지르는 것일까? 사이코패스가 흔히 연쇄살인범이 되는 이유에 대해, 기시 유스케가 쓴 『악의 교전』의 주인공 하스미는 이렇게 말한다.

살다 보면 누구나 여러 가지 문제에 직면하잖아? 문제가 있다면 해결해야 하지. 나는 너희들과 비교해서 그런 순간에 선택의 폭이 훨씬 넓은 거야. 가령 살인이 가장 명쾌한 해결방법임을 알아도 보통 사람은 주저하지…… 그러나 나는 달라. X-sports 애호가들처럼 할 수 있다는 확신만 생긴다면 끝까지 해내거든.

물론 사이코패스 중에도 단지 즐기기 위해 살인을 하는 경우도 있다. 드라마로도 큰 인기를 끈 제프 린제이의 『음흉하게 꿈꾸는 덱스터』의 주인공 덱스터의 본성도 그렇다. 어둠 속의 충동을 견딜 수 없을 때, 덱스터는 범죄자 사냥을 나간다. 다만 무고한 사람을 희생시키는 대신에, 범죄자가 분명하지만 비열하게 법망을 피해나간 이들을 찾아 죽인다. 덱스터는 대단히 잘 교육된, 자신의 충동을 긍정적인 방향으로 이끌어가는 사이코패스다. 그러나 사이코패스라고 해서 반드시 살인의 충동을 가지는 것은 아니다. 다만 그들에게는 살인이 너무나 쉬운, 그냥 버스를 탈까, 지하철을 탈까 정도의 선택지에 불과한 행동일 따름이다.

우리가 흔히 사이코패스라고 할 때는 미국 범죄 드라마의 연쇄살인범들을 떠올리지만, 사이코패스 성향을 가진 이들은 우리 주변에도 무수하게 많다. 오죽하면 사회에서 큰 성공을 거두는 사람들 일부는 의심의 여지없는 사이코패스라는 말도 있겠는가. 타인을 짓밟고, 약자에 대한 어떤 연민과 동정도 없이, 자신의 이익만을 챙겨온 이들. 그들에게 타인에 대한 공감의 능력이 없는 것은 분명하다.

기시 유스케는 1997년 『검은 집』을 발표하면서 이미 사이코패스의 문제를 제기했다. 『검은 집』을 통해 기시 유스케는 사이코패스가 인간과 다른 존재라고 말한다. 인간과 같은 모습을 하고 있지만 사고 자체가 다른 포식자. 그들은 인간을 일종의 양식으로, 자신의 이익을 위한 재료로 쓸 뿐이다. 사이코패스를 인간과 다른 존재로 보는 것에 동의하기가 쉬운 일은 아니다. 이를테면 한국에서 영화로 각색된 〈검은 집〉은 죄가 밉지 인간이 밉냐, 는 논리를 그대로 사이코패스에게 적용했다. 하지만 그것은 사이코패스에 대한 무지에서 비롯된 것이다.

사이코패스를 인간과 동일하게 바라보고, 설득하려 한다면 『악의 교전』에서 벌어지는 일들이 우리의 현실 곳곳에서 벌어질 수 있다. 사이코패스는 반성하지 않는다. 자신의 행동이 잘못되었다는 것을 모르기 때문이다. 자동차가 지나가면 벌레가 밟혀서 죽을 수도 있다. 한 인간이 정상에 올라서기 위해서는, 수많은 경쟁에서 상대방을 물리치는 것이 정당화되는 사회에 우리는 살고 있다. 그리고 사이코패스에게는 죽이는 것도 한 가지 선택지일 뿐, 그것이 각별한 의미를 지니지 않는다. 경쟁에서 이기는 것만이 칭송받는 사회에서, 사이코패스는 오히려 의기양양해질 것이다.

『악의 교전』의 하스미는 사이코패스다. 하스미가 고등학교 교사를 하는 이유는, 사람들을 조종하여 자신의 왕국을 만드는 것에 즐거움을 느꼈기 때문이다. 과거의 사건 때문에 약간의 제약이 생기기도 했지만, 하스미는 현재의 처지에 충분히 만족하고 있다. 2학년 4반 학생들은 하스미를 거의 왕처럼 숭배하고 있으며, 대부분의 선생들도 하스미에게 의존하거나 존경한다. 아이들에게 헌신하는 열혈 교사이며 최고의 수업 능력을 보여주는 탁월한 영어 교사. 어느 면으로 보나 하스미는 최고의 선생이다. 그런 평가를 바탕으로, 하스미는 학교를 자신의 왕국으로 건설해가고 있다.

기시 유스케는 능숙하게 이야기를 풀어간다. 열혈 교사 하스미가 학교에서 얼마나 훌륭하게 일처리를 하는지 보여주면서, 작은 의심들을 불어넣는다. 그러다가 그런 의심을 직감이 강한 여학생 가타기리에게 투사한다. 가타기리는 '학교란 아이를 지키는 성역이 아니라 약육강식의 법칙이 지배하는 치열한 생존경쟁의 장'이라는 것을 잘 느끼고 있다. 그런 생존경쟁의 장에서 철저하게 아이들의 편인 것 같은 하스미를 볼 때마다, 가타기리는 뭔가 이상한 기운을 느낀다. 어딘가 공허해 보인다. 아이들을 협박하고 성추행까지 일삼는 체육교사 시바하라 같은 악당은 아니지만, 무엇인가 위험해 보인다. 그것은 어린 시절 하스미를 가르쳤던 교사가 직감했던 것과도 비슷하다. '너와 이야기할 때면 인간의 감정이 전혀 느껴지지 않아. 너는 시험 정답처럼 상대가 바라는 대답만을 딱 골라서 하지. 하지만 네가 무엇을 원하는지, 어떻게 생각하는지는 전혀 드러내지 않아.'

　가타기리의 의심은 조금씩 전염되고, 하스미는 의심과 불안의 씨앗을 파내기 위해 집요하게 행동한다. 그리고 결국은 파국으로 이어진다. 『악의 교전』이 대단한 점은 사이코패스가 어떻게 행동하는지 그 실상을 흥미진진하게 풀어나가다가, 클라이막스에서 거대한 상황극을 연출하여 스펙터클의 진수를 보여준다는 것이다. 유일하게 아쉬운 점은, 하스미에게 집중하다보니 수학선생과 양호선생 등 개성 넘치는 조연들이 활약할 무대가 좁아졌다는 점 정도다. 『악의 교전』은 엔터테인먼트 소설로서의 임무를 잊지 않은, 그러면서도 사이코패스의 정체를 적나라하게 폭로하는 탁월한 작품이다.

　하스미의 범행을 보도하는 뉴스에서 말한다. '이유는 밝혀지지 않았다'라고. 맞다. 보통 사람들은 그런 사소한 이유로, 그리고 꼬리에 꼬리를 물고 일어나는 사건들을 모두 잠재우기 위해 그렇게 엄청난 선택을 했을 것이라고는 믿지 못한다. 우리는 보통, 돈이니 치정 같은 범주에서만 범죄를 사고하기 때문이다. 사이코패스가 살인을 하고 타인을 괴롭히는 이유가 그렇게 사소하고 일상적이고 유치할 것이라고는 상상조차 하지 못한다. 하지만 세상에는 그런 존재들이 있다. 지금 우리가 사이코패스라고 부르는 그런 인간들이. 더욱 큰 문제가 될 경우는 그런 사이코패스들이 범죄자로 살아가는 것이 아니라, 책임 있는 중요한 자리로 갔을 때다. 자신의 실수를 감추기 위해, 자신만의 이익을 취하기 위해, 그런 사이코패스들은 수십, 수백 명의 목숨도 태연하게 빼앗을 수 있다. 아마도, 이미 그러고 있을 수도 있다.

고통은,
인간을 강하게 만든다

『폐허에 바라다』
사사키 조

흉악범이 잡히거나 재판을 하는 과정에서 자주 등장하는 말이 있다. 대부분이 결손가정에서 자랐고, 폭력적인 환경에서 성장했다는 것. 어린 시절의 트라우마 때문에 타인이나 여성에 대해 적개심을 갖게 되었으며, 열등감이나 좌절감이 폭력으로 분출되었다는 것이다. 맞는 말이다. 반사회적인 범죄를 저지르는 이들의 상당수가 그런 과거를 지니고 있다. 환경적인 요인이 범죄를 유발한다는 논리는 크게 의심할 여지가 없다. 하지만 이런 말을 많이 접하는 사람들은 은연중에 일종의 착시에 빠진 것이다. 범죄자가 있다. 그들의 어린 시절을 보니 결손 가정에서 불행하게 성장했다. 그러니까 불행한 유년을 보낸 사람들은 거의 범죄자가 된다. 이것은 그야말로 단순한 흑백논리다.

생각해 보자. 반대의 경우도 역시 존재한다. 평범하고 별다른 문제가 없는 가정에서 성장한 사람이 끔찍한 범죄자가 되거나 성격파탄을 보이는 경우도 많이 있다. 사사키 조는 말한다. '인간이란 생활에 어려움이 없다고 건전하게 자라는 단순한 존재가 아닙니다. 그 반대의 사례가 세상에는 수없이 많습니다. 겉으로 보기에 마냥 건전해 보이는 인물에게서 낙차가 발생했을 때 외려 무서움이 더 커지겠죠.' 어린 시절이 불행했어도, 그것을 이겨내고 정상적인 삶을 살아가는 사람들 역시 무수하게 많이 있다. 〈위드아웃 어 트레이스〉나 〈콜드 케이스〉 같은 범죄 드라마를 보면, 똑같은 성장과정을 겪은 형사의 동생이나 형은 범죄자가 되어 있는 경우가 있다.

어떻게 된 것일까? 동일한 환경을 거치면서, 무엇이 작용하여 그들이 서로 다른 길을 걷게 된 것일까? 왜 누구는 현실의 고통에 굴복하여 타락하고, 누구는 현실을 견뎌내고 다른 길을 간 것일까. 고통은 물론 인간을 힘들게 하고, 나락으로 빠트리게 한다. 하지만 동시에 고통은, 인간을 성장시키는 가장 좋은 경험이다. 불이 뜨겁다는 것을 알지 못했던 동물들은, 불의 고통을 작게라도 느낀 후에는 미리 피할 수 있게 된다. 고통을 통해서, 인간은 더욱 절절하게 배우고 각성한다. 환경은 인간을 변화시키지만, 결정적으로 그 사람을 결정짓는 것은 결국 자신의 선택이다. 고통에 침윤되어 타인에게 고통을 전가할 것인가, 고통을 견뎌내고 타인의 고통을 덜어주는 길을 갈 것인가.

사사키 조의 연작 단편집 『폐허에 바라다』의 표제작 「폐허에 바라다」에는 한때 탄광으로 번영했다가 몰락한 도시가 나온다. 그 남자는 17살 때 중년의 매춘부를 죽인 죄로 감옥에 갔다가, 나오자마자 다시 똑같은 범죄를 저지른다. 첫 사건을 맡았던 형사 센도는 범인에 대한 탐문수사를 하면서 놀라게 된다. 범인의 성장 환경은, 센도가 상상조차 할 수 없는 극한 상황이었다. 탄광이 사양길에 접어들면서 마을은 극단적으로 황량해진다. 엄마가 몸을 팔았지만 먹을 것도 제대로 구하기 힘든 상황이었다. 결국 열두 살 때, 어머니는 그와 여동생을 댐 아래로 떨어트려 죽이려 했다. 사사키 조는 '그 황량한 풍경 속에서 살아간 사람, 괴로워한 사람, 범죄자가 된 청년을 그리자는 구상'으로 「폐허에 바라다」를 썼다고 말했다. 그는 분명 흉악범이다. 그는 자신이 왜 그런 끔찍한 범죄를 저질렀는지 알고 있다. 그리고 피할 수 없었고, 도망칠 수 없었음도 알고 있다. '내 인생은 한참 전에 종지부를 찍었어야 했다고요. 13년 전에도 늦었어요. 열일곱도 너무 많아요. 전 훨씬 빨리 사라졌어야 할 존재였어요.'

  그는 자신에게 주어진 환경을 극복할 수 없었다. 하긴 그럴 수밖에 없었을 것 같다. 그렇게 끔찍한 트라우마를 겪고도 올곧게 성장할 수 있다는 것은, 웬만큼 강인하지 않고는 어려울 것이다. 하지만 나오키상을 수상한 『폐허에 바라다』는 단지 그런 '어쩔 수 없음'만을 토로하는 소설은 아니다. 『폐허에 바라다』의 주인공인 센도 형사는 현재 휴직중이다. 수사 도중에 겪은 일 때문에 정신적인 문제를 일으키고 요양 겸해서 휴직을 하고 있는 것이다. 『폐허에 바라다』는 그런 센도가, 아는 사람들의 요청 때문에 어쩔 수 없이 사건들에 개입하게 되는 이야기를 그리고 있다. 형사인 것은 맞지만, 실제로는 수사권이 없는 존재. 어떤 의미에서는 탐정의 역할인 것이다. 범인을 알아도 체포할 수는 없고, 현지 경찰과 형사들에게 끊임없이 간섭을 받으면서 움직여야만 하는 상황. 그러면서도 센도는 억울한 사람들의 이야기를 들어주고, 때로는 상처도 입으면서 사건을 해결해간다. 그 과정을 통해서, 센도의 고통과 상처 역시 조금씩 아물어 간다.『폐허에 바라다』는 센도의 관점으로 본다면 일종의 치유 소설인 셈이다. 그 고통스러운 과거, 그 끔찍하고 잔인한 세상과 인간을 직시하면서도 스스로의 힘으로 일어서가는 '성장' 소설.

사사키 조는 강인한 작가다. 1950년생인 사사키 조는 광고회사, 자동차 회사 등에서 다양한 경험을 겪은 후에 1979년『철기병, 날았다』로 데뷔하고 '제2차 세계대전 3부작'으로 불리는『베를린 긴급 지령』,『에트로후발 긴급전』,『스톡홀름의 밀사』, 역사소설인『무양전』등 남성적이고 시야가 넓은 다양한 작품들을 써냈다. 근래에는 시골 마을의 주재경관을 주인공으로 한 '가와쿠보' 시리즈의『제복 수사』,『폭설권』등과 3대로 이어지는 경찰 일가의 이야기를 시대상과 함께 묵직하게 그려낸『경관의 피』등 경찰 소설에 매진하고 있다.『제3의 기회』등의 요코야마 히데오가 그려내는 경찰이 주로 조직 내의 인간, 조직과 인간의 대립에서 발생하는 파노라마라면 사사키 조는 인간 그 자체를 그려낸다. 사건을 통해서, 우리가 살아가는 시대의 풍경을 그려낸다. '마쓰모토 세이초가 '범죄의 동기'에 집착했다면 사사키 조는 '사건의 배경'에 주목한다. 그 점이 새롭다.'(이츠키 히로유키)

『폐허에 바라다』의 센도는 어쩔 수 없이, 수사권도 없으면서 사건을 캐기 시작한다. 사라진 딸이 정말로 죽었는지 알고 싶어 하는 아버지의 슬픔이 있고, 동생을 지키기 위해 살인을 저지르고 묵비권을 지키는 어부의 각오도 있고, 권위적인 아버지의 그림자에 17년간 눌려온 남자의 뒤틀린 분노도 있다. 센도는 그런 사람들을 만나면서, 다시 상처와 맞닥뜨린다. '오지가 좋아하는 마을'에서는 개발을 위해 오스트레일리아인들이 대거 이주하게 되면서 일본인과 트러블이 생기는 마을이 나온다. 오스트레일리아인들은 자신들이 호주에서 살던 방식을 고수한다. 일본인들은, 그들이 일본의 관습에 적응하기를 원한다. 그러면서 마찰이 생기고, 미움이 생기고, 어느 순간 폭발해버린다. 센도는 자세한 상황을 알게 되고, 사건도 해결하지만 순간 아득해지는 상황을 만나게 된다. 사사키 조의 말처럼 '진상을 폭로함으로써 주인공은 상처를 입고 타격을 받'는 것이다. 그 상황들을 겪으면서, 센도는 그런 난처한, 아니 치욕적인 상황을 이겨내는 방법을 깨닫는다.

그는 사람을 믿고 싶어 한다. 설마 그들의 마음속에 뭔가 이용하려는, 뭔가 속이고 자신들의 이득을 취하려는 마음이 있었다고 생각하지 않으려 한다. 그게 사실이라 해도, 그걸 알아차리는 것은 오히려 수사관에게 상처를 준다⋯⋯ 그래 솔직해지자. 센도는 눈보라에 마을이 황량해지는 광경을 자기 눈으로 지켜보고 싶다는 마음이 없지는 않았다.

눈을 돌리지 않고 지켜보면서도, 그들의 의도를 헤아리지 않는 것. 의도가 어떻건, 센도는 진실을 찾아내면 된다. 정당하고, 합리적인 선택을 하면 되는 것이다. 물론 그것이 결코 쉽지는 않다. '센도는 순간 자기 어깨를 무겁게 짓누르는 무게를 인식했다. 거인이 자신의 어깨에 양손을 얹기라도 한 양. 어때, 내 무게를 감당할 수 있겠어? 그렇게 묻기라도 하듯.' 그런 무게, 고통은 수사를 하는 과정에서 끊임없이 맞닥뜨리게 된다. 결코 하루아침에 모든 것을 떨구어낼 수는 없다. 지켜보면서, 스스로를 단련하는 것밖에는 방법이 없다. 회복하는 데 제일 필요했던 게 뭐야, 라는 질문에 센도는 답한다. '아무래도 시간이었겠죠. 기억을 휘발시켜야만 했어요. 그러기 위해서는 시간이 필요했죠. 휴직을 않고 계속 일을 했더라면 기억은 머릿속에 눌어붙은 채로 제 의식 속에 요동을 쳤을 거예요.' 그리고 다사다난한 사건들을, 무기력한 탐정의 입장에서 수사를 끝마친 후 이렇게 말한다.

의무를 다하는 순간, 나는 옛날 형사의 얼굴을 되찾게 되리라. 어떤 상황에서 누가 보든, 내 얼굴은 형사 그 자체로 돌아와 있으리라.

여기서 중요한 것은, 단지 시간만이 아니다. 오랜 시간을, 자신의 의무를 다하면서 견디어낼 때, 비로소 자신의 길을 찾을 수 있게 된다. 어렵지만, 가야만 하는 길인 것이다.

감정이 아니라
행동으로 말한다

『붉은 수확』
대실 해밋

내가 대중소설에 빠져들기 시작한 건 동서추리문고 때문이었다. 세로쓰기의 문고판으로 나온 동서추리문고에는 코넌 도일, 모리스 르블랑, 아가사 크리스티, 엘러리 퀸은 물론 대실 해밋, 레이먼드 챈들러, 미키 스필레인 등 하드보일드 소설과 레이 브래드버리와 앨프레드 베스의 SF까지 대중소설의 모든 장르가 망라되었다. 그야말로 신천지였는데, 그중 무엇이 최고였다고는 말할 수가 없다. 모든 작품들이, 제각각의 재미와 깨달음을 주었으니까.

다만 개인적인 취향은 어쩔 수 없다. 처음에는 아가사 크리스티와 엘러리 퀸을 주로 집어들었지만, 점차 대실 해밋과 레이먼드 챈들러 그리고 『지푸라기 여자』, 『야수는 죽어야 한다』 등의 소설에 빠져들었다. 게임으로서의 추리보다 범죄를 둘러싼 인간의 조건 혹은 증명에 더욱 흥미를 느꼈다고나 할까. 한편으로는 숨이 막힐 듯 몰아치는 서스펜스와 액션에 매력을 느꼈다. 자연스럽게 '하드보일드'란 범죄소설의 하위 장르에 관심을 갖게 된 것은, 동서추리문고를 읽던 그 시절이었다. 마침 프랜시스 코폴라의 『대부』를 보면서 정서적 충격을 받기도 했다. 그때 읽었던 『붉은 수확』(동서추리문고에서는 피의 수확이었던)을 다시 읽은 것은, 하드보일드의 선구자 대실 해밋의 장편 『붉은 수확』, 『데인 가의 저주』, 『몰타의 매』, 『유리 열쇠』, 『그림자 없는 남자』가 수록된 대실 해밋 전집 덕분이다.

콘티넨털 탐정 사무소에 소속된 '나'는 광산 도시 퍼슨빌로 향하지만, 도착하자마자 의뢰인인 도널드 윌슨이 살해당한 것을 알게 된다. 퍼슨빌, 사람들은 포이즌빌이라고 부르는 도시를 지배하는 이는 도널드의 아버지인 일라이휴 윌슨이다. 광업회사, 퍼스트 내셔널 은행, 모닝 헤럴드와 이브닝 헤럴드의 소유주이며 그 밖의 알짜배기 회사들을 거의 모두 소유한 퍼슨빌의 주인. 그러나 광산노동자들의 파업에 강력 대응하기 위해 끌어들인 폭력배들 때문에 위기에 몰려 있다. 핀란드인 피트, 루 야드, 맥스 탈러가 전리품으로 퍼슨빌의 수많은 이권을 챙겨버린 것이다. 모닝 헤럴드의 사장 도널드 윌슨은 도시 곳곳에 독이 퍼진 퍼슨빌을 정화하기 위한 운동을 시작했지만 결국 살해당하고 말았다. 그런데 의뢰인도 죽어버린 마당에, '나'는 퍼슨빌에 남기로 한다. 정의를 위해서? 글쎄.

날 대신해서 이 돼지우리 같은 포이즌빌을 청소하고 크고 작은 쥐새끼들을 쫓아낼 사람이 필요해. 이건 대장부가 할 일이지. 자넨 대장분가?

'나'는 일라이휴 윌슨의 요청을 받아들인다. 물론 1만 달러를 받고.

그렇게 멋들어지게 말한다고 뭐 달라지는 게 있습니까? 용건만 말씀하십쇼…… 제게 의뢰하실 일이 있고 그에 걸맞은 보수를 지불하신다면 일을 맡을 수 있습니다. 하지만 쥐새끼들을 쫓아낸다느니 돼지우리를 청소한다느니 하는 바보 같은 말은 저하고 아무 상관이 없습니다.

'나'는 단지 돈 때문이라고 말한다. 하지만 단지 그것뿐이라고 생각하긴 힘들다. 도널드 윌슨의 범인이 밝혀지고, 그만 돌아가 주길 바라는 일라이휴 윌슨에게 이렇게 말한다.

영감님의 뚱보 경찰서장 나리가 어젯밤 날 암살하려 하더군요. 맘에 안 듭니다. 저는 비열한 놈이라 그 인간을 뭉개 버리고 싶습니다. 이제 제가 즐길 차례군요.

그리고 '나'는 자신의 임무를 시작한다. 핀란드인 피트, 루 야드, 맥스 탈러, 경찰서장 누넌의 사이를 갈라놓고 서로 싸우게 만드는 책략에 나선 것이다. 애초에 악당들의 사이가 좋았던 건 아니었다. 외견상 평화를 지키고는 있지만, 언제든 틈만 생기면 상대를 잡아먹으려고 노리고 있었던 것이다. 『붉은 수확』을 읽지 않았어도, 영화를 좋아하는 사람이라면 구로사와 아키라의 〈요짐보〉를 떠올릴 수 있을 것이다. 적대적인 범죄조직 두 군데를 오가며 서로 싸우게 만드는 위험한 남자의 이야기. 『붉은 수확』은 일본영화 〈요짐보〉에게 큰 영향을 준 소설이다.

이름조차 나오지 않는 '나'는 어떤 상황에서도 당황하거나 흔들리지 않는다. 정의나 대의를 부르짖지도 않고, 복수를 다짐하지도 않는다. 그냥 눈앞에 거슬리는 인간들이 있다고 생각해서, 그들을 몰살시키기로 결정한 것뿐이다. 대실 해밋은, 그의 마음이 무엇인지 알려주지 않는다. 그저 그의 결정과 행동을 보여줄 뿐이다. 우리가 타인을 보는 것처럼, 그의 마음을 추측할 수는 있지만 속속들이 알 수는 없다. 그 냉혹하고 비정한 인물은 묘하게 마음을 끄는 구석이 있다. 어떤 것에도 흔들리지 않는 그라면, 독에 물들지 않고도 이 세상을 뒤집어버릴 수 있을 것만 같기 때문이다.

포이즌빌을 정화했다고 해서, 세상이 바뀌지 않는다는 사실은 누구나 알고 있다. 사건 하나를 해결한다 해도 악인들을 몇 명 해치운다고 해도 낙원은커녕 상식적인 세상조차 쉽게 도래하지 않는다. 그래서 하드보일드 탐정들은 자신의 원칙을 지키는 것으로 순결성을 고수하려 한다. 타락한 세상에 침윤당하지 않고, 자신만의 도덕률과 가치를 치열하게 고수하는 것이다. 그런데 정작 하드보일드의 창시자인 대실 해밋의 주인공은 조금 다른 스탠스를 취한다. '나' 역시 원칙이라는 단어를 꺼내고 악을 쓸어버리겠다고 말은 하지만, 견고한 현실의 벽에 절망하지 않는다. 절망하기에 '나'는 너무 현실적인 인간이다. 절대 현실에 개입하지 않고, 그저 자신의 임무라고 생각하는 것만 몰두하고 완수한다. 우수나 고독 같은 것에는 일체 관심이 없다.

어쩌면 그건 핑커튼 탐정 사무소에서 탐정으로 활동했던 대실 해밋의 이력 때문일 수도 있다. 1920년 대실 해밋은 아나콘다 광산 파업에 파견되어 고용주 측에서 파업을 방해하는 일을 하게 된다. 이후 좌파로 전향하여 공산당에도 가입했던 해밋의 이력을 보면, 대단한 오점이었다. 그 오욕의 경험이 데뷔작인 『붉은 수확』에 반영되었을 것은 충분히 예상할 수 있다. 현실에서 해밋이 했던 역할과는 반대로 광산도시의 악을 쓸어버리는, 그것도 똑같이 협잡과 폭력으로 쓸어버리는 것으로 과거를 해소하려 했을 수도 있다. 해밋은 좌익 사상과 범죄소설 그리고 할리우드라는 어울리지 않는 조합들이 절묘하게 어우러진 독특한 인생을 살았다. 책 뒤에 실린 연보를 보고 있으면, 해밋의 생애야말로 그 어떤 소설보다 재미있을 것 같다.

헤밍웨이의 하드보일드 스타일을 대중 소설로 끌어들인 대실 해밋의 작품들은 지금 읽어도 전혀 낡은 느낌이 없고 생생하게 다가온다. 그건 세상이 변한 것도, 인간의 조건이 변한 것도 그다지 없음을 의미한다. 현대의 하드보일드 탐정들이 더욱 더 고독하거나 심지어 몰락하는 것은, 그런 현실의 거대한 벽 때문일지도 모른다. 그런 점에서 원초적인 힘과 충동이 살아 있는 대실 해밋의 소설은, 오히려 호쾌하게 읽힌다. 그 시절은 아직 낭만이 유효하던 때였으니.

4

구차해도 좋다
자신만의 길을 가라

: 살아가기 혹은 살아남기

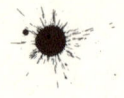

　　　　　　비정한 세계에서 살아가는 것은, 곧 자기 자신과의 싸움이다. 하드보일드의 고독한 영웅들은 세계의 선의를 믿지 않고, 타인을 믿지 않는다. 그가 믿는 것은 자신의 원칙뿐. 이유는 한 가지다. 세계의 진짜 얼굴을 본 그는, 자신밖에 믿을 것이 없음을 알기 때문이다. 친구도, 연인도, 최악의 순간에는 결국 자기 혼자 서 있어야 함을 깨달았기 때문이다. 치명적인 순간, 결정적인 순간에는 홀로 선택을 해야 하고, 혼자 가야 한다. 당신은 아이가 아니니까.
　하지만 자신을 믿는다는 것은 결코 쉬운 일이 아니다. 자신을 믿기 위해서는, 우선 자신을 알아야 한다. 굳이 자신을 사랑할 필요까지는 없다. 자신에 대해 잘 알고, 이해하고, 받아들이기만 하면 된다. 똑같은 경험을 하고도, 각자 받아들이는 방법과 깨달음은 다르다. 어떤 경험이건, 결정적인 선택은 개인에게 달려 있다. 어렸을 때 학대를 받았다고 해서 누구나 연쇄살인범이 되고 타인의 감정을 짓밟는 사이코패스가 되지는 않는다.
　가장 나쁜 것은 도망치는 것이다. 자신이 누구인지 보기 싫어서, 알고 싶지 않아서 외면하는 것. 자신에게서 멀어질수록, 더욱 흔들리고 점점 협소한 길로 빠져든다. 생각해보자. 지금까지 당신에게는 수많은 일이 있었다. 때로는 개인이 감당하기 어려운 엄청난 고난이 있었을 수도 있다. 하지만 어쨌거나 당신은 그것을 겪었고, 이겨내지는 못했을지라도 통과는 했다. 지금의 현재를 만든 것은 과거였고, 지금의 내가 마음에 안 든다면 과거를 지우는 게 아니라 현재를 바꾸면 된다. 그러면 당신의 미래는 바뀌어 있을 테니까. 도망치면, 지금의 나는 물론이고 미래의 당신도 이미 예정된 결과를 벗어나지 못한다.
　그러니까 받아들이자. 과거의 나를 받아들이고, 나의 약점들이 무엇인지 깨닫고 인정하자. 결핍이라는 것은 누구에게나 존재한다. 결핍이 부재하다면, 그에게 진정한 욕망이 존재하지 않는다. 『본 콜렉터』의 링컨 라임. 머리 아래로는 꼼짝도 할 수 없는 전신마비를 겪고 있는 그 역시 죽으려고 한다. 지금도 죽고만 싶다. 하지만 수사 지휘를 맡게 되고, 두뇌만으로 범인을 쫓을 수 있음을 알게 된 후로는 조금씩 변화한다. 그의 약점은 누구나 알고 있다. 라임에게 거리로 나가서 살인마를 쫓으라고는 말하지 않는다.

마찬가지다. 누구에게나 장단점이 있다. 누구도 축구 국가대표에게 야구를 하라고 떠밀지 않는다. 학자는 학문을 하고, 기자는 취재를 해서 기사를 쓴다. 각자가 할 일이 있고, 자신이 해야 할 일을 하면 된다. 그러니까 너무 크게 생각하지 말자. 공부를 못 해도 좋고, 운동을 못 해도 좋다. 내가 잘 하는 것을 찾아서, 내 길을 가면 된다. 내가 뭘 잘 하는지 몰라도 상관은 없다. 한 걸음씩 가면 되는 거니까. 누구나 자신이 가장 원하는 것, 제일 잘하는 것만을 하면서 살아가지는 않는다. 적당히 타협을 하면서, 자신이 감당할 수 있는 정도로 일을 하고, 관계를 맺으며 살아간다. 그 최소한의 것들부터 시작하는 거다.

그러니까 걸어가라, 당신의 길을. 아무리 구차해도 상관없다. 당신이 원하는 길을 가는 거니까. 당신이 선택한, 자신의 길을 가는 거니까. 세상은 결코 당신을 지지하거나 지원하지 않는다. 때로는 엄청난 역풍을 안겨줄 수도 있다. 그러니까 세상을 믿지 마라. 아무리 미약해도 자신을 믿어라. 어떤 경우가 오더라도 신뢰할 수 있는 것은 자신밖에 없다. 그러니까, 아무리 조잡해 보여도 스스로 할 수 있는 것부터 시작하는 거다. 물론 가족이나 친구, 당신을 도와줄 수 있는 사람들도 있을 것이다. 때로는 운 좋게 모든 것이 잘 풀려나갈 수도 있다. 그러나 신뢰하지는 말자. 타인의 선의와 온정을 감사히 받아들이되, 그것에 매달리거나 기대지 말자.

자신을 굳건하게 세우는 것. 자신이 선택한 것을 후회하지 않고, 책임을 다하는 것. 그것이 이 비정한 세상을 살아가는, 최고의 방법이다.

범죄의 사슬에서 빠져나오려는 한 남자의 비극

「타운」
척 호건

누구에게나 감추고 싶은 과거 한두 개쯤은 있다. 아예 모든 것을 감춰버리기 위해, 다른 신분을 얻는 경우도 있다. 매년 사라지는 수많은 실종자들 중에서 1/3 정도는 자의적인 실종이라고도 한다. 하지만 과거라는 것이, 내가 잊고 싶다고, 버리고 싶다고 그냥 사라져 주지는 않는다. 오히려 버리려고 하면 할수록, 지워버리려고 하면 할수록 더 끈질기게 달라붙는 것이 과거이기도 하다. 모든 것을 버리고 성불하려 했더니 내가 버린 모든 것이 다시 아귀가 되어 달라붙는다는 말도 있을 정도다. 아마도 인간은 결코 과거에서 벗어날 수 없는 존재일 것이다. 벗어나거나 버리는 것보다는, 끌어안고 극복하는 것이 최선이다. 지금의 나를 만든 것은 과거이고, 내가 했던 수많은 일들이 지금의 나란 존재의 모든 것이니까.

『타운』의 더그 역시 그 사실을 너무나 잘 알고 있다. 보스턴의 찰스타운 지역에서 태어난 더그는 어린 시절부터 범죄와 폭력의 세계에서 성장했다. 아버지는 무장강도 전과자였고 어머니는 마약중독이었다. 친구들의 부모도 비슷했다. 어른이 된 더그는 자연스럽게 부모와 친구들이 가는 길을 따랐다. 부모와 선조들이 살아온 환경에 적응하여, 더그는 쉽게 과거가 보여준 길로 접어들었다. 하지만 이제 더그는 벗어나고 싶어 한다. 술을 끊은 것처럼 범죄도 끊고, 피로 얽매인 과거를 말끔하게 지우고 낯선 곳에서 새로운 인간으로 살아가고 싶어 한다.

범죄의 사슬을 끊어버리려는 한 남자의 비극을 그린 스릴러 『타운』을 이해하기 위해서는, 일단 배경이 되는 보스턴의 찰스타운이란 지역이 어떤 곳인지 알아야 한다.

> 토박이라고 자칭한 한 주민은 익명을 조건으로 찰스타운에서의 삶을 다음과 같이 묘사했다. '난 이곳 출신이라는 사실엔 큰 자부심을 느낍니다. 비록 이 동네가 내 인생을 완전히 망쳐놓았지만, 그 자부심엔 변함이 없습니다.' (『보스턴 글로브』 1995년 3월 19일)

찰스타운은 미국 전역에서 은행 강도와 현금수송차량 탈취가 가장 많은 지역이었다. 또한 범죄가 일종의 가업처럼 여겨지고, 경찰과 정부에 대한 불신과 적대감도 노골적이다. 찰스타운에서 성장한 더그와 친구들은 함께 무장 강도가 되었고, 그들의 선택에 대해 어떤 의심도 없었다. 하지만 모든 것은, 더그가 한 여인을 사랑하게 되면서 요동치기 시작한다. 자신이 털었던 은행에서 인질로 잡았던 여인을, 하필이면 사랑하게 된 것이다. 범죄에서 손을 씻고 싶었던 마음이 있긴 했지만, 클레어를 만나기 전까지는 그다지 확고하지 않았다. 그저 먼, 비현실적인 욕망이었을 따름이다.

친구는 선택할 수 있어요. 그렇죠? 하지만 가족도 그런가요? 내 친구들…… 그 녀석들은 내 가족입니다. 난 녀석들과 떨어질 수 없고, 녀석들도 나랑 떨어질 수 없어요…… 하지만 그 녀석들 덕분에 내가 술을 멀리할 수 있었어요. 그게 바로 내 방식입니다. 그 친구들을 보면서 계속 다짐하거든요. 녀석들이 바보짓 하는 걸 보면서 난 그러지 말아야지, 생각합니다. 효과가 기가 막혀요.

그 말을 들은, 금주 모임에서 만난 프랭크는 더그에게 말한다.

어떻게 더그 M.이 남들과 다르다고 확신할 수 있지? …… 자넨 친구들과 다르지 않아. 그게 바로 자네야.

찰스타운에서 더그와 친구들은 완벽한 존재였다. 누구도 그들을 위협할 수 없고, 그들은 모든 것을 가질 수 있었다. 더그의 친구 젬은, 세월이 흐르면 찰스타운의 지배자가 될 것이라고 믿었다. 원제가 말하는 것처럼, 그들은 도둑들의 왕자였던 것이다. 『타운』의 배경인 1996년은 한창 부동산 개발이 이루어지던 시대다. 찰스타운 토박이들은 여전히 과거의 생활방식을 고수하고 있지만, 중산층 여피들이 밀려들면서 부동산 가격이 치솟는 걸 막을 수는 없었다. 클레어 키시는 더그와 친구들이 벌인 강도사건의 목격자인 동시에 찰스타운의 이방인이다. 그들을 종신형에 처하게 할 위험요소인 동시에 근본부터 이질적인 존재였던 것이다. 그러니 더그가 클레어 키시를 사랑하게 된 것은 마치 로미오와 줄리엣의 만남과도 같다.

하지만 잘 봐. 우리의 브라운스톤과 3층집들이 저 외부인들에게 속속 넘어가고 있잖아. 그들이 집값을 부풀려놓은 탓에 우린 부모님이 사시던 집에 얼씬도 못해. 볼보를 몰고, 아시아 요리를 즐기는 여피쪽들. 싱당을 멸시할 민큼 돈이 많은 놈들이야. 그들은 영국군이 실패한 일을 아주 성공적으로 해내고 있어. 우리 땅에서 우리를 쫓아내는 일 말이야.

켄지 & 제나로 시리즈와 『미스틱 리버』의 데니스 루헤인, 『칼날은 스스로를 상처입힌다』의 마커스 세이키와 함께 척 호건은 보스턴을 무대로 하는 대표적인 범죄소설 작가이다. 그중에서도 『타운』은 찰스타운이라는 공간의 의미를 깊숙하게 파고 들어간다. 보스턴의 찰스타운이란 공간을 통해서, 더그와 젬이 누구이며 그들이 왜 그렇게 살 수밖에 없는지를 끈질기게 탐구한다. 벗어나고 싶어 하는 더그와 지배자가 되려는 젬은 마치 쌍둥이 같은 존재이면서도 양 극단을 대표한다. 더그는 이성적인 판단으로 자신의 과거를 부정하고, 욕망을 억제하려 한다. 젬은 야수와도 같은 인간이다. 자신이 태어나고 자란 환경을 철저하게 활용하고 이용하는 것이 젬의 방법이다. 가족이 아닌 이들을 폭력으로 굴복시키고, 자신들의 성채에서 모든 것을 누린다. 젬이 악인이라는 것은 의심할 수 없지만, 묘하게도 소설을 읽다 보면 더그보다도 젬의 왕성한 생명력이 더욱 더 두드러진다. 오로지 생존에 초점을 맞추고, 강력하게 앞으로 전진하는 것. 그것은 생명을 유지하고 종을 번식시키려는 생명체의 일반적인 경향이다. 젬은 생명력의 원천과도 같은 존재다. 그 앞을 가로막거나 거슬리는 자에게는, 공포와 위협의 대상일 뿐이지만.

젬에 비하면, 더그는 클레어만이 아니라 독자에게도 미덥지 못하다. 과연 더그는 의지가 강한 남자일까? 클레어를 사랑하게 되었으면서도 진실을 털어놓지 못하고, 벗어나겠다고 생각하면서도 더그는 계속해서 다음 범죄를 계획하고 실행하는 것을 멈추지 못한다. 사실은 더그도 알고 있을 것이다.

자신에게는, 아마도 범죄밖에 없다는 것을. 더그는 자신이 가장 신뢰할 수 있는 것에 의지하기로 했다. 그 누구도 더그로부터 앗아 갈 수 없는 유일한 것. 그의 범죄적인 눈.

모든 진실을 알기도 전에, 클레어는 이렇게 말한다.

세상 그 어느 곳에도 찰스타운은 없어요. 이곳을 빼곤.

더그가 찾는 곳은 결국 찰스타운임을, 그녀 역시 직감하는 것이다. 이미 오래전에 더그는 한 번 기회를 놓쳐버렸다. 아이스하키에 재능을 보여 프로팀에 입단했음에도 불구하고, 적응하기도 전에 뛰쳐나온 것이다. 질투심 때문에 혹은 있을 곳이 아니었기 때문에. 더그가 살아야 할 곳은 결국, 찰스타운이었다. 그렇다면 클레어는 어떤 존재일까? 더그가 범죄에서 손을 씻을 수 있는, 가장 강력한 동기? 하지만 '나라면 건성으로 격려받는 것보다 존중받는 걸 택하겠어'라고 말하는 남자 더그에게, 그것이 과연 올바른 선택이었을까?

그렇다. 그건 결국 선택의 문제다. 프로팀에 입단했을 때, 더그에게 주어진 것은 선택이었다. 견디고 새로운 세계에 진입하거나, 내팽개치고 찰스타운으로 돌아가거나. 세월이 흐른 후, 자신의 선택이 잘못되었음을 알았다면 더그의 선택은 달랐어야 한다. 친구들의 어리석은 행동을 보며, '나는 달라, 나는 언제든 떠날 수 있어'라고 말하는 대신 고독하게 돌아섰어야 했다. 젬의 곁에서, 그를 비난하는 대신

일찌감치 모습을 감췄어야 한다. 결국 더그는 마지막 순간에야 그 사실을 깨닫는다.

순간 그는 자신이 저지른 치명적인 실수를 깨달았다. 그는 스스로를 클레어에게 바친 것이었다. 크리스타가 자신에게 그랬던 것처럼. 누군가에게 자신을 구제할 권한을 넘기면 그들이 자신을 파괴할 수도 있다는 사실 또한 알아야 한다. 프랭크 G.가 그토록 더그에게 일깨워주고 싶어했던, 바로 그것이었다. 절대 그 권한을 놓아서는 안 된다고.

클레어는 구원이 아니다. 그 누구도, 어떤 종교나 도피처도 당신을 구원하지 않는다. 나를 구원하는 것은, 결국은 나 자신밖에 없다. 클레어 때문에 친구들을 떠나는 것이 아니라, 떠나야 하기 때문에 모든 것을 버려야만 했다. 사람들은 종종 착각한다. 나를 이끄는 것은 저 바깥의 무엇이라고. 그래서 기다리고, 갈망한다. 누군가 나를, 무엇인가가 나를 구원해줄 것이라고. 하지만 그건 착각이다. 내가 나를 구원하겠다는 선택을 했을 때, 그 후에야 누군가가, 무엇인가가 비로소 다가오는 것이다.

약점을 받아들이면
세상을 버티는 힘이 된다

『본 컬렉터』
제프리 디버

　추리 소설 중에서 '안락의자 탐정물'이란 것이 있다. 사건 현장에는 가보지도 않고, 누군가 전해준 정보와 단서들만으로 추리를 하여 사건의 진상을 밝히는 추리소설이다. 바르네스 오르치의 '구석의 노인' 시리즈와 렉스 스타우트의 '네로 울프' 시리즈가 대표적이나.

　'구석의 노인' 시리즈는 제목 그대로, 늘 카페의 구석에 앉아 노끈으로 매듭을 맺고 풀던 노인이 사건을 해결해 주는 이야기다. '네로 울프' 시리즈의 주인공은 체중이 140Kg에 달하고, 미식을 좋아하며 게으른 탐정 네로 울프다. 그가 현장에 가지 않는 이유는 단지 게으르기 때문이다. 그리고 조수인 아치 굿윈을 보내서 얻은 정보만으로도 자신의 추리가 충분히 발휘될 수 있다고 자만하기 때문이다. 단지 안락의자에 앉아 먹어대기만 해도, 논리적인 추리력이 탁월하기에 네로 울프는 명탐정이다.

하지만 안락의자 탐정은 현대 미스터리의 주인공으로 쓰이기에는 난점이 많다. 일단 현장에 가지 않는다면 액션이 생길 수가 없다. 러브 라인을 그리는 것도 어렵다. 본격 추리라면 안락의자 탐정이 오히려 유용하겠지만, 일반 독자들이 보기에는 영 심심할 것이다. 그런데 제프리 디버의 '링컨 라임' 시리즈는 안락의자 탐정 유형의 주인공이 등장하면서도 대단한 인기를 누리는 스릴러다. 전신마비가 되어 꼼짝도 할 수 없는 링컨 라임, 그를 대신하여 현장을 누비는 여자 경관 아멜리아 색스. 1997년 『본 컬렉터』가 나온 후 『코핀 댄서』, 『곤충소년』, 『돌원숭이』, 『사라진 마술사』, 『12번째 카드』, 『콜드 문』 등 '링컨 라임' 시리즈는 나오는 작품마다 베스트셀러가 되었다.

링컨 라임은 뉴욕시경 과학수사팀의 수장이자 최고의 범죄학자였다. 하지만 불의의 사고를 당해 왼손 약지와 목 위 근육만 움직일 수 있는 상태가 된다. 엄청난 고통을 요하는 재활훈련과 수술을 거치고도 그에게 남은 육체는, 단지 그것뿐이었다. 렉스 울프처럼 게을러서 움직이기 싫어하는 것이 아니다. 게다가 링컨 라임은 천재적인 직감과 논리를 지니고 있지만, 철저하게 증거에 기초한 과학수사를 선호한다. 그는 당장이라도 거리에 나가 범죄 현장을 샅샅이 수색하고 싶어 한다. 자신의 눈으로 확인하고 현장의 기운을 느끼면서, 다른 사람이 찾아내지 못한 무엇인가를 발견하고 찾아내고 싶어 한다. 하지만 그는 아무것도 할 수 없다. 무기력하게 누워 있을 뿐이다. 어느 날, 사건이 생긴다. 택시에 탄 남녀가 납치를 당하고, 다음 날 아침 살점이 모두 발라진 채 뼈만 남은 남자의 손이 발견된다. 여자의 행방은 알 수 없고, 범인이 의도적으로 남긴 증거물들이 있다. 경찰은 과학수사팀을 지휘했던 링컨 라임에게 도움을 요청하고, 현장에서 뼈를 발견했던 색스가 보조역으로 차출된다.

생각해보면 '링컨 라임' 시리즈는 무척이나 우울하다. 사건 수사를 지휘한다고는 하지만 정작 그는 움직이지도 못하는 신세다. 침대에 누워 타인의 시중을 받으면서, 날고 기는 범인을 잡아야 한다니. 하지만 그런 모순, 그 절대적인 열세가 '링컨 라임' 시리즈를 스릴 넘치게 만드는 요소다. 제프리 디버가 전신마비의 주인공을 생각한 이유 하나는 악당의 공격에 전혀 대응할 수 없기 때문이라고 한다. 경찰의 신분을 유지한다 해도, 흉악범과 지능범들과 대적하다보면 직접 맞닥뜨리는 것은 필연적이다. 그들은 겁을 준다고 도망가는 것이 아니라, 자신의 머리와 능력을 과신하며 과감하게 경찰과 정부조직에 대항하는 범죄자들이다. 『본 컬렉터』에서도 그렇다. 몸을 움직이지도 못하는 링컨 라임이, 교활하고 잔인한 악당과 1대 1로 맞선다. 그 순간 라임은 어떻게 위기를 벗어날 것인가. 그것이 바로 '링컨 라임' 시리즈의 매력 하나다.

'링컨 라임' 시리즈의 또 다른 매력은 라임과 색스의 전도된 관계다. 남자는 오로지 머리로만 사고하고 명령을 내린다. 여자는 발로 뛰면서 범죄자와 대면한다. 상사와 부하의 관계로 생각할 수도 있겠지만, 라임과 색스의 관계는 명실상부한 파트너다. 어느 하나가 없이는 존재할 수 없을 뿐 아니라, 함께 있을 때에만 시너지 효과를 가져온다. 라임에게는 어떤 선입견과 편견 없이 현장을 볼 사람이 필요하다. 라임의 말을 듣고, 그의 판단을 투명하게 반영하여 움직일 사람이 필요한 것이다. 그러나 색스는 단지 라임의 명령대로 움직이는 인형이 아니다. 라임은 이성적인 인물이고, 동시에 움직일 수 없는 존재다. 색스는 라임의 이성을 직관적으로 받아들이고 움직일 뿐 아니라 재해석하여 스스로 행동한다. 라임의 이성은, 색스의 직관적인 행동을 통해서 구현될 수밖에 없는 것이다.

그런 점에서 그녀의 이름을 하필 '색스'로 지은 것은 묘한 기분이 들게 한다. 시리즈가 거듭되면서 미묘하게 러브 라인도 펼쳐진다. 그들의 파트너십은 단지 라임의 이성과 색스의 행동이 더해진 것이 아니라 화학적 혹은 연금술적 결혼인 것이다. 게다가 『본 컬렉터』가 영화로 만들어졌을 때 라임 역은 덴젤 워싱턴, 색스 역은 안젤리나 졸리가 맡았다. 단지 한 편뿐이었지만, 어쩔 수 없이 '링컨 라임' 시리즈를 읽을 때마다 그들의 얼굴이 자꾸만 떠오른다.

대학을 졸업한 후 잡지 기자로 일했고, 다시 법대를 졸업한 후 변호사로 일하다가 마흔 살이 넘어 작가로 데뷔한 제프리 디버는 독자와의 싸움에 대단히 능한 작가다. 특히 반전에는 과하다 싶을 정도로 신경을 써서, 반전에 반전을 거듭하다 보니 지나치게 의도적이라는 느낌이 들 정도다. 하지만 그런 전략은 주효해서, 제프리 디버는 지금 가장 잘 팔리는 스릴러 작가의 하나다. 또한 '링컨 라임' 시리즈에서 첨단 법의학은 물론 과학 수사에 필요한 다양한 지식을 풍부하고 자세하게 그리는 제프리 디버는 단독작품인 『블루 노웨어』, 『소녀의 무덤』, 『엣지』 등 매 작품마다 새롭고 다양한 정보를 세련되게 전개한다. 기자의 폭넓은 정보력과 변호사의 집요한 논리로 무장된 디버의 이력이 돋보이는 구석이다.

매력적인 인물의 창조라는 점에서도 디버의 실력은 출중하다. 셜록 홈즈를 연상하며 만들어낸 링컨 라임은 사건을 추적해 가는 과정에서 보여주는 논리적인 추리나 집요함 그리고 괴팍한 성격이 꽤 유사하다. 비슷한 점 또 하나는 일종의 허무주의다. 하지만 이유는 다르다. 셜록 홈즈의 허무주의는 세상에 대한 일종의 갈증과 회의 때문이었다. 모든 사건들을 해결할 수 있지만, 결코 사라지지 않을 범죄와 악. 그리고 세상의 불가해성. 모리아티라는 호적수가 없어도, 세상은 이미 충분히 악하다. 그런데 왜 세상은 그것을 내버려두는 것일까. 이렇게 뻔히 눈에 보이는데도. 홈즈는 천재적이고 오만하다. 라임도 마찬가지로 천재적인 두뇌를 가지고 있지만, 후천적으로 엄청난 재난이 닥친다. 그가 도저히 이겨낼 수 없을 것만 같은 고통과 절망이.

링컨 라임은 지금까지 네 명의 의사에게 죽여달라고 부탁했지만 모두 거절당했다. 라임은 '좋다, 그렇다면 내가 직접 하겠다'고 마음먹고 먹는 것을 거부했다. 하지만 죽음에 이르도록 몸을 쇠약하게 하는 과정은 고통 그 자체였다. 극심한 위경련이 찾아왔고 참을 수 없는 두통이 라임을 괴롭혔다. 잠도 잘 수 없었다. 그래서 그 방법을 포기하고 몸 둘 곳이 없을 만큼 어색한 대화 도중에 톰에게 자신을 죽여달라고 부탁했다. 젊은이는 눈물을 글썽이면서(그가 그만한 감정을 내보인 일은 없었다) 그럴 수만 있다면 좋겠다고 대답했다. 곁에서 라임이 죽는 것을 볼 수는 있다, 살리려는 노력을 하지 않을 수는 있다, 하지만 자기 손으로 죽일 수는 없다고 했다.

『본 컬렉터』에서 사건을 맡았을 때에도, 라임은 자신의 안락사를 도와줄 의사를 찾고 있었다. 하지만 사건이 거듭되면서 차츰 그런 갈망에서 벗어난다. 고통을 모두 이겨낸 것은 아니지만, 적어도 받아들일 수는 있게 되었으니까. 자신이 이런 핸디캡을 안고도 살아갈 수 있을 뿐만 아니라 여전히 범죄자를 잡을 수 있다는 것을 알게 되었으니까.

살아간다는 게 그렇다. 고통과 절망이 닥친다 해도, 갈 수밖에 없다. 라임이 한탄한다면 누구나 들을 것이다. 누구나 그의 고통에 공감하고, 그를 동정할 것이다. 하지만 그것뿐이다. 누구도 그를 일으켜 세울 수 없고, 삶의 당위성을 일깨울 수 없다. 그건 오로지 자기 자신만이 할 수 있다. 자신의 핸디캡이 무엇인지, 약점이 무엇인지 잘 알고 나서, 그것을 인정하고 시작하는 것이다. 이겨내거나 떨쳐내는 것이 아니라, 받아들이는 것. 그것이 결국은 세상을 살아가는 힘 아닐까.

살아남기 위해
냉정해지는 것이다

『워치맨』
로버트 크레이스

여기 하드보일드의 전형인 남자가 있다. '파이크는 절대 웃거나 미소를 띠지도 않는다. 어떠한 감정도 겉으로 드러내 보이지 않았다.' 그리고 악인에게는 무자비하고 냉혹하다. 조 파이크는 오로지 앞으로만 전진하고, 어떤 후회나 망설임도 내비치지 않는다. 차갑고, 단단하고, 결코 흔들리지 않는다.

로버트 크레이스의 『워치맨』은 조 파이크를 주인공으로 하는 첫 번째 이야기이지만, 같은 작가의 『몽키스 레인코트』를 이미 봤다면 그의 이름을 기억할 것이다. 사립탐정 엘비스 콜의 말이 없고 터프한 친구 조 파이크로서. 엘비스 콜 시리즈에 등장한 조 파이크는 수수께끼가 많은 친구였다. 전직 해병대원이었고, 경찰을 하다가 다시 용병이 되었고 지금은 탐정 일을 하고 있다. 말도 없고, 웃지도 않지만 맡은 일에 대해서만은 완벽하게 마무리한다. 누군가 물어본다. 사람을 죽인 것에 대해서 후회하지 않냐고. 조 파이크의 답은 간단하다. '전혀.'

『워치맨』은 유명한 파티걸인 라킨 바클리가 우연히 사건에 휘말리면서 시작된다. 부잣집 망나니 딸이었던 라킨은 중요 범죄의 목격자가 되었고, 킬러들의 습격을 받게 된다. 파이크는 경찰로 첫발을 내딛었을 때 선임이었던 버드 플린의 부탁으로 라킨을 보호하는 임무를 맡는다. 하지만 가는 곳마다 킬러들의 공격이 끊이지 않자, 파이크는 엘비스의 도움을 받아 독자적으로 행동을 개시한다. 피하고 숨는 것이 아니라, 역으로 그들을 찾아내고 공격하는 조 파이크 특유의 사냥이 시작된 것이다. 조 파이크의 어깨에는 빨간 화살표 문신이 있다.

'그 의미가 궁금하다고 했죠? 끊임없이 앞으로 움직이면서 스스로를 제어해야 한다는 뜻입니다. 절대 물러서선 안 되고요. 앞으로 묵묵히 전진하는 것. 그게 바로 내가 하는 일입니다.'

『워치맨』은 조연이었던 조 파이크가 주인공이 된 첫 번째 작품답게, 과거를 궁금해 했던 독자들에게 몇 가지 이야기를 들려준다. 어린 시절에 아버지의 폭력에서 벗어나기 위해 힘을 길렀고, 경찰에 투신했다가 어떻게 그만두게 되었는지를. 그가 어떻게 지금과 같은 '하드보일드'한 인간이 되었는지 이런저런 단서들을 던져주는 것이다. 분명히 조 파이크는 폭력적인 인물이다. 하지만 반사회적 이상성격자라던가 폭력에 의존하는 자는 아니다. 그는 자신이 폭력을 선택한 이유와 그 선택이 어떠한 의미인지를 잘 알고 있다.

조 파이크는 외로운 분노의 의식적 표본입니다. 학대와 폭력으로 물든 유년기는 파이크에게 정의를 위해서는 반드시 자신부터 지켜야 한다는 것을 가르쳤습니다…… 조는 폭력적인 아버지가 준 교훈을 몸에 새겼습니다. 약자를 괴롭히는 사람은 압도적인 물리적 반응으로 다룰 것. 파이크의 철학은 바로 그것에 바탕을 두고 있습니다. 압도하든지, 압도당하든지. (로버트 크레이스)

하드보일드의 주인공들이 흔히 그렇듯이, 조 파이크에게는 자신만의 규칙이 있다. 그는 세상이 요구하는 규칙이나 질서에 동의할 생각이 없다. 그는 자신이 옳다고 믿는 것, 자신이 해야 할 일만을 철저하게, 프로답게 해치울 뿐이다. '파이크는 가치 있는 일에는 희생을 아끼지 않습니다. 아무리 위험한 일이라도 기꺼이 몸을 던집니다. 파이크는 우리가 법의 철칙이라고 부르는 것에는 전혀 신경 쓰지 않습니다. 파이크에게는 엄격한 도덕과 윤리 강령이 있습니다. 하지만 그것은 성문법과는 아무 상관이 없습니다.'(로버트 크레이스) 그리고 조 파이크가 반드시 지키는 절대원칙이 있다. '스스로를 보호하지 못하는 이들이 있습니다. 그들에게 도움을 주고 싶습니다…… 약자를 괴롭히는 사람들이 싫습니다.' 조 파이크가 매력적으로 보인다면, 그가 고독한 그리고 최강의 늑대인 동시에 고결하기 때문이다. 많은 하드보일드형 인물들이 그렇겠지만, 조 파이크는 고독한 늑대의 순수 결정체 같은 느낌을 준다.

'불타는 노을에 검붉게 물든 총잡이의 얼굴, 텅 빈 심장만큼이나 차가운 눈, 한없이 진지하기만 한 입술, 최악의 악몽을 선사하는 방울뱀의 눈빛, 미국의 시골 자동차 극장은 이런 쿨한 영화들을 동시상영하는 것으로 유명했습니다. 〈황야의 무법자〉,〈석양의 건맨〉,〈석양의 무법자〉. 남자다움의 대명사 클린트 이스트우드의 이미지는 오랫동안 뇌리에서 지워지지 않더군요. 그 덕분에 조 파이크란 캐릭터가 만들어진 것입니다.' (로버트 크레이스)

로버트 크레이스가 직접 말한 것처럼, 조 파이크의 모델에는 클린트 이스트우드도 있다. 마카로니 웨스턴의 무표정한 무법자. 악을 응징하기 위해서 조직의 룰 같은 것은 과감하게 내팽개치는 〈더티 해리〉의 폭력 경찰. 자신의 안위나 명예 같은 것에는 추호의 관심도 없는, 쿨한 인간. 하드보일드의 주인공은 대체로 세상과 쉽게 어울리지 못한다. 그들이 보기에 세상에는, 진정한 정의와 규칙이 존재하지 않는다. 그들이 규칙을 무시하는 이유는 단 하나, 그것이 진짜 규칙이 아니기 때문이다. 그들은 진짜 규칙과 정의가 세상에 구현되기를 바란다. 엘비스 콜이 말하듯 조 파이크 역시 '이상주의자'인 것이다.

조 파이크는 현실을 탓하지 않는다. 모든 이가 적이라면, 그들 모두와 싸울 수도 있다. 세상이 나를 공격해 온다면, 세상을 몰락시킬 수도 있다. 내가 왜 이렇게 비참한 상황에 놓였는지, 누군가 나를 돌아다봐 주기를 갈구하지 않는다. 이상을 꿈꾸지만, 결코 현실에 타협하지는 않는다. 그것이 파이크의 사고방식이다. '쥐고 있는 패가 형편없더라도 게임은 이미 시작되었다. 운명으로 받아들일 수밖에 없었다. 하지만 때때로, 파이크는 더 나은 삶을 꿈꿨다.' 세상 사람들은 조 파이크 같은 인물을 볼 때 흔히 착각을 한다. 그의 쿨함이, 일종의 스타일이라고 생각하는 것이다. 모든 것에 초연한 듯, 오로지 자신의 스타일만을 위해서 바람처럼 스쳐지나가는 것이 멋지다고 생각한다. 하지만 그것은, 조 파이크는 물론 진짜 '쿨함'의 본질이 무엇인지 전혀 이해하지 못하는 것이다.

조 파이크는 아버지의 폭력에 대항하기 위해서, 살아남기 위해서 폭력을 선택했다. 그것은 스타일이 아니라 생존의 필요조건이었다. 멋지게 보이기 위해서, 자신의 스타일을 완성하기 위해서 초연한 것이 아니라 살아남기 위해서는 초연해야만 했던 것이다. 엘비스 콜과 조 파이크는 모두 명상을 하면서 휴식을 취한다. 모든 것에 무심해 보이는 조 파이크에게도, 모든 것이 농담처럼 보이는 엘비스 콜에게도, 반드시 필요한 것은 자신의 내면을 들여다보는 시간이다. 조 파이크의 내면에는 일종의 '초록 세상'이 있다. 잔인한 폭력과 살육의 일상을 살아가는 조 파이크의 내면에 존재하는 '진정한 평화를 누릴 수 있는 원시의 세상. 그것이 파이크의 근본적 천성'이다. 조 파이크는 이 세상의 본질이, 폭력과 살육이 아님을 알고 있다. 그렇기 때문에 그는, 초연해야만 한다. 초연하게, 쿨하게 폭력과 살육의 시간을 견디고 이겨내야만 그가 원하는 진짜 평화를 얻을 수 있기 때문이다.

사실 『몽키스 레인코트』를 읽었을 때는, 농담과 수작으로 일관하는 엘비스의 절친이 조 파이크라는 사실을 이해하기 힘들었다. 엘비스의 내면이 무엇인지 어슴푸레 알게 되었을 때에도, 조 파이크는 그저 대조적인 콤비를 만들기 위해서 설정된 캐릭터라고 생각했다. 하지만 『워치맨』을 보면서 알 수 있었다. 조 파이크와 엘비스 콜은 단지 '버디 무비'를 만들기 위한 상반된 캐릭터가 아니라, 통일된 내면을 가진 일종의 이란성 쌍둥이라는 것을. 다만 그들은 살아남기 위해서 하나는 농담을, 하나는 쿨함을 선택했을 뿐이다. 아니 선택해야만 했던 것이다. 그러지 않고서는 이 산인한 세상에 그대로 침윤되어 버릴 수밖에 없었기 때문에. 하드보일드의 주인공을 한마디로 표현한다면 '살아남은 자'인 것이다.

복수는
차갑게 식혀야 맛있는 음식

『어벤저』
프레더릭 포사이드

당신의 가족이나 연인이 잔인한 범죄의 희생자가 되었다면? 게다가 범인이 어떤 처벌도 받지 않고 태연하게 풀려난다면? 아마 복수하고 싶을 것이다. 가족이나 연인이 받은 상처와 고통 그 이상을 안겨 주고 싶을 것이다. 그러나 대부분은 생각만으로 그친다. '폭력'이 일상이 아닌 삶을 살았다면, 실제로 복수까지 도달하는 경우는 거의 없다. 어쩔 수 없다. 그것이 '안전한' 도시에서 살아가는 문명인의 숙명이다. 거대한 자연의 틈바구니에서 오로지 생존하기 위해 수렵을 하고, 경쟁자와 다투며 살아갔던 과거의 역사는 이미 잊었다.

간혹 복수를 이루는 경우가 있기는 하다. 영화로도 만들어진 존 그리샴의 데뷔작 『타임 투 킬』은 강간을 당한 흑인 소녀의 아버지가 복수를 하고 재판을 받는 이야기다. 문제는 그 지역이 미국의 남부라는 것. 여전히 보수적이고 인종차별이 심각한 미국 남부에서 백인이 흑인을 강간하거나 폭행했을 때, 불공정한 재판이 이루어지는 경우는 꽤나 많다. 소녀의 아버지도 현실을 잘 알고 있었고, 범인들이 잘못을 뉘우치기는커녕 무용담을 늘어놓으며 자랑스러워하는 모습을 보면서 분노를 키웠다. 그래서 법정에 정의가 없다면 자신이 정의를 이루겠다고 나섰다. 『타임 투 킬』에서는 그의 변호를 맡은 신출내기 변호사가 갖은 위협을 이겨내고 승리를 쟁취하지만, 보통 복수를 하고 난 후의 대가는 의외로 크다.

사적인 복수를 엄격히 금하는 현대사회이기에, 가해자에게 똑같은 고통을 안겨주었다 해도 처벌은 감수해야만 한다. 그래서 범죄소설 등에서는 사적인 복수를 대행해주는 집단이나 조직이 흔히 등장한다. 엄밀히 따지면 '자경단'이라고도 할 수 있다. 국가가 개인의 권리와 정의를 보장해주지 못할 때, 시민들이 직접 무장을 하고 무력으로 정의를 구현한다. 미국 사회에서 자경난이 발달한 이유는 서부 개척시대의 경험이 크기 때문이다. 인디언이 살던 북미대륙에 침입하여 자신의 영토라고 주장했기 때문에, 인디언과의 충돌은 필연적이었다. 특히 서부지역으로 간 이주민들은 혼자 또는 마을의 힘만으로 인디언과 싸워야 했다. 근본이 잘못된 것이긴 했지만 자신들의 '생존'을 위해 무력을 택한 것이다.

현대 사회에서도 자경단은 존재할 여지가 있다. 그러나 진짜 문제는 무력 자체가 아니라, 그들이 구현하려는 '정의'에 대한 물음이다. 니콜라스 케이지가 출연한 영화 〈저스티스〉에서는 복수를 대행해주는 조직이 나온다. 어떤 백만장자가 뉴올리언즈의 정의를 구현하기 위해 자경단을 만든 것이다. 그들이 외치는, 억울한 사람들을 위한 복수는 나름 가치 있다고도 할 수 있다. 그런데 그게 마구잡이로 확장된다. 자의적인 정의를 구현하기 위해 방해하는 사람들까지 죽여버린 것이다. 그 순간 복수가 아니고, 정의 수호도 당연히 아니고, 과잉폭력이며 범죄가 된다. 배트맨이 늘 고뇌하는 것도 바로 그것이다. 나는 사적인 복수를 위해 수트를 입고 밤마다 거리에서 범죄자들에게 폭력을 휘두르는 것은 아닐까? 정의를 수호한다는 그럴듯한 명분으로, 자신의 폭력적인 욕구를 분출하는 것 말이다.

그렉 허위츠의 『살인위원회』에서는 특수부대 출신의 팀 맥클리가 주인공이다. 영화판에 뛰어들어 〈더 록〉의 제작자 제리 브룩하이머와 함께 시나리오 작업을 하기도 했던 그렉 허위츠는 블록버스터 영화를 만드는 것처럼 『살인위원회』를 흥미진진한 극적 구조로 만들었다. 연방법원의 부집행관, 존 맥클리는 '살인'의 프로페셔널이자 지금도 범죄자들을 잡기 위해 특수 임무를 하고 있다. 맥클리의 7살짜리 딸이 하필 생일날 납치되어 강간 토막 살해되고, 범인이 자백을 했음에도 법 절차의 허술함 때문에 풀려나게 된다. 인간으로서 생각할 수 있는 가장 끔찍한 범죄의 희생자가 되었지만, 사회의 정의를 지켜야 할 '법'은 책임을 방기했다. 그렇다면 희생자의 가족들은 무엇을 해야 할 것인가?

낙심한 맥클리에게 누군가 다가온다. 법의 허점으로 풀어준 살인자들을 처단할 살인위원회가 있다는 것이다. 살인위원회의 일원들은 모두 가족이 잔인하게 살해당했지만 범인은 무사히 풀려나 활개 치고 있는 억울함을 가지고 있다. 그들은 개인적인 감정으로, 사회적인 복수를 하겠다면서 '살인위원회'를 만들었다. 살인위원회는 일단 몇 개의 임무를 수행해야만 맥클리에게 딸을 죽인 범인에 대한 정보를 주겠다고 한다. 타인을 위한 복수를 대신해준다면, 살인위원회는 당신에게 범인을 감쪽같이 죽일 기회를 제공해 주겠다는 것이다. 결론은 〈저스티스〉와 비슷하다. 그들의 자의적인 '정의' 추구는 스스로를 파탄으로 몰아넣는다. 힌두의 신 아수라는 원래 정의를 수호하는 역할이었다고 한다. 하지만 지나치게 정의를 수호한 결과는 엄청난 폭력과 형벌이었다. 그래서 아수라는 파괴의 신으로 전락했고 두 개의 얼굴을 가지게 되었다. 무엇이든 지나치면 부족한 것만 못하다.

복수는 그저 복수일 뿐이다. 거기에 '정의'를 붙이면 너무 거창해진다. 그리고 나아가 자신이 사회, 세계의 정의를 지킨다는 착각에 빠지면 그 순간부터 복수는 그저 자기만족을 위한 폭력에 불과해진다. 그러니까 단순하게 생각하자. 〈맨 온 파이어〉로 영화화된 A. J. 퀸넬의 『크리시』가 화끈하면서도 공감이 간 이유는 오로지 죽은 소녀를 위한 복수이기 때문이다. 목적도 단순하다. 범죄조직이 소녀를 죽였다. 그러니까 나는 범죄조직들을 괴멸시킬 것이다. 다른 의미 같은 것은 없다. 〈스타 트렉〉의 외계종족 클링곤에게는 '복수는 차갑게 식혀야 맛있는 음식'이라는 말이 있다고 한다. 그 말은 복수의 순간은 차가운 이성이 지배할 때라는 것이다. 〈저스티스〉처럼 아내가 혼수상태로 병상에 누워 있을 때 복수의 선택을 하지 말고, 생각하고 또 생각해서 분노의 감정이 아니라 이성적으로도 복수를 해야만 한다고 판단했을 때 실행하라는 것. 복수는 뜨거운 것이 아니라, 차갑고 엄정한 것이 되어야만 한다.

그럴 때 프레더릭 포사이드의 『어벤저』의 주인공인 덱스터 같은 이가 있으면 좋겠다고 생각했다. 시골 마을에서 변호사로 일하는 덱스터는 베트남전에서 가장 위험한 임무를 맡았던 동굴수색대 출신이다. 파나마의 갱단과 연루된 불량배들에게 딸이 살해되는 사건이 벌어진 후, 덱스터는 전문적인 '어벤저'로 일하기 시작한다. 억울한 죽음을 당하고도 가해자가 외국으로 도망쳐 손을 쓸 수 없을 때, 신출귀몰한 솜씨로 그를 잡아와 미국의 법정에 세우는 비밀 대리인이 된 것이다. 자신이 복수를 해야만 하는 상황에 처했었고, 실행에 옮겼다. 때로 사람들에게는 자신과 같은 상황이 도래할 수 있다는 것을 안다. 그래서 그는 '어벤저'가 된 것이다. 정의 같은 거창한 목적이 아니라, 누군가의 복수를 대신해 주기 위해서.

1995년, 봉사활동을 하러 보스니아에 간 미국인 청년이 세르비아 준군사조직을 이끄는 조란 질리치에게 참혹하게 살해당한다. 2차 대전의 참전용사이자 부호인 청년의 외할아버지 스티븐 에드먼드는 행방불명된 손자의 행방을 수소문하다가 진실을 알게 된다. 그리고 어벤저에게 의뢰한다. 프레더릭 포사이드는 『어벤저』를 『크리시』같은 스릴러로서만 그리지 않는다. 『자칼의 날』로 유명한 첩보소설의 거장답게 프레더릭 포사이드는 『어벤저』를 복수 이야기인 동시에 탁월한 첩보소설로서 그려낸다.

로이터 통신과 BBC를 거친 저널리스트 출신의 프레더릭 포사이드는 기본 자료에 충실하며 예리하게 분석한 국제정세의 모든 것을, 소설 속에 완벽할 정도로 치밀하게 녹여 넣는다. 첩보소설의 필수품목인 각종 병기에 대한 지식도 해박하다. 덱스터의 과거를 그릴 때에는 베트남의 역사와 베트남전의 실상을 간략하면서도 요점을 확실하게 짚어낸다. 호치민의 죽음 이후 베트남의 내정이 어떻게 흘러갔는지, 정글에서의 전투가 어떤 방식으로 이루어졌는지 소설만 읽어도 생생하게 머릿속에 그려진다. 유고슬라비아가 분해되며 내전으로 치닫는 과정도, 어떤 신문이나 잡지의 분석기사보다도 알기 쉽게 설명을 해준다.

『어벤저』는 단순한 복수극인가, 라고 생각하며 읽다가 어느 순간 개인의 복수극이 가장 치열한 첩보전의 핵심에 놓여 있음을 알게 된다. 스티븐 에드먼드는 자신의 돈과 권력을 이용하여 충분히 미국 정부조직을 움직일 위치에 있다. 그의 돈만이 아니라, 무고한 젊은이를 죽인 전범을 응징해야 한다는 정의감에 사로잡힌 정부 관리들도 많이 있다. 하지만 FBI 국장조차도 건드릴 수 없는 인물이 조란을 보호하고 있었다. 미국 최대의 적인 오사마 빈 라덴을 잡기 위한 계획에 반드시 조란이 필요하다는 것이 이유다. 거대한 악을 물리치기 위해서는, 작은 악은 풀어줄 수도 있고 사소한 정의 정도는 무시할 수 있다는 것이 '송골매 프로젝트'를 진행하는 CIA 요원 폴 데브루의 신념이다.

국제 정치가 공정한 게임이 아니라는 것은 중동의 정치, 경제를 둘러싼 첩보전을 다룬 〈시리아나〉 같은 영화를 보면 알 수 있다. 미국과 약소국의 관계는 대등한 게임이 아니라 힘의 우위에 근거한 일방적인 첩보전이다.『어벤저』도 동일한 현실을 보여준다. 국제사회, 특히나 분쟁지역에서 이루어지는 정치는 철저한 파워게임이고 첩보전이다.『어벤저』는 국제정치의 후안무치함을 폭로하는 동시에 어벤저가 조란을 추적하는 과정을 통해 탁월한 스릴을 안겨준다. 프레더릭 포사이드의 훌륭한 국제정세 강의는 기본이고 어벤저의 멋진 침투 공작과 액션까지 동시에 맛볼 수 있는 것이다. 배경 설명을 빼도『어벤저』는 충분히 일급 블록버스터가 될 수 있을 만큼 생생하고 박진감이 넘치는 첩보소설이다.

어쨌거나『어벤저』를 보고 나면 속은 시원해진다. 이렇게 복수를 감행해주는 '해결사'가 있다면 정말 좋겠다고 생각한다. 왜냐하면 복수는, 지극히 개인적인 정의일 뿐 공동의 정의는 아니기 때문이다. 복수를 하고 싶다면 해도 좋다. 하지만 그 책임은 자신에게 돌아온다. 끔찍한 범죄의 희생자나 그 지인들이 복수를 꿈꾸면서도 실행하지 못하는 이유는, 그 결과가 어떠할지를 이성적으로 예상하기 때문이다. 특히 '살인'을 상상했다면 더욱 그렇다. 그러니 복수를 원한다면, 아주 차갑게 식힌 후에 선택해야만 한다. 단지 복수를 하는 것만이 아니라, 그 뒤에 나에게 닥칠 수많은 고뇌와 허무를 감당할 수 있을 것인지를 판단한 연후에. 물론 현실적인 형벌까지 포함해서.

고독한 남자가 위대하다

「추적자」
리 차일드

영화로 만들어지는 리 차일드의 스릴러 소설 『원 샷』의 주인공 잭 리처 역에 톰 크루즈가 캐스팅되었다는 기사를 봤다. 그 기사를 읽는 순간 짜증이 났다. 내가 아는, 내가 책에서 읽은 잭 리처는 전혀 톰 크루즈와 닮지 않았다. 리 차일드가 직접 설명한 잭 리처의 캐릭터는 이렇다. '잭은 전직 장교이고, 미국인이며, 사람들로부터 소외됐고, 민간사회에 실질적으로 동참하려고 노력하며, 소박한 이름을 갖고 있다. 그리고 그는 거구다. 키 195센티미터에 체중이 113킬로그램인데 온몸이 근육질이다.' 그동안 톰 크루즈는 『미션 임파서블』의 특수요원부터 군인, 킬러, 전투기 조종사 등 터프한 역할을 수도 없이 연기했지만, 잭 리처가 되기는 쉽지 않다. 무엇보다 사이즈에서.

결코 몸이 작거나 마르거나 한 것을 비웃으려는 것은 아니다. 아마도 170센티미터가 되지 않는 톰 크루즈는 한때 최정상의 배우였고, 크고 힘센 악당들을 무술로 물리치는 것이 전혀 어색하지 않은 액션 연기를 보여주었다. 그러니 톰 크루즈가 새로운 액션 영웅을 연기하는 것에 반대하지는 않지만, 다만 잭 리처와는 너무나도 먼 거리에 있다는 것이다. 리 차일드가 잭 리처에게 요구한 것은, 단지 사건을 해결하는 터프한 영웅만이 아니었다. 그는 보는 순간 위압감을 느끼게 하는 뭔가 위험하다는 생각이 들 만한 거구의 인물을 원했다. '프로(미식) 축구 선수들처럼 보는 사람을 압도하는 거대한 체격에 적당히 느긋하면서도 자신감이 넘치는 사나이'가 리 차일드가 원한 잭 리처였다. 내면적으로 강하고, 직접 맞붙어 보니 만만치 않음을 느끼는 것이 아니라 직면하는 순간 느껴지는 '강렬한 육체적 존재감'을 원했던 것이다. 그러니 톰 크루즈가 〈원 샷〉에 출연하여 잭 리처를 연기한다면, 그것은 내가 읽은 소설과는 다른 뉘앙스의 영화가 될 것이 분명하다.

지나치게 인물의 외양에 집착한다고 생각할 수도 있다. 하지만 잭 리처의 경우에는, 외양이란 게 무척이나 중요하다. 작가들이 직접 자신이 창조한 주인공에 대해 시시콜콜한 이야기들을 털어놓은 캐릭터 비화집 『라인업』을 보면, 리 차일드가 무슨 생각으로 잭 리처를 그런 거한으로 만들었는지 잘 알 수 있다. 미스터리와 스릴러 소설 애호가였던 리 차일드는 방송국에서 정리해고 된 후 직접 소설을 쓰기로 결심했다. 그리고 다른 영웅들과 명백히 구분될 수 있는, 자신만의 주인공을 만들어내기로 했다. 유행을 따르지 않고, 자신이 가장 좋아하는 유형의 인물을 만들어낸 것이다.

스포츠로 비유하자면 손톱을 깨물면서 초조하게 경기를 지켜보다 9회 말에 역전승을 거두는 그런 경기보다는 처음부터 압도적으로 이기는 그런 편을 선호했다. (리 차일드)

예전 홍콩 무술영화에서 많이 볼 수 있었던, 악당에게 마구 두들겨 맞다가 참았던 분노가 폭발, 결국 새로운 기술로 역전하여 상처뿐인 영광을 얻는 주인공은, 전혀 리 차일드의 취향이 아니었다. 리 차일드는 처음부터 압도적으로 악당들을 때려눕히는 영웅을 원했다. 성룡이 아니라 이소룡이 리 차일드의 취향이었다. '나는 나쁜 놈들이 그들보다 더 크고 힘센 정의의 사나이에게 묵사발이 되는 모습을 보면서 대리만족을 느끼고 싶었다…… 나는 리처가 우리 모두 직접 하고 싶었던 일들을 해주길 원했다. 당당하게 맞서서 어떤 것도 두려워하지 않은 채 결코 물러서지도, 포기하지도 않으면서, 항상 영악하게 대응해주길 바란 것이다.' 그래서 리 차일드는 군대에서 모든 전투기술을 배우고 나온 거구의 영웅 잭 리처를 만들어낸 것이다.

또한 잭 리처의 영혼도 육체처럼 강인해야 했다. '가슴에 상처를 안고 괴로워 죽겠다고 앓는 소리를 하'는 주인공은 질색이었다. 리 차일드는 잭 리처가 나락에서 겨우 돌아온 고뇌하는 영웅이 되기를 원치 않았던 것이다. 하지만 아무런 고뇌도 없고, 모든 것이 완전무결한 주인공을 원하는 독자는 없다. 심지어 슈퍼히어로조차 고뇌가 필요한 21세기를 살아가기 위해서는, 현실적인 주인공에게도 반드시 뭔가 뒤틀린 것이 존재해야만 했다. 잭 리처는 서베를린의 미군기지 내에서 태어났고, 평생을 군 기지 내의 학교와 부대에서 생활했다. 그러다가 갑자기 구조조정으로 '거칠기 짝이 없는 군대라는 세계에서 나온 주인공은 민간인의 삶에서 물밖에 나온 고기처럼 잘 적응하지 못'하고 있다. 정신적으로는 아무런 문제가 없지만, 실제 일상생활에서는 거의 원시인과도 같은 존재다. 휴대전화도 없고, 이메일도 모르고, 옷은 며칠 입고 버린 후 새것을 사서 입는다. 전혀 다른 세계에서, 여전히 군대의 사고와 행동양식으로 살아가는 남자. 잭 리처는 군대에서 배운 것이 이런 태도였다고 말한다. '자제하면 죽을 것이라고 가르쳐주었다. 빨리 치고 세게 쳐라. 첫방에 죽여라. 먼저 보복하라. 속여라.' 정신과 육체는 강인하지만, 실세 생활에서는 너무나도 미숙하고 어린애 같은 남자. 그것이 그의 단점이지만, 한편으로 그는 자신의 단점에 대해서 별 의문이 없다. 필요한 것은 고뇌가 아니라, 구체적인 방법이기 때문에.

실업자가 된 잭 리처는 미국 전역을 여행하기로 한다. 일단은 좋아하는 재즈와 블루스 뮤지션들의 흔적을 따라가는 여행을. 떠돌이 이방인인 잭 리처는 여행 도중에 사건을 만나게 된다.『추적자』에서는 마을에 들어서자마자 살인범이라는 오해를 받고 유치장에 갇히게 되고, 『탈주자』에서는 난데없이 괴한들에게 납치되어버린다. 만약 잭 리처가 보통 사람이었다면, 그는 죽은 목숨이나 다름없다. 하지만 잭 리처는 영웅, 그것도 보통 사람들이 꿈꾸는 거의 초인에 가까운 영웅이다. 잭 리처는 난처한 상황에서 단지 벗어나는 것이 아니라, 아예 사건을 해결해 버린다. 즉 잭 리처는 중세의 떠돌이 기사나 서부극 〈셰인〉에 나오는 것 같은 떠돌이 영웅의 현대적 변용인 것이다.

잭 리처에게 뭔가 거대한 이상이 있는 것은 아니다. 딱히 정의를 실현해야 한다는 사명감 같은 것도 없다. 그의 동인은 이를테면 이 정도다. '단지 덩치들을 싫어한다는 거지. 자기는 무슨 짓을 해도 괜찮다고 생각하는, 잘난체하는 덩치들을 싫어한다는 말이오.' 군대에서 헌병을 했던 것도, 그런 덩치들을 합법적으로 혼내주기 위해서였다. 약자를 괴롭히는 악당들이 밉다기보다는, 악당들이 내뿜는 기운 자체가 싫은 남자라고나 할까. 리 차일드의 말처럼, 잭 리처가 등장하는 소설은 거만한 영웅과 거만한 악당이 싸우는 이야기다. 하지만 살아 있는 인간처럼, 뛰어난 작가가 창조한 캐릭터 역시 성장해 간다.

잭 리처 시리즈는 『추적자』와 『탈주자』 그리고 9번째인 『원 샷』, 13번째인 『사라진 내일』 등이 국내에 출간되었다. 『원 샷』에서는 인디애나의 한 소도시에서 무차별 총격이 벌어지고 범인이 잡히는데, 그가 잭 리처를 만나기를 원한다. 『사라진 내일』에서는 지하철을 타고 가던 잭 리처가 한 여자를 보고 자살폭탄 테러리스트라고 의심한다. 망설이다가 여자에게 다가가지만, 그녀는 총으로 자살을 하고 만다. 『추적자』와 『탈주자』가 우연히 상황에 휘말리게 된 남자가 자신의 능력으로 모든 것을 평정해가는 이야기라고 한다면, 『원 샷』과 『사라진 내일』은 잭 리처가 더욱 능동적으로 개입해야만 하는 상황이 펼쳐진다.

 『사라진 내일』에서 잭 리처는 자신의 의지로 사건의 중심으로 점점 들어가게 된다. 단순히 거만한 악당이 기분 나빠서가 아니라, 그들이 미래에 할 행동을 예측하고 미리 움직이는 것이다. 9.11에서 영향을 받았다는 리 차일드의 말을 유추해본다면, 이제는 사건이 일어나기 전부터 잭 리처가 미래를 예측하고 행동하게 된 것이다. 악당들이 범죄를 저지르기 전에 팔을 꺾어버린다고나 할까. 떠돌이 이방인이었던 잭 리처도 조금은 사회의 규칙에 대해서 고민하게 된 것이다. 그리고 여전히 자신의 방식으로 사건을 해결하는 잭 리처는, 변하지 않는 영웅이다.

도시에서
홀로 살아가는 여성의 얼굴

『아웃』
기리노 나쓰오

『얼굴에 흩날리는 비』로 시작되는, 여성 탐정이 주인공인 하드보일드 '무라노 미오 시리즈'가 등장하게 된 것은 '도시에서 홀로 살아가는 여성의 얼굴을 그리고 싶'어서라고 기리노 나쓰오는 말했다. 그 말처럼, 하드보일드에는 '홀로'라는 단어가 꽤 어울린다. 누군가와 관계를 주고받으면서도, 결국은 혼자임을 뿌리 깊게 자각하는 것. 그것이 단순히 쓸쓸함이나 슬픔으로만 연결되지는 않는다. 자신이 혼자라는 것을 인식하고 받아들이는 것은, 자립하기 위한 기반이다. 혼자 서고 그 다음 누군가의 손을 잡고 나감으로써 우리가 살아가는 세상이 만들어지는 것이다.

그래서일까? 기리노 나쓰오의 세계는 무서울 정도로 고독하다.

『그로테스크』는 대기업을 다니면서 밤에는 몸을 팔았던 한 여성이 살해당한 실제 사건을 모티브로 쓴 소설이다. 일류대학을 나오고 대기업을 다니면서도, 자신이 누구인지 알지 못했던 여인, 끊임없이 자신이 갖지 못한 것만을 바라보았던 여인의 이야기를, 기리노 나쓰오는 냉정하게 파헤친다. 그리고 그녀를 살해한 중국 남성의 일대기를 보여준다. 지옥이라고 표현할 수밖에 없는, 중국의 오지에서 대도시를 거쳐 일본까지 오기 위해 경험하고 감수해야만 했던 그 고된 과거를. 『아임 소리 마마』에서도 그랬듯이, 여성을 이토록 잔인하게 폭로하고 고발하는 작가는 어디에서도 찾아보기 힘들다. 아니 반대로 여성이기 때문에, 이토록 적나라했을지도 모른다.

미국에서 번역되어 에드가상 후보로도 올랐던 『아웃』은 심야의 도시락공장에서 일하는 4명의 주부 이야기다. 이런저런 작품들에서 보았던, 우리가 흔히 아는 주부의 얼굴과는 다르다. 기리노 나쓰오는 상식적인 여성이나 주부를 보여줄 생각은 전혀 없다. 도박에 빠진 남편에게 맞고 사는 야요이, 스트레스를 쇼핑으로 푼 덕에 빚쟁이에게 시달리는 구니코, 병든 시어머니 수발에 지쳐버린 50대의 과부 요시에, 자신만의 고치에 갇혀버린 남편과 아들을 지켜보고 있는 40대의 마사코. 남편의 폭력에 저항하고 분노하다 우연히 남편을 죽여 버린 야요이의 전화를 받은 마사코는, 담담하게 받아들인다. 그리고 요시에와 함께 시체를 토막 내 유기한다. 우연히 끼어든 구니코도 함께.

'어디로 돌아가고 싶어서 그런 건지 알 수 없었다. 지금 막 나온 집이 아닌 건 확실하다. 어째서 집에 돌아가고 싶지 않을까. 대체 어디로 돌아간다는 걸까. 길을 잃은 듯한 기분에 마사코는 당혹해한다.'

4명의 공통점은 그것이다. 어딘가로 가고 싶다는 것. 도망치거나 날아오르고 싶다는 것. 하지만 그 방법과 현실적인 태도는 저마다 다르다. 야요이는 전형적인 주부다. 중산층 가정에서 태어나 회사원 남편과 결혼하여 아이를 낳고 잘 살고 있었다. 그런데 갑자기 변해버린 남편을, 그녀는 이해할 수 없다. 죽이고 난 후에도, 그녀는 현실에 동의하려 들지 않는다. '시체가 집에서 없어지자 야요이는 갑자기 사무적으로 변했다. 표정에는 짐을 덜었다는 해방감마저 피어오르고 있다. 진심으로 겐지가 갑자기 저절로 이 세상에서 소멸했다고 믿고 있는 게 아닐까.' 도망치는 것만이 그녀의 유일한 태도다.

구니코는 『아임 소리 마마』의 주인공과 비슷하다. '자신이 저지른 짓을 모두 남의 탓으로 돌린다. 피해망상이 부푸는 한편, 차라리 길동무로 삼겠다고 관계없는 사람까지 제멋대로 수렁에 끌어들인다.' 자신의 외모에 불만을 가지고, 자신의 가치를 명품이나 수입 자동차와 동일시하려 한다. 끊임없이 타인을 비난하고 조롱하고. 그들이 자신을 괴롭힌다고 믿는다. 그녀의 현실은, 모두 환상이다. '다른 여자가 되어 다른 장소에서 다른 남자와 다른 생활을 보내 보고 싶다. 물론 다르다는 건 몇 등급 위라는 말이다.' 자신은 충분히 그럴 가치가 있다고 믿으면서, 고고한 자신을 인정하지 않고, 무시하는 사람들을 괴롭힌다.

요시에는 모든 것을 받아들인다. '자신이 없으면 안 된다. 이 생각만이 요시에의 사는 보람이다. 공장에서도 마찬가지다…… 그것이 괴로운 노동을 완수하기 위한 원동력, 다시 말해 요시에의 프라이드인 것이다. 속으로는 현실을 직시하는 것이 너무 괴롭다는 사실을 알고 있었다. 왜냐하면 아무도 도와주지 않기 때문이다. 그 대신 프라이드가 가혹한 노동을 견디게 도와준다. 그녀는 모든 문제의 본질을 덮어 두고 마음속 깊은 곳에 걸어 잠근 채, 부지런함을 철칙으로 삼았다. 현실을 보지 않는 것이 삶의 기술이다.' 그토록 자신을 괴롭혔던 시어머니가 병석에 누워서까지 그녀에게 싫은 소리를 할 때에도, 그녀는 받아들였다. 내가 필요한 거야. 이 사람은 내가 없으면 아무것도 할 수 없어. 그렇게 자신을 혹사하고, 조금씩 마모되어 간다. 그 태도를 마사코는 '현실을 보는 대신 좋은 쪽으로 만사를 생각하는 요시에의 자기합리화'라고 말한다.

마사코는 그들과 다르다. 물론 그녀 역시 현실을 바꾸지 못한 채, 붕괴된 가정 속에서 연명하기는 했다. 사람들은 마사코에게서 일종의 권태로움, 메마름을 본다. 마사코도 알고 있다. 자신이 많은 것들을 끊어냈음을. 다만 거기에는 이유가 있다. 신용금고에서 일하던 마사코는 우연히 한참 아래인 남자 후배의 급여가 자신보다 훨씬 높다는 것을 알고 항의한다. 남녀를 차별하는 관행에 반기를 든 것이다.

그 결과는 왕따였다. 남자직원들만이 아니라, 여직원을 포함한 모두에게서. 마사코는 그 시선을, 폭력을 견뎌낸다. 그 시절 마사코를 보았던 한 남자는 이렇게 말한다. '마사코의 주위에는 항상 아무도 다가가지 못하는 방어벽 같은 것이 둘러쳐져 있었다. 그것은 단 혼자서 세계의 모든 것과 싸우고 있다는 증표 같은 것이다…… 아마도 왕따라는 것은 증표를 가지지 않은 인간이 만드는 것이다.'

그렇게 살아가던 4명의 여성은, 살인과 사체 절단과 유기라는 엄청난 경험을 하게 된다. 그리고 변한다. 그 일이 없었다면 아마도 그들은 변함없이 살아갔을 것이다. 어제와 같은 오늘, 오늘과 같은 내일을 견디면서. 하지만 그들은 '끝내 선을 넘은 것이다.' 그러나 선을 넘었다고 해서 바로 모든 것이 바뀌지는 않는다. 아니 그 변화가 반드시 좋은 방향이라고도 할 수 없다. 경계를 넘은 순간 되려 많은 사람들은 무너져 내린다. '자신의 인생은 무엇인가. 무엇을 위해 일하고 무엇을 위해 살아가는 것인가…… 자신은 경계를 넘은 건지도 몰랐다. 절망이 또 하나의 세계를 바란 것이다. 마사코는 방금까지 몰랐던 야요이를 도운 자신의 동기를 처음 이해했다. 그러나 경계를 넘은 세계에서 뭐가 자신을 기다리고 있는 걸까. 기다리는 건 아무것도 없다.' 마사코만이 유일하게 알고 있다. 경계를 넘어도 기다리는 것은 아무것도 없고, 변화는 자신이 만들어내야 함을.

단 홀로인 자신. 이제 아무에게도 도움을 구할 수 없는 자신. 그런 상황으로 몰아넣은 또 하나의 자신에게 화를 내고 있었던 걸까. 하지만 분노는 자신을 해방시킨다. 그날 아침, 자신은 확실히 변한 것이다.

그런데 중요한 변수가 생긴다. 한때 야쿠자였고, 지금은 도박장과 클럽의 주인인 사타케. 야요이 남편의 살인사건 용의자로 수사를 받은 사타케는 직접 사건을 파헤치기로 결심한다. 사타케는 야쿠자의 특기인 협박과 염탐으로 4명의 여성들을 압박한다. 사타케에게는 지독한 과거가 있다. 여자를 다른 조직에 몰래 소개하던 여자 중개인을 폭행하다 죽이고 형무소에 갔던 사타케는 알게 된다. 그의 진짜 본성이 무엇인지를. '여자를 죽였을 때의 황홀감이 크고 깊어서 그 체험이 자신을 가둬버렸다는 사실…… 자신의 본능을 알았다는 것은 꿈을 봉인한 것과 다를 바가 없다. 사타케는 그 뒤 봉인을 풀지 않도록 주의하고 있다. 그 고독과 자제는 아무도 모를 것이다…… 자신을 진실로 이해하고 천국으로도 지옥으로도 홀리는 여자는 자신이 죽인 여자밖에 없다는 것을 알고 있다.' 그런 사타케가, 마사코에게서 뭔가 비슷한 냄새를 느낀다. 그러니까 『아웃』은 어쩌면 서로 다른 궤도를 걸어가야만 하는 남녀의 비극적인 사랑 이야기일 수도 있다. '죽음을 공유'할 수 있는 여성을 비로소 발견한 기쁨. 어쩌면 자신의 본능을 이해할 수 있는 유일한 여성일 수도 있다는 것. 하지만 그것은 결국 죽음으로 이르는 길이다. 그들은 서로를 죽이지 않고는 이해할 수 없고, 공유할 수도 없다. 영원한 엇갈림은 그들의 운명이다. 게다가 그들의 태도는 사실 미묘하게 다르다.

사타케는 공허한 꿈에 살고, 마사코는 현실을 구석구석까지 핥으며 산다. 마사코는 자신이 바랐던 자유가 사타케가 희구하던 그것과는 조금 다르다는 걸 깨달았다…… 자신만의 자유가 어딘가에 반드시 있을 것이다. 등 뒤에서 문이 닫혔다면 새로 문을 찾아 열 수밖에 없다.

사타케는 과거에 얽매여 있었다. 단 한 번의 경험, 희열에 사로잡혀 스스로를 봉인했다. 그러나 마사코는 새로운 싸움을 원했다. 한 번의 싸움에서 패배하고 자신의 고치 안에 틀어박혀 있었지만, 새로운 경험을 통해 그녀는 변한다. 『아웃』의 시작에 인용된 플래너리 오코너의 말처럼 '절망에 이르는 길이란, 어떤 체험도 하지 않으려는 것이다.' 그녀는 체험을 했고, 절망을 견뎌냈다. 그리고 다시 그녀는, 혼자라는 사실을 처절하게 받아들인다. 받아들이고 홀로 서서, 다시 누군가와 손을 잡을 것이다. 언젠가는.

결국,
힘은 나 자신에게서 나온다

『탄환의 심판』
마이클 코넬리

미국 범죄 드라마 중에서 가장 좋아하는 시리즈는 예나 지금이나 〈로 앤 오더〉다. 스핀오프로 나온 〈로 앤 오더: 성범죄수사대〉 역시 최고다. 20년 넘게 방영된 〈로 앤 오더〉는 범인을 잡는 경찰과 기소를 하는 검사의 이야기를 모두 그린다. 보통의 수시물은 범인이 잡히는 것으로 사건이 마무리되지만, 〈로 앤 오더〉에서는 범인이 재판을 받고 형이 확정되거나 풀려나는 것까지 모두 다룬다. 그래서 드라마를 보다 보면 더욱 화가 나거나 절망적인 기분에 빠지는 경우도 많다. 범인이 분명한데도, 수사 과정의 실수나 착오 혹은 증거 보전 과정의 문제 때문에 풀려나는 경우가 있는 것이다. 인종차별이나 정신이상 등으로 사건의 논점을 흐리며 배심원들을 호도하는 경우도 있다. 권

선징악의 원칙이 무참하게 무너지는 모습을 보고 있으면 '법'에 대한 회의가 든다. 악인을 변호하는 변호사에게 악감정이 들기도 한다. 그들에게 도대체 '정의'란 무엇인지 묻고 싶어진다. 미국에서 가장 싫어하는 직업인이 변호사라는 말에도 공감이 간다. 소송공화국이라 불릴 정도로 소송을 남발하며 먹고 사는 기생충이라는 이유와 함께.

마이클 코넬리의 『탄환의 심판』은 영화로도 각색된 『링컨 차를 타는 변호사』에 이어지는 법정물이다. 지난 사건의 충격 때문에 2년 여를 방황했던 변호사 미키 할러가 드디어 현장으로 돌아온다. 『탄환의 심장』은 미키 할러가 변호사 일을 갓 시작한 1992년 시점의 에피소드를 프롤로그로 제시한다. 그 시절의 미키 할러는 야심만만했다. 악인들을 변호하는 것으로 악명 높았던 아버지의 대를 이은 미키 할러는 거물이 되고 싶었다. 정의를 수호한다거나 범죄를 뿌리 뽑고 싶다거나 하는 마음은 없었다. 미키의 목적은 이런 것이다 '두 청년을 죽였다는 것은 알고 있다. 그것은 내가 알 바 아니었다. 내 능력을 최대한 발휘해서, 검찰이 우드슨을 제대로 기소했는지 시험하는 것이 내 임무였다.'

그리고 거짓말을 한다.

누구나 거짓말을 한다. 경찰도 거짓말을 하고, 변호사도 거짓말을 하고, 증인도 거짓말을 하고, 피해자도 거짓말을 한다. 재판은 거짓말 경연장이다. 법정 안의 모든 사람들도 그 사실을 알고 있다.

판사도 알고, 심지어 배심원도 안다. 그들은 법원 건물 안에 들어설 때부터 앞으로 거짓말을 듣게 될 것임을 알고 있다. 그들이 정해진 자리에 앉는 것은 거짓말을 듣겠다는 동의와 같다…… 그것이 내가 하는 일이다. 칼을 벼리는 것. 날카롭게 다듬는 것. 자비심도 양심도 없이 그 칼을 휘두르는 것. 모두 거짓말을 하는 곳에서 진실이 되는 것.

세월이 흐르면서 미키 할러도 많이 변했다. 아무래도 겨우 목숨을 건진 지난 사건의 여파가 컸다. 미키 할러는 돈이 가장 중요하다고 믿는 변호사였다. 세 대의 링컨차를 사무실처럼 굴리면서, 어떻게 의뢰인에게 더 많은 돈을 뜯어낼 것인지만을 고심했다. 그럼에도 불구하고, 미키 할러는 결코 악인이 아니었다. 절대악이 분명한, 그 사악한 인간을 정의의 심판 없이 내버려둔다는 것은 도저히 불가능했다. 그래서 미키는 정의를 택했고 상처받았다. 『탄환의 심판』은 현장에 돌아올 준비를 하던 미키에게 연락이 오는 것으로 시작된다. 변호사 제리 빈센트가 살해당했고, 자신의 사건을 대신 맡을 변호사로 생전에 미키를 지정했던 것이다. 빈센트의 사건 중에는 아내와 정부를 쏴 죽인 혐의를 받고 있는 거물 영화제작자 월터 엘리엇이 있었다.

지금까지 내가 변호를 맡거나 만나 본 살인범은 20여 명쯤 된다. 이런 경우 유일한 법칙은 바로 아무런 법칙도 없다는 것이다. 살인자들은 저마다 다르다. 부자도 있고, 가난한 사람도 있고, 겸손한 사람이 있는가 하면 오만한 사람도 있고, 범행을 후회하는 사람도 있고, 뼛속까지 냉혹한 사람도 있다…… 하지만 이 첫 만남에서 그가 정말로 살인자인지 확신할 길은 없었다. 언제나 그랬다.

월터 엘리엇은 폭군이다. 허상의 세계를 다루는 제작자답게, 거짓말도 능숙하고 강압적인 명령에도 일가견이 있다. 월터는 자신의 지위를 절대 내놓으려 하지 않는다. 미키 할러는 법정, 즉 자신의 세계에서도 군림하려는 월터를 끌어내리는 것부터 시작한다. 그의 거짓말을 들어주고, 하나씩 검증한다. 변호사를 속일 수 없다면, 검사도 속일 수 없다. 배심원도 그냥 넘어가지 않는다. 하지만 방법은 있다. 법을 제대로 활용하면, 증거를 숨기거나 거짓말을 해도 죄가 되지 않을 수 있다. 아슬아슬하게 합법과 불법의 경계를 넘나드는 것. 그것이 바로 유능한 변호사가 되는 길이다.

월터 엘리엇은 살인자일까? 전작의 질문은 『탄환의 심판』에서도 반복된다. 하지만 똑같은 질감으로 다가오지는 않는다. 전작의 미키는 그야말로 속물이었다. 그가 범인이어도 상관없다는 기분으로 시작했지만 점점 흔들리고 뒤틀린다. 그 혼돈과 각성의 과정이 흥미롭다. 『탄환의 심판』의 미키 할러는 이미 그런 경험을 했다. 그렇기에 똑같은 질문이라도, 지금 미키의 마음에는 다르게 들린다.

지난 48시간 동안 새로 맡게 된 사건들의 무게가 나를 짓누르기 시작했다. 내가 다시 유혹을 느끼는 것이, 약이 내게 줄 수 있는 포근한 세계로 가고 싶은 욕망이 느껴졌다. 약은 지금 내가 서 있는 곳과 벽돌담 같은 현실 사이에 새로운 공간을 만들어 주었다. 나는 그 공간을 점점 갈망하고 있었다.

미키 할러는 자신이 이미 변했다는 것을 알고 있다. 과거의 사건이 엄청나기도 했지만, 애초에 미키라는 인간 자체에 변화의 동인이 숨겨져 있었기 때문이다. 월터 엘리엇을 변호하고, 그와 대화를 나누면서, 그에게 속아가면서 미키는 깨닫는다. '죄 지은 사람들이야말로 내 전문이었다. 내 감정에 멍이 든 것은 너무나 훌륭하게 이용당했다는 생각 때문이었다. 또한 내가 기본적인 법칙, 즉 모든 사람이 거짓말을 한다는 법칙을 잊어버리고 있었다는 생각 때문이기도 했다.' 자신이 누구였는지 깨달으면서, 그가 지켜야 할 원칙이 무엇인지 확인하면서 미키는 제자리를 찾게 된다.

마이클 코넬리는 LAPD의 형사 해리 보슈 시리즈에 이어 변호사 미키 할러 시리즈도 성공적으로 안착시켰다. 『탄환의 심판』은 능숙하게 진행된다. 전직 서퍼에 대한 친절, 딸에 대한 애정, 사건을 대하는 태도의 미묘한 변화 등등 속물 변호사가 어떻게 충격적인 과거에서 벗어났고, 지금 어떻게 싸우고 있는지를 매력적으로 보여준다. 그리고 해리 보슈와 『시인』의 주인공 존 맥커보이 기자를 『탄환의 심판』

에 등장시키며, 마이클 코넬리의 팬에게 확실한 서비스도 한다. 비록 조연이기는 하지만, 그들의 이름이 등장하는 것만으로도 즐겁다.

5

거대한 벽 앞에서도 즐길 수 있다

: 싸우거나 즐기거나 혹은 피하거나

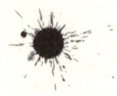

　　　　　　　　　　　　하지만 아무리 자신을 믿어도, 세상과의 싸움이란 쉽지 않다. 아니 아주 어렵고 힘들다. 2등은 기억하지 않는다는 광고카피가 한때 유명했는데, 진짜 문제는 2등이 아니라 제대로 된 시합 한 번 뛰어보지도 못하는 보통 사람들이다. 그저 자신의 앞가림만 하기에도 힘든 날들을 보내는 사람들. 그들은 세상과 싸워 이기거나, 1등을 하는 것이 목표가 아니라 그저 이 세상을 나름 행복하게 살아가는 것만이 목표다. 그러나 안타깝게도 세상은 그런 사람들을 그냥 내버려두지 않는다.

　그나마 다행인 것은, 이 세상엔 꼭 영웅과 패배자만 있는 것은 아니라는 점이다. 불합리, 불공정한 것들과 싸워가며 타인의 귀감이 되는 영웅들. 그러나 보통은 그런 영웅이 될 수도 없고, 그런 영웅의 태반은 가짜이다. 그렇다고 시스템에 굴복하고, 그 일원으로서 타인을 괴롭히며 살아갈 필요도 없다. 시스템의 충실한 하인이 되어 타인을 착취하고 군림하려는 사람들은 꼭 하는 말이 있다. '세상이란 이런 거야. 그러니까 억울하면 출세해.' 그들이 '어쩔 수 없이' 시스템에 충실한 악당이 되었다는 것은 인정해 줄 수 있지만, 그렇다고 그들의 타락 자체에 동의할 수는 없다. 어쨌건 그들은 개다. 지주보다 마름이 더 밉다는 말이 있듯이, 때로는 사소한 그들이 저 위에 있는 '절대악'보다 더 밉다. 사실 절대악이 있는지조차 의심스럽기 때문에.

　그러니까 영웅이 될 수도 없고, 개가 되기는 싫은 사람들에게도 선택지는 있다. 『와일드 소울』에 나오는 브라질 이민 1, 2세대들은 자신을 '지옥'으로 보낸 일본 정부와 회사에 복수하고 싶어 한다. 그렇다, 복수다. 영웅 같은 것은 상관없고, 그저 나와 우리를 끔찍한 고통으로 몰아넣은 이들에게 개인적인 복수만이라도 하고 싶다. 그들의 물건을 훔칠 수도 있고, 사람을 죽일 수도 있다. 그러나 생각해 보자. 복수라는 것은 언제나 위험하다. 그것은 또다시 자신에게 고통을 전가하는 일이다. 그러니 복수 이후의 업을 감당하겠다는 결심이 선 후에, 차가운 복수를 행하라.

다행히도 복수를 결심할 만큼 큰 위해를 당하지 않았다면, 『바티스타 수술팀의 영광』의 다구치 의사처럼 살아갈 수도 있다. 출세하기를 바라지 않고, 자신의 이기심을 내세우지 않으면 적절하게 시스템 안에서도 살아갈 수 있다. 물론 '능력'이 뒷받침되었을 때다. 조직은, 시스템은 결코 무능력한 자를 그냥 두지 않는다. 그래서 그 수많은 무능력자들이 파벌을 만들고, 실력자에게 잘 보이기 위해 아부와 충성을 바치면서 살아남는 것이다. 능력이 없으면 정치력으로 살아남아야 하니까. 그러니 조직 내에서 그림자로 살아남으려면, 부처가 되어야 한다. 어떤 파벌에도 들어가지 않고, 누구의 라이벌이 되거나 위험요소가 되지 않으면서, 사소한 도움을 줄 수 있는 사람.

이도저도 싫다면 피하는 방법이 있다. 절이 싫으면 중이 떠나야 한다는 말처럼, 시스템 바깥으로 도망가는 것이다. 무라카미 하루키의 『댄스 댄스 댄스』, 가네시로 카즈키의 『레볼루션 No.3』, 오쿠다 히데오의 『남쪽으로 튀어』 같은 작품들은 공통적으로 춤을 추라고 말한다. 타인의 소리나 강요 같은 것에 아랑곳하지 않고, 오로지 자신의 리듬으로 춤을 추라고. 그들이 말하는 춤은, 이른바 '생명'의 소리를 들으라는 것이다. 조직에 갇혀 삶이 시들시들해지는 것을 방치하지 말고 벗어나서 도망치라고. 이사카 코타로가 『골든 슬럼버』에서 말하듯 조금 추해 보여도 달리라는 것.

하지만 조직 내에서 부처가 되거나, 시스템 바깥에서 춤추면서 달리는 것은 결코 쉬운 일이 아니다. 혼자, 라는 고독과 친해져야 하고, 스스로 생존할 수 있는 강인함과 인내심도 있어야 한다. 바닥까지 내려가면 올라오는 길만 남은 것처럼, 추락과 흔들림을 이겨낼 수 있어야 한다. 그러니 되도록 즐기는 거다. 고독도 즐기고, 고통도 나름 즐겨야 한다. 최고의 복수는 내가 잘 살아남는 것이다.

세상을 바꿀 수 없다면
차라리 도망쳐라

『골든 슬럼버』
이사카 고타로

도저히 넘을 수 없는 벽이 있다면 어떻게 할 것인가. 아니 단지 앞에 버티고 선 것만이 아니라, 거대한 회색 곰처럼 눈앞에서 으르렁거리며 위협한다면 무엇을 할 수 있을 것인가. 홋카이도에서는 곰처럼 이길 수 있는 방법으로 곰의 혀를 잡아당기는 것을 추천한다지만 썩 좋은 방법은 아닌 것 같다. 나무 위로 올라가는 것은, 스스로 무덤을 파는 짓이다. 죽은 척하는 것은, 곰이 배가 부르지 않은 이상 살아날 가능성이 없다. 곰이 배가 불러도, 당신을 장난감처럼 툭툭 치며 장난칠 수도 있다. 그 순간 뼈는 부러지고, 내장이 튀어나올 가능성이 다반사다. 그러니 나라면, 도망치겠다. 곰이 엄청나게 빠른 것은 알고 있지만, 그래도 나무에 오르기보다는, 죽은 척하기보다는 '꼴이 좀 우스워도' 무조건 도망칠 것이다. 그러다 산에서 비명횡사한다 해도.

물론 당신이 세상에서 만나는 것은 대체로, 회색 곰보다는 시스템이다. 당신이 아무리 작정하여 덤비고, 싸움을 해도 절대 이길 수 없는 벽 같은 사회의 시스템. 말로는 개인을, 국민을 위한다고 하지만 사실은 가진 자들의 이권만을 위해 돌아가는 시스템. 그게 화가 나서 목숨을 걸 정도로 싸운다 해도, 대개 시스템에는 별다른 생채기도 나지 않는다. 무력한 개인의 힘은 그 정도다. 2미터가 넘는 회색 곰과 싸우는 것보다도 훨씬, 훨씬 더 힘들다. 게다가 눈으로 잘 보이지도 않는다. 제대로 만져지지도 않는다. 자신이 궁지에 몰렸다는 것을, 거대한 구렁텅이에 떨어졌음을 깨닫는 순간 이미 게임은 끝나 있다. 그때 당신이 택할 방법은? 90년대의 무라카미 하루키였다면, 춤을 추라고 말했을 것이다. 머리를 비우고, 몸의 리듬에 모든 것을 맡기고 경쾌하게 춤을 추라고. 하지만 하루키조차도 지금은, 찾아 나서라고 말한다. 도망쳐서, 살아남아서, 그게 무엇인지 들여다보라고.

전에 책에서 읽었는데, 국가란 국민의 생활을 지키기 위한 기관이 아니래요…… 아무도 쫓아오지 않는 곳까지 도망치는 거. 그거밖에 없잖아요. 국가나 권력을 적으로 삼고 있다면, 가능한 것은 도망치는 것뿐.

지금 일본 젊은이들이 가장 좋아하는 작가 중 한 명인 이사카 코타로도 그 방법을 권한다. '도망쳐. 꼴이 좀 우스워도 괜찮으니까, 좌우간 도망쳐서 살아.' 해일이 밀어닥쳤던 센다이에 살며, 센다이를 배경으로 수많은 소설을 써 왔던 이사카는 지금도 그렇게 말할 것이다. 일단 살고, 그 다음에 뭔가를 해보자고. 아니 뭔가를 하지 않아도 좋으니, 일단 도망치자고. 이사카 코타로의 세계는 무라카미 하루키의 그것보다는 조금 더 경쾌하다. 하지만 절박함의 정도는 그 이상이라고 할 수 있다. 만화적인 설정으로 캐릭터를 휙휙 소설 속에 던져 넣는 이사카이지만, 그들이 살아가는 조건은 정말로 처절하고, 숨 막힌다. '깜짝 놀랄 만큼 하늘이 파랄 때면, 이 땅이 쭈욱 이어진 어딘가에서 전쟁이 일어난다든가, 사람이 죽고, 학대받고 있다는 사실이 다 거짓말 같아요.' 이 거짓말 같은 세상에서는, 『집오리와 들오리의 코인로커』의 이방인이 그렇듯 때로는 복수를 유일한 목적으로 살아갈 수밖에 없다. 하지만 그럴수록, 경쾌해져야 한다. 이사카는 언제나 자신의 소설 속 주인공을 통해서, 생존을 위한 현란한 풋워크를 보여준다.

『골든 슬럼버』는 케네디 암살사건을 모티브로, 일본을 무대로 한 암살 음모론을 펼친다. 센다이에서 퍼레이드를 하던 중 수상이 암살당했다. 용의자로 떠오른 사람은, 택배회사 직원인 아오야기 마사하루. 한때 폭죽을 만드는 공장에서 폭약 기술을 익혔고, 암살 도구인 RC헬기를 조종하는 모습이 목격된 적이 있다. 파렴치하게 치한 혐의로 체포된 적도 있었고. 하지만 그 모든 것은, 음모다. 그럴듯한, 대중이 쉽게 동의할 수 있는 범인을 제시하고 조작된 증거로 몰아붙이는 것. 이렇듯 모든 사람이 적인 상황에서, 어떤 시스템도 그를 돕지 않는 상황에서 아오야기가 할 수 있는 일이란 대체 무엇일까?

『골든 슬럼버』는 사건의 시작, 사건을 TV로 본 시청자, 사건의 20년 후를 각각 들려준 후, 4부에 가서 진짜 이야기를 시작한다. 즉 매스미디어나 소문을 통해서 사람들이 알고 있는 수상 암살사건의 전말을 먼저 들려준 후에, 아오야기의 진짜 이야기를 시작하는 것이다. 케네디 암살사건의 음모론도 그렇다. 케네디가 달라스에서 죽은 상황도, 오스왈드가 범인이라는 것도, 그가 재판을 받기 전에 살해당했다는 사실도 모두 알고 있다. 하지만 그 이면도 그럴까? 올리버 스톤 감독은 영화〈JFK〉를 통해 공식적으로 발표된 사실과는 다른 증거들이 존재한다고 말한다. 어둠 속에 자리 잡은 용의자들을 적시한다. 하지만 그것이 진실인지는, 우리도 모른다. 사건의 진짜 범인이 아니고서야, 진실은 절대로 알 수 없다. 수많은 음모들이 그렇듯이.

정작 범인으로 지목된 아오야기 마사하루도 모르기는 마찬가지다. 오랜만에 대학동창을 만나, 수상의 퍼레이드가 벌어지는 대로 뒤편 골목길에서 이야기를 나누고 있었다. 그런데 친구가 이상한 소리를 하며 도망치라고 한다. 폭발음이 들려 나가보니 경찰이 총을 쏘려고 한다. 도망치다 TV를 보니 자신이 범인으로 지목되었다. CCTV에 찍힌 모습과 과거의 사진들이 속속 공개된다. 기껏해야 밭다리후리기 정도나 잘할 수 있는 아오야기는 대체 어떻게 해야 할까?

'인간의 최대 무기는, 습관과 신뢰야. 이제 남은 무기는 사람을 믿는 것뿐이야.'

아오야기는 성실하고 착한 남자다. 동거하던 연인에게 차인 이유도 너무 성실하고 착해서였다. 별다른 꿈도 없이, 초등학교에서 공부를 좀 하거나 행실이 좋아서 '참 잘했어요'라는 도장을 받는 삶. 하지만 그런 정도의 착함과 성실함으로 성공하는 것은 거의 불가능하다. 하지만, 그것이야말로 아오야기의 힘이다. 자신이 지켜왔던 것, 즉 습관을 끝까지 유지하는 것. 어떤 상황에 몰려도, 착함과 성실함을 잊지 않는 것. 그리고 믿어야 할 사람들을 믿는 것. 부모도, 대학 시절의 친구들도, 택배회사의 선배도, 우연히 만난 칼잡이도 그를 믿는다. 믿는 이유는 별것 아니다.

자신에게 남자 보는 눈이, 아니 사람 보는 눈이 있다는 생각은 해본 적 없지만, 자신과 사귄 아오야기가 무엇을 하며 무엇을 하지 않는지 정도는 잘 안다고 생각했다. 적어도, 텔레비전에서 마이크를 들고 있는 저 녀석들보다는 더 잘 안다고 믿었다.

정부를 신뢰할 수는 없다. '정치가들은 평계를 만들어내는 데만큼은 천재니까. 무슨 일이든, 유대인 학살이든 전쟁이든 이대로는 다

위험하다 하고 선동하면 뭐든 다 가능해.' 매스미디어도 마찬가지다. '매스컴은 결코 무리한 짓은 안 해요. 분위기에 따라 확 지르기도 하지만, 점프는 언제나 안전지대 안에서만. 떠들어대는 건 항상, 떠들어도 괜찮겠다는 판단이 선 뒤에.' 그러니까 '잘난 놈들이 만든 거대한 부조리에 쫓기게 되면 할 수 있는 유일한 일은 도망치는 것뿐'이다. 아오야기도 습관과 신뢰만을 무기로, 도망친다. 사람들이 매스미디어를 통해서 얻은 정보만으로 아오야기를 욕하지만, 아오야기는 안다. 그 사람들만이 전부가 아니라는 것을. 자신이 믿는, 자신을 믿어주는 사람들이 이 세상 어딘가에 존재한다는 것을. 그들은 아오야기를 만났고, 함께 생활을 했고, 서로 위로해주고 다독여주는 시간을 지내왔기 때문에 서로를 믿는 것이다. 말로만 떠들어대는 것이 아니라. 그러니 세상을 바꾸고 싶다면 시스템의 상층으로 잠입해야 한다. 그럴 수 없다면, 그러기 싫다면, 도망치는 것이다. 꼴이 좀 우스워지는 것 정도는 감수하고.

국가에 대한 복수는
최후의 비명이다

『와일드 소울』
가키네 료스케

세상을 살다 보면, 억울한 일들이 참 많다. 전철에서 새치기를 당한다거나 가게에서 차별대우를 받는 정도의 사소한 것들부터 사기 범죄의 피해자가 된다거나 열심히 일한 대가도 받지 못하고 회사에서 내몰리는 등 가슴이 찢어지는 억울함까지. 그중에서도 압권은, 억울함을 하소연조차 하기 힘든 상황에 놓였을 때가 아닐까.

엄청난 불이익을 당했음에도 불구하고 법적으로는 아무도 책임지지 않는 상황에 처했을 때. 특히 거대 기업과 정부 그리고 사기꾼들이 그런 불공정, 불공평함을 잘 이용한다. 개인에게 불리한 조건이나 계약 등을 강요하고 되도록 책임은 피해가면서, 전체의 이익을 위해서 어쩔 수 없었다느니, 상황이 그럴 수밖에 없었다느니 등등 핑계를 대면서.

　가키네 료스케의 『와일드 소울』에서 브라질에 이민 간 일본인들이 처한 상황이 딱 그것이다. 2차 대전 패전국인 일본은 경제적으로 어려운 상황에 직면해 있었다. 한국전쟁이라는 특수가 있었음에도 전쟁에서 패한 후유증은 너무나도 컸다. 일본 정부는 브라질 정부에 요청하여 이민자를 보내기로 약속한다. 경작된 농토와 집을 주고, 삼모작까지 가능한 천혜의 자연이라는 말에 많은 사람들이 꿈에 젖어 이민을 결정한다. 마침내 1960년대 초반, 4만여 명의 일본 이민자들이 브라질 밀림으로 향한다.

　그러나 엉터리로 진행된 이주 계획은 사기였다. 외무부 직원은 승진하기 위해서, 알선 업체는 돈을 벌기 위해서, 순진한 농민들을 아무것도 없는 정글 속으로 밀어 넣었다. 무상으로 주어진 땅과 집은 다행히도 있었다. 하지만 땅은 강산성이었고, 우기가 되면 모든 것이 떠내려갔다. 풍토병이 돌면 수십 명씩 죽어나갔다. 밀림의 과일과 물고기로 연명한다 해도, 학교 등 기반시설이 아무것도 없었다. 낙원이 아니라, 정글의 지옥이었다. 일본 정부는 4만여 명의 국민을 밀림 속으로 방기한 것이나 마찬가지였다. 그들에게 주어진 선택은, 밀림에서 원주민처럼 살아가거나, 밀림을 빠져나와 도시에서 빈민으로 살아가거나 둘뿐이었다. 하지만 밀림을 빠져나오는 것만도 결코 쉬운 일이 아니었다.

　풍토병으로 가족을 모두 잃은 에토는 일본 정부에 항의하기로 결심하고 도시로 떠난다. 겨우 일본 영사관을 찾아가지만 영사는 들은 척도 하지 않는다. 비참한 실태를 본국에 알리려는 계획이 실패한 에토는 악착같이 일해 성공을 거두어 10여 년 만에 마을로 돌아간다. 하지만 마을은 이미 폐허가 되었고, 친구의 아들 케이만이 원주민처럼 살아가고 있었다. 에토와 케이가 짐승처럼 생존만을 위해서 살아가고 있을 때, 일본은 승승장구하고 있었다. 눈부시게 발전하는 일본의 모습을 지켜보면서, 에토는 결심했다. 우리를 버린, 우리를 속이고 죽음으로 내몬 그들에게 복수하겠다고.

『와일드 소울』은 복수에 대한 이야기다. 1장은 에토의 일대기를 그린다. 그들이 왜 그렇게 비참한 상황에 내몰렸는지, 어떻게 살아남았는지를 생생하게 그려낸다. 1장을 읽고 나면, 에토와 케이의 복수에 기꺼이 동참하고 싶어진다. 그들이 피해자라는 것이 너무나 명백하고, 가해자인 일본 정부와 책임자들이 아무 책임도 지지 않고 떵떵거리며 살아가는 꼴이 화가 나기 때문이다. '나는 잘못이 없고, 국가를 위해서 했을 뿐'이라고 말하는 인간과 조직. 가키네 료스케는 그런 조직형 인간들을 질타한다.

1966년생인 가키네 료스케는 이런저런 회사를 다니다가 2000년 『오전 3시의 루스터』로 산토리 미스터리 대상을 받으며 화려하게 데뷔했다. 2004년 세 번째 작품인 『와일드 소울』이 오오야부 하루히코상, 요시카와 에이지 신인상, 일본추리작가 협회상을 받았고 다음 작품인 『너희에게 내일은 없다』로 야마모토 슈고로상을 받았다. 나오키상은 받지 못했지만, 대중적인 문학에 주는 웬만한 상은 다 받은 셈이다. 『너희에게 내일은 없다』는 해고전문회사의 직원이 구조조정 대상인 직원들과 면담하며 벌어지는 이야기고, 『히트 아일랜드』는 거리의 청년들과 폭력조직의 쫓고 쫓기는 추격전을 그린 액션 소설이다. 가키네 료스케는 본격추리보다는 인간 군상의 다사다난한 풍경과 액션을 그려내는 '모험 소설' 작가 쪽이라고 할 수 있다.

가키네 료스케의 유명한 취미 중 하나는 비 앵글로색슨계 나라들을 여행하는 것이다. 즉 미국과 영국, 유럽 국가 일부는 제외하고 주로 남미와 아프리카 등을 떠돌아다닌다. 자신이 좋아하는 곳을 소재로 담은 『와일드 소울』에서도 브라질을 묘사한 장면들은 생동감이 넘친다.

또한 브라질과 일본을 비교하며 풍자하는 시선도 예리하다. 이를테면 브라질 인들은 가난하면 가난한 대로 편안하게 자신을 드러내지만, 일본인들은 타인의 시선에 신경을 쓰면서 아닌 척한다는 것. 일본은 선진국이 되었지만, 사람들도 과연 그만큼 자유롭고 진정한 풍요를 누리고 있는 것인지에 대한 질문들을 『와일드 소울』은 던진다. 다소 낭만적인 시선도 비치지만, 팍팍한 도시의 일상에만 젖어 있는 사람에게 브라질의 훈풍은 전혀 새로운 경험이다. 모든 것을 합리적 이성과 효율로서 사고하는 것이 아니라, 삼바 음악처럼 내키는 대로 느껴지는 대로 움직이고 살아가는 것. 케이를 사랑하게 된 일본 여인의 흔들리는 마음처럼, 『와일드 소울』의 브라질은 사람을 끌어

당기는 힘이 있다.

그러니까 어쩌면 에토와 케이의 복수는, 일본이라는 나라를 그토록 삭막하게 만든 이들에 대한 도전이기도 하다. 잘못을 저지르고도 반성하지 않는 자들이 여전히 지배하고 있는 사회에서는 사회의 모순을 아무리 고발해도 소용이 없다. 게다가 세상에는 인정된 범죄보다, 인정되지 않은 만행들이 더욱 많다. 그런 피해에 대해서는 보상을 받을 수도 없고, 사과를 받을 수도 없다. 그렇다면 어떻게 해야 할까? 끊임없이 호소하고, 청원하는 것만이 유일한 방법일까? 가끔은 이 세상에, 정당한 폭력도 필요하다는 생각이 든다. 이를테면 국가에 대한 폭력적인 저항 같은 것. 전경을 때리는 게 아니라, 국가에 정면으로 맞서는 어떤 방법 같은 것들.

물론 폭력은 나쁘다. 그건 진실이지만, 때로는 필요악도 존재한다. 모든 폭력을 부정하는 것이 아니라, 진정한 폭력이 무엇인지를 가려낼 줄 아는 눈이 더 필요할 수도 있다. 에토와 케이의 행동에 대해서 '테러'라고 말할 수도 있다. 하지만 그들에게는 원칙이 있다. 무고한 사람은 죽이지 않는다, 라는 전제. 타깃을 정해서 폭력을 행사하고, 무고한 불특정 다수를 희생시키지 않는 것. 그렇다면 정당한 테러가 성립할 수도 있다. 이를테면 일제시대의 안중근 의사를 생각해보자. 조선을 일본 식민지로 만든 책임이 있는 이토오 히로부미를 총으로 저격한다. 그것은 강자인 일본의 입장에서는 테러라고 부르겠지만, 그들에게 모든 것을 빼앗기고 호소할 방법조차 없는 조선인에게는 유효한 수단이다. 우리의 입장에서는 의거가 될 수밖에 없다. 안타깝게도 요즘에는 한국에서조차 안중근과 김구를 테러리스트라 부르는 사람들도 있지만.

테러가 반드시 없어져야 할 행동임은 분명하다. 하지만 테러와 함께 사라져야 할 것은 전쟁이다. 강대국들이 자신의 이익을 위해 벌이는 전쟁, 힘으로 위협하여 약소국이나 소수민족을 억압하고 희생시키는 상황이 존재하는 한 테러 역시 사라질 수가 없다. 『와일드 소울』의 복수 역시, 거대한 폭력에 대항하기 위한 소수의 저항이다. 다만 사회적으로 공인된 범죄가 아닌 '공적인 이익'을 명분으로 내세운 국가나 기업의 만행에 복수하는 것은, 패배가 예정된 싸움이다. 그래서 『와일드 소울』의 에토와 케이를 보고 있으면, 처절하고 슬프다. 복수를 한다 해도, 국가는 다시 법적으로 허락된 범죄를 저지를 테니까.

그렇다면 유일한 도피처는 바깥으로 도망치는 것이다. 케이에게는 돌아갈 브라질이 있었기에, 『와일드 소울』은 완벽한 하드보일드가 될 수 없었다. 국가에 대한 복수는 결코 낭만적인 도취가 아니다. 그건 최후의 비명이다. 이 땅에서 살아가는 자에게 도피란 결코 존재하지 않으니까.

신분상승 욕구와
허영심으로 인한 몰락

『이유』
미야베 미유키

'하우스 푸어'라는 말이 요즘 유행이다. 빚을 내서 집을 샀다가 금리는 인상되고 집값이 떨어지면서, 집 때문에 오히려 가난하게 사는 사람들을 말한다. 한때 부동산은 황금알을 낳는 거위였다. 서울 경기 지역의 아파트에 당첨되면 몇 년 만에 수억의 프리미엄이 붙는 것이 당연시되었다. 그래서 수많은 중산층은 저축보다 아파트에 매달리고, 아이들 교육을 위해서 강남으로 진입하려고 발버둥을 쳤다. 그 결과는 지금 보는 대로다. 일찍 부동산 투기에 성공한 사람들은 벼락부자가 되어 상류층에 진입했겠지만, 뒤늦게 들어선 이들은 오히려 '하우스 푸어'란 엄청난 불이익을 얻게 되었다.

 그런데 궁금하다. 돈을 버는 것이 많은 사람들의 목적이긴 하지만,

그렇게 '신기루'에 매달린 이유는 대체 뭘까? 심지어 최근 몇 년간은 부동산 가격이 하락한다는 전망이 수없이 대두됐다. 일각에서는 여전히 부동산 가격이 상승할 것이고 일시적인 침체라고 속였지만, 조금만 눈을 돌리면 하락의 이유가 너무나도 분명했다. 장기적인 경기 침체, 양극화와 실질 소득의 감소, 출산율 저하와 1인 가족 증가 등등. 하지만 눈에 빤히 보이는 것을 두고도, 사람들은 종종 미망에 사로잡힌다. 자신만은 그런 명백한 위험을 벗어나 '성공'이라는 꿈을 이룰 수 있을 것이라고 생각한다. 대체 왜?

　나오키상 수상작인 미야베 미유키의 『이유』는 고층아파트에서 벌어진 일가족 살인사건의 이면을 파고드는 범죄소설이다. 허영심으로 호화 아파트를 무리해서 구입한 젊은 부부는 결국 빚을 갚지 못해 집이 경매에 넘어간다. 부부는 소위 '버티기꾼'을 이용하여 최대한 피해를 줄여보려 하지만, 상황은 전혀 예상하지 못했던 방향으로 흘러간다. 이들 부부가 구입한 아파트는 일본의 버블 경제 초입에 착공하여 버블의 붕괴와 함께 입주가 시작되었다고 설정되어 있다. 한국의 하우스 푸어와 거의 흡사한 형국이다. 그 아파트가 위치한 곳은 이전에 합성염료회사가 있었고 서민들이 모여 살던 소위 '시타마치'였다. 소박하게 공동체의 삶을 누려온 마을에 갑자기 등장한 고층 아파트. 총 785세대가 입주한 아파트는 '사카에쵸 일대의 영세한 공장과 상점과 낡은 단독주택이 혼재하는 거주공간하고는 차원을 달리하는 별천지'였다. 그 아파트의 느낌을 마을 토박이의 시선을 빌어 말하면 이렇게 된다.

어지러울 정도로 높은 아파트 창문을 밑에서 이렇게 올려다보면서 생각을 했어요. 저 안에 사는 사람들은 당연히 갑부들이고 세련되고 교양도 있고 옛날 일본인의 감각으로는 상상도 못할 생활을 하고 있을 거라고. 하지만 그건 어쩌면 가짜인지도 몰라요. 물론 실제로 그런 영화 같은 인생을 사는 사람도 있을 것이고, 또 그것은 그것대로 점점 진짜가 되어가겠지요. 하지만 일본이라는 나라 전체가 거기에 다다르기까지는, 얇은 껍데기 바로 밑에는 예전의 생활 감각이 그대로 남아 있는 것 같은 위태로운 연극이 아직은 한참 동안 계속되지 않을까요? …… 웨스트타워를 올려다보고 있을 때, 뭐랄까, 갑자기 화가 꾹 치밀어 오르더군요. 자기 안에 살고 있는 비열한 사람들을 전혀 아랑곳하지 않고 저렇게 떡하니 버티고 서 있잖아요. 저런 곳에 살면 사람이 못쓰게 돼요. 사람이 건물의 품격에 장단을 맞추려고 영 이상하게 돼버리는 것 같아요.

아파트를 산 부부는 상승 욕구와 허영심 때문에 무리해서 아파트를 샀다가 빚에 시달린다. 경매에 넘어간 아파트를 산 남자도 학력 콤플렉스에 시달리다가, 부자가 되는 것만이 무시당하지 않는 길이라고 생각했다. 그들에게 '아파트'란 자신의 정체성을 표현하는 직접적인 수단이었다. 자신의 치욕스러운 과거를 지워버릴 수 있는, 압도

석인 물질. 하지만 그들은 아파트 때문에 스스로 붕괴해버린다. 과거란 지워버린다고 지울 수 있는 게 아니다. 버린다고 버릴 수 있는 게 아니다. 버리고 뒤돌아설수록, 오히려 아귀가 되어 달려들기 마련이다. 그 과거를 끌어안고, 그 과거가 만들어낸 것이 나임을 이해하고 인정할 때 미래가 시작되는 것이다.

사람을 사람으로 존재하게 하는 것은 '과거'라는 것을 야스타카는 깨달았다. 이 '과거'는 경력이나 생활 이력 같은 표층적인 것이 아니다. '피'의 연결이다. 당신은 어디서 태어나 누구 손에 자랐는가. 누구와 함께 자랐는가. 그것이 과거이며, 그것이 인간을 2차원에서 3차원으로 만든다. 그래야 비로소 '존재'하는 것이다. 과거를 잘라낸 인간은 거의 그림자나 다를 게 없다. 본체는 잘려버린 과거와 함께 어디론가 사라져버릴 것이다.

『이유』에서 미야베 미유키는 현대인이 '인간다움'을 잃어버린 이유가 어디에 있는지 추적한다. 단지 수수께끼를 '해결'하려는 것이 아니다. 범죄소설에서 범인이 누구이고, 동기가 무엇인지를 찾아가는 것은 당연하지만 『이유』는 조금 다른 길을 택한다. 사건에 얽힌 수많은 사람을 찾아가 직접 인터뷰를 하는 형식으로 소설은 이루어져 있다. 범죄의 증거를 모으고 동기를 찾기 위해 사람을 만나는 것만이 아니라, 사건에 직간접으로 얽힌 개인의 일상과 역사를 더욱 더 중요하게 그려내고 있다. 젊은 부부, 경매로 그들의 집을 낙찰 받은 가족, 가족으로 위장한 버티기꾼들, 용의자가 숨어 있었던 여관의 가족. 그 모든 것을 『이유』는 세밀하게 추적한다.

해설을 쓴 소설가 시게카쓰 기요시의 말을 빌리면 '(『이유』는) 몇 개의 착종된 수수께끼를 푸는 이야기이자 하나의 사건에 얼마나 많은 사람이 관련되어 있는지를 풀어내는 이야기이기도 하다. 게다가 그들을 그저 많은 사람들이라는 집합명사에 묶어두지 않고 개개인의 윤곽을, 그 깊이와 음영까지 지극히 꼼꼼하고 선명하게 그려낸 이야기다.' 미야베 미유키는 서스펜스 대신에 '이유'를 택했다. 그들이 저마다 얼마나 많은 사연과 이유를 가지고 있는지, 그 작은 개인들이 모여 어떤 시대가 만들어지는가를 보여준다. '현대 일본의 빛과 어둠을 드러내고, 사회와 인간을 폭넓게 그린 발자크적인 작업'이란 말처럼 『이유』는 개인을 통해 '시대'를 그리기 위해 최선을 다한다.

『이유』를 읽고 나면, 1990년대 당시의 일본인들이 어떤 생각으로, 어떤 사회에서 살아갔는지를 조금 알 수 있다. 『이유』에 등장하는 많은 가족과, 집과, 관계를 통해 일본만이 아니라 현대 사회 전체가 어떤 위기상황에 놓여 있었는지가 느껴진다. 분명히 풍요로워졌지만, 확실히 무엇인가가 뒤틀려져 있다. '얇은 껍데기 바로 밑에는 예전의 생활 감각이 그대로 남아 있는 것 같은 위태로운 연극이 아직은 한참 동안 계속되지 않을까.' 하지만 소위 매스컴이 전하는 것들은 대체로, 그 껍데기뿐이다. '매스컴이라는 것을 거치고 나면 진짜는 아무엇도 전해질 수 없다. 전해지는 것은 진짜처럼 보이는 것들뿐이다. 그리고 그 진짜처럼 보이는 것들은 종종 완전한 허구 속에서 끄집어 올려진다.' 미디어가 원하는 것은 그럴듯한 허구일 뿐이다. 멋진 신세계일 뿐이다.

아무리 세월이 흘러도, 인간은 여전히, 모든 것을 짊어진 채 살고 있다. 아무리 시대가 바뀌어도, 아무리 풍요로워져도 근본적인 인간의 조건은 바뀌지 않는다. 사람들은, 그걸 잊으려 한다. 아니 잊은 척 한다. 멋진 포장을 한다. '사람들이 건물의 품격에 장단을 맞추려고 영 이상하게 돼버리는' 것처럼. 진짜 자기를 잃어버리고, 오로지 장식과 포장에만 혈안이 되어버리는 세태가 『이유』에서는 너무나 성실하고 차분하게 그려진다. 그러면서 서민들의 살아가는 '일상' 그 자체를 은근히 추켜세운다. 자신의 존재를 인정하고, 주변 사람들과 어울리면서 작은 미래를 만들어나가는 소소한 일상을.

직장이란 이름의
전쟁터

『은행원 니시키 씨의 행방』
이케이도 준

대공황 시대, 2번이나 탈옥에 성공한 은행 강도 존 딜린저는 대중에게 인기가 높았다. FBI를 탄생시킬 정도로 경찰의 추적을 따돌리는 신출귀몰하는 행각과 오로지 은행만을 털었던 범죄 이력 때문이다. 당시 돈도 없고, 일자리도 없었던 대중은 정부와 은행에 대한 불만이 하늘을 찌르고 있었다. 은행의 수법은 예나 지금이나 한결같다. 기업이나 농장에 돈을 빌려주면서 확장을 부추기다가 불황이 닥치면 바로 회수해간다. 돈이 없으면 공장, 농장, 집 등을 바로 경매에 붙인다. 미국이나 한국이나 일본이나 똑같이. 대체 은행이라는 곳이 어떻기에 그런 피도 눈물도 없는 짓을 하는 것일까? 이케이도 준의 『은행원 니시키 씨의 행방』을 보면 어느 정도 이유를 알 수 있다.

『은행원 니시키 씨의 행방』의 1장 「톱니바퀴가 아니야」는 은행 지점장이 되기 위해 물불 안 가리는 부지점장 후루카와의 이야기다. 후배 점원을 닦달하다가 폭행까지 저지르고, 그 사실이 본사에까지 알려져 오점이 찍히게 된다. 은행을 위하여, 실적을 위하여 모든 행원이 절대 복종해야 한다고 믿는 후루카와의 가치관은 한참 낡은 것이다. 2장 「상심가족」에서는 대출에서 많은 실적을 올려 가족과 함께 해외 지점으로 나가고 싶어 하는 도모노가 나온다. 언젠가부터 출세길에서 멀어져만 갔던 도모노가, 거래처에서 무릎까지 꿇어가며 매달리는 모습은 정말 처절하다. 3장 「미운 오리 새끼」에서는 20대 초반에 가장이 되어버린 고달픈 여행원 아이리가 인기 많은 선배와 사귀다가 동료 여행원에게 미움을 받고, 은행 내에서 분실된 100만 엔을 가로챈 용의자로 의심받게 된다. 그러면서 아이리를 감싸주는 상사인 니시키가 드디어 등장한다.

　제목은 『은행원 니시키 씨의 행방』인데, 왜 니시키는 80쪽이 넘어서야, 3장이 되어서야 등장하는 것일까? 게다가 니시키가 성발로 사라지는 것은 또 한참 뒤인 170쪽 이후다. 통상의 추리소설이라면 니시키가 초반에 사라지고, 그 행적을 찾아가다 보면 뭔가 엄청난 흑막이 드러나는 것이 일반적인 구성일 것이다. 하지만 『은행원 니시키 씨의 행방』은 특이한 행보를 취한다. 이야기의 무대가 되는 도쿄제일은행 나가하라 지점에서 일하는 사람들의 이야기를 세세하게 들려주면서 은행이라는 공간이 대체 어떤 곳인지를 보여주고, 무한경쟁사회에서 살아남아야 하는 샐러리맨의 인생을 파란만장하게 그려낸다. 기본적으로『은행원 니시키 씨의 행방』은 샐러리맨으로 살아가야 하는 사람들의 우여곡절을 그려낸 드라마에 가깝다. 그러면서 니시키의 이야기를 슬쩍 끼워 넣고, 다시 행방을 묘연하게 만들면서 '추리소설'의 기본 요건을 마련한다.

하지만 소설은 니시키가 사라진 후에도 결코 행적 찾기에만 몰두하지 않는다. 니시키가 했던 업무를 다른 은행원들이 인계받으면서 진행해야 했던 일들 속에서, 자연스럽게 실종 사건의 전모가 드러난다. 탐정이나 형사 한 사람의 탁월한 재능이 아니라 자신의 일에 충실했던 사람들이 찾아낸 단서를 통해 니시키의 행방을 예측할 수 있는 증거들이 모이는 것이다. 모든 것은 그들의 일상생활과 업무 안에서만 이루어진다. 그것이 바로『은행원 니시키 씨의 행방』이 탁월한 추리물로서도 기능할 수 있는 이유다. 필사적으로 범인을 찾아내는 누군가가 존재하는 것이 아니라, 생활의 연장에서 '범죄'의 이유가 밝혀진다. 그를 반드시 찾아내야 하는 절실한 이유보다는, 그가 사라져야만 했던 간절한 이유가 마침내 밝혀진다. 범죄를 중심에 두고 이유를 생각하는 것이 아니라, 현실에서 범죄가 만들어질 수밖에 없었던 이유를 찾아내는 것이다.

『은행원 니시키 씨의 행방』의 작가인 이케이도 준은 게이오 대학을 졸업한 후 미쓰비시은행에 근무하다가 소설가로 전업했다. 98년『끝없는 바닥』이 에도가와 란포상을 받았고 이후『하늘을 나는 타이

이』로 나오키상 후보에도 올랐다.『청색의 수수께끼』,『M1』,『미스트』,『주가폭락』등 자신의 경험과 장기를 잘 살려 금융 미스터리라는 장르에 매진하고 있다.『은행원 니시키 씨의 행방』에서 드러나듯이, 은행원으로의 경력은 작품의 현실성만이 아니라 세밀한 트릭과 심리 묘사 같은 세부적인 테크닉에까지 영향을 끼친다. 본점 검사부의 구로다 미치하루가 나카하라 지점의 감사를 마친 후 구조 지점장과 숨 막히는 암투를 벌이는 7장「은행 레이스」가 대표적이다. 지점에서 100만 엔 도난사건을 적당히 얼버무렸다는 것을 알아낸 구로다에게 구조 지점장이 1대 1 면담을 요구한다. 그 결과 구로다는 손을 들고 만다. 구조 지점장은 조직에서 살아남기 위해, 아니 출세하기 위해 모든 것을 이용하는 인간이었다. 이케이도 준은, 은행원이란 사람들에는 어떤 타입이 있는지, 아니 어떤 인간이 존재할 수 있는지를 탁월하게 그려낸다.

『은행원 니시키 씨의 행방』의 원제는 '샤일록의 아이들'이다. 셰익스피어가 쓴『베니스의 상인』의 등장인물인 샤일록은 이후 고리대금업자의 대명사가 되어버렸다. 이케이도 준은 일본의 은행을 샤일록에 비유한다. 80년대 거품 경제였을 때에는 무조건 돈을 빌려주며 거래업체가 부동산을 사고 건물 신축을 하게 부추겼다가, 거품이 꺼지고 불황이 닥치자 마구잡이로 대출금을 회수하며 중소기업을 도산하게 만들었던 은행은 고리대금업자와 다를 게 없다. 후루카와 부지점장에게 반항하는 직원은, 본사에서 팔라고 강요하는 신탁이 실제로는 이익을 남길 가능성이 희박하다고 생각하고 있다. 그 사실을 뻔히 알면서도 지점에서는 실적을 올리기 위해 무조건적으로 신탁 판매를 강요한다. 젊은 직원들은 '이상한 걸 이상하다고 말하지 못하는 이런 조직에 수십 년씩 아무렇지도 않게 지내는 그 무신경함을 이해할 수 없'다고 생각한다. 결국 은행이 목표로 하는 것은 고객의 이익이 아니라, 오로지 은행의 이익일 뿐이다. 그것을 알면서도 회사를 위해, 아니 자신의 출세를 위해 타인만이 아니라 자기 자신까지 속여야 하는 현실은 가혹하다. '은행이라는 직장에서 오래 일하기 위해서는 자신의 감정을 다스리고 '감정'과 '현실'의 갈등을 이겨내 항상 일에 적극적인 태도를 유지해야'만 하는 것이다. 무자비한 샤일록의 아이들로 살아가기 위해서는 개인의 감정 같은 것은 버려야 한다.

『은행원 니시키 씨의 행방』에 등장하는 다양한 인물 중에서, 은행이 요구하는 이상적인 직원은 아마 구조 지점장일 것이다. 구조 지점장은 어떤 경우에도 흔들리지 않고 실적을 올리며 출세의 길을 향해 달려간다. 구조야말로 가장 비인간적이고, 가장 기계적인 인간이다. 인간답게 살겠다고 생각한다면 출세를 포기하고 살아가는 수밖에 없다. 자신에게 만족하고, 자신의 처지를 받아들이면서. 하지만 가족에게 보다 넓은 집을 마련해주고, 아이의 더 좋은 교육을 위해서는 출세를 해야만 한다. 자신의 명예를 위해서도 올라가야만 한다. 그렇게 생각한다면 둘 중 하나다. 승자가 되던가, 패자가 되던가. 그런 이분법에서 대부분은 후자로 떨어진다. 자신이 패자로 떨어질 수밖에 없다는 것, 자신이 이미 패자라는 것을 알게 되는 순간 그는 더 이상 과거의 자신으로 머무를 수 없다. 누군가는 정신이 이상해지고, 누군가는 범죄를 저지르게 되고, 누군가는 무기력해진다.

한 은행원은 그런 아버지를 보고 자랐다. '소박했던 농가의 장남은 고도성장기의 사풍에 물들어 완벽하게 세뇌돼버렸다. 샐러리맨 사회의 질서와 규칙이 순진무구한 머리에 들어가면서 아버지는 완전히 다른 인격의 인간으로 변한 것이다.' 그는 그런 인간이 되고 싶지 않았다. 그러기 위해서는 절대로 패배자가 되지 말아야 한다고 생각했다. '아버지는 패배자였다. 패배자는 처음부터 패배자였던 게 아니라 스스로를 패배자로 인식하는 순간부터 패배자가 되는 것이다.' 그는 패자가 되지 않기 위해서, 결정적인 순간에 하지 말아야 할 행동을 했다. 거기에서 모든 일이 시작된다. 모든 것이 어긋나버린다. 그는 더 이상 과거로 돌아갈 수 없다. 이미 인간이 아닌, 피도 눈물도 없는 샤일록의 아이가 되어버린 것이다.

결국은 살아남기 위한 것이다. 하지만 자신만의 생존을 위해서 살아가는 것은, 자연의 법칙이 온전하게 지켜질 때에나 가능한 말이다. 이미 인간 사회에서 자연의 법칙은 무너졌고, 승자 독식의 룰만이 존재한 채 모든 것이 무한경쟁의 양극화로 달려가고 있다. 그 안에서 우리는 언제나 패배자이거나 샤일록의 아이가 될 수밖에 없다. 니시키가 그랬듯이, 모든 규칙을 무시하고 어디론가 사라지지 않는 한은. 그것이 지금 우리가 직면한, 냉혹한 사회의 현실이다.

조직에서 출세하지 않고 살아남는 법

『바티스타 수술팀의 영광』
가이도 다케루

조직에서 살아남는 것에도 여러 가지 방법이 있다. 냉소적으로 말하면 능력보다는 연줄이 우월하다. 조직이 조금만 커지면 파벌이 생기니까, 잘 판단해서 자기를 의탁할 파벌에 들어가는 것만으로도 출세할 수 있다. 능력이 없어도 출세할 수 있다는 점에서, 누구나 쉽게 택하는 방법이다. 반면 긍정적으로 말하면, 능력이 출중하면 파벌 없이 살아남는 것도 가능하다. 그럼에도 세상을 살다 보면, 능력 있는 사람이 출세하는 경우가 의외로 많지 않음을 알게 된다. 능력도 있고 사람들과 관계도 잘 푸는 경우라면 가능하지만 오로지 능력만으로 조직에서 성공하기란 쉽지 않다. 잘해봐야 토사구팽 당하기 일쑤다.

가이도 다케루의 『바티스타 수술팀의 영광』에는 대단히 특이한 방법으로 조직에서 살아남은 두 사람이 주인공으로 나온다. 먼저 도조대학 의학부 부속병원의 의사인 다구치. 국내에서도 드라마로 각색했던 소설『하얀 거탑』이라던가 만화『의룡』,『헬로우 블랙잭』등을 보면 일본 의학계에서 의국(醫局)의 힘은 거의 절대적이다. 의국의 눈 밖에 나거나 인정을 받지 못하면, 시골 개인병원 말고는 그 의사가 살아남을 길은 거의 없다. 그런데도 다구치는 의국의 경쟁 틈바구니에서 살아남았다. 아니 살아남은 정도를 넘어, 굳건하게 자신의 자리를 지키고 있다. 다만 한직에서.

다구치에 대한 세간의 평가는 '병원의 출세 경쟁에서는 벗어나 있으면서도 대학에 계속 남아 있는 터프한 분'이지만 스스로는 '잘못된 평가입니다. 하고 싶은 일은 하고, 하기 싫은 일은 꽁무니를 뺀다. 그렇게 멋대로 지내는 게으름뱅이'라고 말한다. 둘 다 맞는 말이다. 다구치는 피에 대해 생리적인 혐오를 느껴 신경내과학 교실로 자원했다가, 다시 실험에서 손을 떼고 임상과 잡일에 헌신했다. 남의 당직도 대신 서주고, 상사 사리가 들어왔을 때는 실력 부족을 이유로 거절하기도 했다. 요컨대 출세에는 전혀 상관하지 않고, 자신이 있을 자리만 지키는 타입인 것이다. 의대를 다닐 때부터, 건물 한구석에 박힌 빈 사무실에 들어가서 '언젠가는 여기서 아무 생각 없이 시간을 보낼 수 있게 되면 좋겠다고 꿈꾸던' 사람이기에 가능한 생존법이다. 이렇듯 무위한 인간이 되면, 굳이 시비를 거는 사람도 없는 법이다.

다만 다구치가 능력이 없었다면, 그렇듯 순하게 살아가는 것은 절대로 불가능하다. 다구치가 맡은 곳은 '부정수소외래'다. '부정수소'란 경미하지만 끈덕지게 환자에게 달라붙어 검사를 해도 기질적인 원인이 발견되지 않는 사소한 증세 전반을 말한다. 즉 정확한 이유는 없지만, 환자가 호소하는 고통이나 문제 같은 것들. 부정수소를 호소하는 환자들을 기존 조직에서는 다루기 힘들기에, 다구치에게 보낸다. 그러면 다구치는 환자의 하소연을 흘려듣거나 내버려두는 것으로 치료한다. 즉 부정수소의 대부분은 환자의 스트레스나 불만 혹은 심리적 이유에서 나온 증상인 것이다. 그러니 환자의 말을 잘 들어주고 맞장구를 치다 보면 대개는 해결된다. 부정수소의 진짜 이유는 '의사가 지닌 퍼스널리티와 커뮤니케이션 능력, 즉 의사로서의 종합적인 자질이 문제'인 것이다. 다구치는 부정수소를 만들어내는 의사들의 그런 오만을 꿰뚫어보는 동시에 그들의 과오를 해결할 수 있는 능력이 있다. '다른 사람의 이야기에 진심으로 귀를 기울이면 문제는 해결된다. 그리고 상대방의 진심을 듣기 위해서는 내 입을 다물 필요가 있다. 중요한 것은 그뿐이다. 물론 그게 생각보다 훨씬 어려운 기술이기는 하지만.' 다구치가 의국에서 살아남을 수 있는 이유는 그 능력 덕이고, 결국 위험한 임무까지도 맡게 된다.

    도조 병원에는 미국의 심장병 전문병원에서 초빙되어 온 의사 기류 고이치가 있다. 그의 전문 분야는 확장형 심근증의 치료방법으로, 비대해진 심장을 잘라 작게 만드는 바티스타 수술. 워낙 어려운 수술이라 성공률은 60%이지만 기류는 뛰어난 실력으로 단 한 번의 실패도 없었다. 하지만 최근 3번의 수술이 연속으로 실패하자 다카시나 병원장은 다구치에게 내부 조사를 명령한다. 단순한 수술 실패인지, 의료사고인지, 아니면 의도적인 뭔가가 있는지를 밝혀내라는 것이다.

『바티스타 수술팀의 영광』은 제4회 '이 미스터리가 대단하다!' 대상을 받은 작품이다. 현직의사인 가이도 다케루는 2006년 데뷔작인 『바티스타 수술팀의 영광』을 발표했고 이후 1년에 3, 4편씩의 기세로『나이팅게일의 침묵』,『제너럴 루즈의 개선』등 의학과 의료현장을 다룬 소설을 연속으로 발표했다. 본격 미스터리의 시각으로 본다면 가이도 다케루의 소설은 미스터리가 중심에 놓인 작품은 아니라고 말할 수 있다. 수수께끼와 범인이 있다 해도, 사건 해결이 소설의 결말을 짓긴 해도 가이도 다케루의 작품은 캐릭터를 중심으로 움직이는 엔터테인먼트 소설에 더욱 가깝다. 그러면서 '의료시스템과 의료인이 만들어낸 밀실'의 근본적인 문제가 무엇인지, 그 의문을 추적한다. 의료현장에 대한 해박한 지식과 경험 그리고 통찰력으로 현대 일본 의료계의 모순을 예리하게 짚어내면서, 매력적인 인물들로 재미를 더한다. 각 인물의 생각과 행동 그리고 그들의 충돌이 빚어내는 다양한 화학변화를 보는 것만으로도 순식간에 빨려 들어간다. 수수께끼를 푼다기보다 마구 끌려 들어가는 것 같다고나 할까. 데뷔하자마자 가이도 다케루가 인기작가로 떠오른 이유는, 선명하면서도 인간적인 캐릭터를 자유자재로 활용하는 필력 덕분이었다.

『바티스타 수술 팀의 영광』에는 다구치와 함께 또 하나 최강의 캐릭터가 등장한다. 여유 만만한 다구치를 꼼짝 못하게 하는 인물은 후생노동성의 공무원 시라토리다. 지나간 곳은 풀도 나지 않는 황무지가 된다는 의미인 화식조를 별명으로 가진, 안하무인에 모든 것이 자기페이스인 괴짜. 시라토리에게는 또 하나의 별명이 있다. 로지컬 몬스터. '중요한 것은 사실인가 아닌가를 증명하는 게 아닙니다. 사실이라는 가정 하에 사물과 현상을 움직여 갔을 때, 마지막까지 모순 없이 성립하느냐 아니냐를 확인할 것. 모든 가능성을 검토하고, 모든 것을 의심할 것.' 멋진 논리와 설득력을 지닌 시라토리는 모든 전제를 철저하게 의심하고, 다양한 방법으로 본심을 숨기거나 맨 얼굴을 보여주지 않는 인물들의 거대한 벽을 효과적으로 허물어버린다. '어정쩡하고 모호한 입장은 진실 규명의 최대 적입니다. 그 어정쩡함이 진실을 파헤치는 실마리를 놓치게 만드는 겁니다. 그렇기 때문에 앞으로는 살인을 전제로 조사하는 게 낫죠. 그러면 의료 과실도 놓치지 않을 수 있고. 그 반대일 경우에는 놓칠 가능성이 있습니다. 물론 이것도 애당초 범인이 의도한 것이겠지만요.'

다구치와 마찬가지로, 시라토리 역시 철저하게 자신의 길을 고집하는 인물이다. 다만 다구치가 유유자적하는 타입이라면 시라토리는 부딪치고 부숴버리는 타입이다. 후자의 경우 대개는 그러면서 함께 부서지거나 둥글둥글해지는 경우가 많다. 하지만 시라토리는 절대 아니다. 시라토리는 그런 투쟁을 통해서, 더욱 더 '몬스터'가 되어버린다. 그의 이력을 한번 보자. 후생노동성의 문제점에 대해 바른 소리를 했다가 직위에서 밀려나고, 어느 날 출근해보니 책상도 사라진다. 보통 사람이라면 전전긍긍하겠지만 시라토리는 불안도 관심도 없이, 심지어 종합청사에 있는 레스토랑의 테이블 하나를 차지하고 희희낙락한다. 보다 못한 상사가 장관 직속의, 일반적으로는 사고친 인물을 처박아두는 자리에 보내버린다. 아무런 업무도 주어지지 않던 시라토리는 법의학 교실을 다니면서 관련 자격증을 모두 습득한다. 해부의, 사체검안인정의, 법의 인정의 등등을 무려 5년간 따는 것이다. 어떻게 보면 혼자서도 잘 노는 인간이라고나 할까? 시라토리는 남들이 자기를 어떻게 보는가는 일체 신경 쓰지 않는다. 혼자서 놀다가, 결국은 그 자격증들이 실력발휘를 시켜줘 다시 업무를 시작하게 되고, 마침내 다구치까지 만나게 된다.

공격적이고 안하무인인 시라토리와 '하늘에서 온 지장보살님'이라고도 불리는 다구치는 상극처럼 보이지만, 의외로 조화가 잘 맞는다. 일단 조직의 논리대로 움직이는 인간이 전혀 아니라는 점이 같고, 이런저런 것들에 휘둘리지 않고 사물을 보는 시선이 명징한 점도 같다. 그리고 무엇보다 그들은 유머감각이 있다. '나는 애당초 외과에 대해서는 깡통이기 때문에 사소한 경멸은 마음에 두지 않는다. 알고 싶은 것은 이해될 때까지 묻는다'라던가 '하층계급인 나는 권력과 얼마나 거리를 두어야 할지 몰라 버거워하고 있다. 다가갈 수도 없고, 멀리할 수도 없고, 권력이란 까다로운 손님 같은 것이다'라는 말을 아무나 할 수 있는 것은 결코 아니다. 통찰력과 유머감각이 있기에 다구치와 시라토리는 가장 완고하고 폐쇄적인 의국과 관료 틈에서 생존해갈 수 있는 것이다.

　하지만 다구치와 시라토리의 조직 생존법을 아무나 쉽게 따라 할 수 있는 것은 아니다. 시라토리와 다구치처럼 살아가려면 어떤 어려운 사건이나 문제와 맞닥뜨려도 해결할 수 있는 비범한 능력, 모든 질시와 경멸에도 견뎌낼 수 있는 강철 같은 신경줄이 필요하다. 다카시나 병원장은 '룰은 깨기 위해 있는 겁니다. 다만 보다 나은 미래를 가져올 수 있다는 개인적인 확신이 있을 때만 깰 수 있는 거죠'라고 말한다. 조직에 있으면서도 괴짜가 되고 싶다면, 일단 강해져야 한다. 겉으로는 지장보살처럼 보일지라도.

목숨과도 바꿀 수 있는 헌신의 대상

『용의자 X의 헌신』
히가시노 게이고

한국에서도 영화로 만들어졌던 히가시노 게이고의 소설 『백야행』의 주인공은 20여 년의 세월 동안 오로지 한 여인만을 위해 헌신한다. 시작은 이렇다. 낡은 건물에서 전당포 주인 기리하라가 살해된다. 경찰은 기리하라에게 돈을 빌렸던 여인 후미요를 의심하지만, 갑자기 후미요가 자살해 버리면서 사건은 종결된다. 이후 20여 년에 걸쳐 일어나는 다종다양한 사건들. 마쓰모토 세이초의 팬인 사사가키 준조 형사는 그 사건들이 뭔가 연결되어 있음을 감지한다. 그 예감이 맞았다. 기리하라 사건이 종결된 그 시점부터, 기리하라의 아들 료지와 후미요의 딸 유키호는 함께 '하얀 어둠' 속을 걸으면서 갖가지 '사건'들을 만들어냈다. 『백야행』은 료지와 유키호가 성장해가는 당대 일본의 사회풍경을 세세하게 묘사하면서, 그들의 범죄를 차갑게 그려낸다.

『백야행』은 정교하고 기묘한 트릭을 제시하면서 범인의 정체를 밝히는 소설이 아니다. 그렇다고 범인이나 형사의 마음을 적극적으로 보여주지도 않는다. 히가시노 게이고는 오로지 그들의 주변만을 보여준다. 세밀하게 그들이 걸었던 거리의 풍경과 느낌을 담아내는 데 주력한다. 『불야성』의 작가 하세 세이슈는 "이 소설은 가장 중요한 두 사람의 '내면'을 전혀 묘사하지 않는다. 두 사람의 동기도 그리지 않는다. 그들을 둘러싼 사람들의 시점을 통해서만 묘사된다. 사람은 다른 사람의 마음을 읽을 수는 없다. 다른 사람의 시점을 통해 묘사되는 것은, 따라서 두 사람의 행동뿐"이라고 말한다.

그들의 마음은 결코 알 수 없다. 하지만 추측으로 건져 올려지는 그들의 마음이 더욱 애절하다. 결코 이루어질 수 없는, 모든 이들을 파멸로 몰아가는 지독한 사랑이 있었다. 그 사랑에 매혹되고, 소름끼쳐 하면서 그들은 하얀 밤을 걸어왔다. 태양 속을 걸어보는 게 유일한 소망이라고 말하면서도, 그들은 결코 돌아가지 못한다. 이미 어둠을 택한 그들은, 결코 깨어날 수가 없다. 그 참담함을, 히가시노 게이고는 담담한 표정으로 묘사하기만 한다. 그 담담함이, 그들의 슬픔을 더욱 짙게 만든다. 그걸, 단지 바라볼 수밖에 없음이, 『백야행』의 진정한 슬픔이자 독자의 즐거움이다.

『백야행』의 슬픔을 다시 느끼게 한 작품이, 2006년 나오키상을 수상한 『용의자 X의 헌신』이다. 『용의자 X의 헌신』의 주인공은 수학교사인 이시가미다. 이시가미는 수학에 천재적인 재능을 가지고도 대학에 남지 못했다. 인간관계에 서툴고 조직사회에서 성공하기 위한 처세술을 갖지 못했기 때문이다. 이시가미는 수학에 모든 것을 바친, 아니 수학을 위해서 태어난 인간이다. 완벽한 수의 세계는 한없이 아름답다. 수학은 엄정하다. 어느 것도 부족하지 않고, 어느 것도 틀어지지 않는다. 모든 것은 그 자리에 있어야 하고, 모든 것은 나름의 역할을 해야만 한다. 완벽함을 훼손하는 권력이라던가, 파벌이라던가 하는 것들은 용납할 수도 없고, 관심도 없다. 그는 자신이 원하는 것만을 한다.

그 친구는 순수해요. 순수하지요. 이시가미라는 사내 말입니다. 그가 구하는 해답은 늘 단순합니다. 몇 가지를 한꺼번에 구하지 않아요. 거기에 도달하기 위해 선택하는 수단 또한 단순해요. 그래서 망설임이 없지요. 사소한 일에 발목이 잡히거나 하지 않아요. 그렇지만 그런 삶의 방식이 그리 좋다고만은 할 수 없을 겁니다. 얻는 게 아무것도 없어요. 늘 그런 위험과 함께 하지요.

성공의 길에서 이탈한 이시가미는 평범한 수학교사로서 살아간다. 오로지 수학에 열중하며 살아가던 이시가미는 옆집에 사는 여인 야스코를 짝사랑하는데, 어느 날 문제가 생긴다. 돈을 갈취하던 전 남편이 찾아와 행패를 부리다가, 야스코와 딸 미사토에게 살해당한 것이다. 남편의 폭력에 저항하다가 정당방위로 죽인 것. 당황하여 어쩔 줄 몰라 하는 모녀에게, 옆집의 고등학교 수학교사 이시가미가 찾아온다. 우연히 모든 상황을 듣게 되었다면서, 자신이 모든 일을 처리하겠다고 말한다. 며칠 후, 남편이 시체로 발견되고 경찰이 모녀를 찾아오지만 알리바이는 확고하다. 뭔가 수상쩍다고는 생각하지만, 경찰은 결코 이시가미가 짜 놓은 알리바이 조작을 깨트리지 못한다.

경찰은 이시가미의 대학 동기인 물리학자 유가와를 끌어들인다. 이전부터 어려운 사건이 있을 때면 유가와에게 도움을 청했던 것이다. 대학 시절 이시가미의 천재적인 재능을 알아차리고 친구가 되었던 유가와는 결국 트릭을 알아낸다. 그런데 유가와의 추리는, 사건의 바깥이 아니라 안에서 출발한다. 즉 이시가미가 어떤 인간인가라는 것에서부터 그의 트릭을 찾아내는 것이다.

'평범한 사람이 복잡한 은폐공작을 벌이다 보면 그것 때문에 오히려 자기 무덤을 파고 말아. 그러나 천재는 그렇지가 않아. 아주 간단명료해. 그러나 평범한 사람은 절대로 생각해낼 수 없고, 평범한 사람이라면 절대로 선택하지 않을 것에서 문제를 복잡하게 만들어버려.' 이시가미는 모든 것을 수학적으로 생각한다. 그가 의미 없이 하는 행동은 없다. 모녀의 알리바이를 만들어내기 위해서, 이시가미는 누구도 깰 수 없는 방법을 찾아낸 것이다.

용의자 X인 이시가미는 모녀를 위해 그들의 알리바이를 만들었다. 그 이유는, 사랑에 의한 헌신이다. 하지만 시체를 바꾸는 것을 통해 만들어낸 시간의 알리바이는 파고들 여지가 있다. 그래서 이시가미는 두 번째 알리바이를 만든다. 자신이 일방적으로 야스코를 짝사랑하여 전 남편을 죽이고 가짜 알리바이까지 만들어냈다고 주장하는 것이다. 자신을 철저하게 악인으로 만들고, 자신이 사랑하는 사람을 보호하기 위한 알리바이. '결코 미안한 마음 같은 것은 갖지 마세요. 당신이 행복해지지 않는다면 나의 노력은 모두 무의미하게 되고 말 것이므로.'

이시가미가 만들어낸 알리바이는 모두, 헌신에서 비롯된 것이다. 그 헌신을 알지 못한다면, 결코 그가 만들어낸 이중의 알리바이를 깰 수 없다. 아니 상상조차 할 수가 없다. 『용의자 X의 헌신』이 목표하는 것은, 이시가미가 만들어낸 트릭의 기발함이 아니라 이시가미의 헌신이 얼마나 엄정한 것이었는지를 보여주는 것이다. 결국 수학적으로는 완벽했던 그 트릭이 무너지는 이유 역시 사랑 때문이다.

그 모녀를 돕는 것은 이시가미에게는 너무도 당연한 일이었다. 그 모녀가 없었다면 지금의 자신도 없다. 죄를 대신하는 것이 아니라 은혜를 갚는 일이라고 생각했다. 모녀는 생뚱맞게 생각할지도 모른다. 그래도 좋다. 사람은 때로 튼실하게 살아가는 것 자체만으로도 다른 사람을 구원해줄 수 있는 것이다.

히가시노 게이고는 '어떻게'보다 '왜'에 더욱 집착함으로써 범죄를 저지를 수밖에 없었던 사람들의 마음을 드러내는 데 심혈을 기울이는 작가다. 데뷔작 『방과 후』에서부터 『악의』, 『백야행』 등 수많은 작품에서, 히가시노 게이고는 하나의 질문에 천착하고 있다. 사람을 죽이는 이유는 대체 무엇일까? 돈이나 치정? 그렇게 단순한 동기뿐이라면, 굳이 수많은 추리소설을 읽고 사람들의 마음을 들여다보려 애쓸 필요도 없다. 히가시노 게이고는 자신의 소설을 읽는 독자에게서 '이런 사소한 이유로도 사람을 죽일 수 있다니'란 말을 듣고 싶다고 말했다. 누군가에게는 별것 아닌 무엇이, 당사자에게는 목숨과도 바꿀 수 있는, 인생의 행로를 바꿀 수도 있는 천재지변이 되기도 하는, 이 세상의 모순된 풍경을 보여주고 싶은 것이다.

히가시노 게이고의 걸작 『백야행』은 범죄를 통해서 시대를 말한다. 우리가 살아가는 이 시대가, 어떻게 범죄를 만들어낼 수 있는가, 한 사람의 인간성과 마음을 어떻게 황폐하게 만들 수 있는가를 말해준다. 반면 『용의자 X의 헌신』은 모든 것을 배제하고, 한 사람의 마음속으로만 들어간다. 우리가 범죄라고 말하는, 그러나 때로는 유일한 탈출구이기도 한 행동의 근원을 파고들어간다. 수학과 과학은 하나의 답을 위해 필요 없는 모든 것을 버린다. 냉정해 보이지만, 그 순수한 탐구에는 인간의 열정과 온정이 숨어 있다. 히가시노 게이고는 과학도의 냉엄한 시선으로 세상을 지켜보면서, 그 안에서 흐르는 따뜻한 피의 흔적을 찾아내는 탁월한 작가다.

운명이
이끄는 곳으로 가라

『가다라의 돼지』
나카지마 라모

『가다라의 돼지』에 대해 이야기하려면, 작가에 대해 먼저 말하고 싶어진다. 작가와 작품을 동일시하는 것은 꽤 위험한 일이지만, 나카지마 라모의 일생을 모른다면 그의 작품들을 제대로 이해하기는 불가능하다. 이를테면 고등학교 때부터 술을 마시고, 20대부터 매일같이 과음한 탓에 30대 중반 알코올성 간염으로 50일간 입원한 경험을 바탕으로 『오늘 밤 모든 바에서』를 썼다는 사실 같은 것. '대마는 인체에 무해하다'면서 대마 합법화를 주장하고 『마귀광대버섯』이라는 마약 체험담을 쓰기도 한 것. 나카지마 라모의 인생은 거의 기행에 가까운 여정이었고, 소설들은 그 좌충우돌과 밀접하게 연관되어 있다.

1952년 태어난 나카지마 라모는 IQ가 185이고, 태어나서 9일째

되는 날의 일을 기억하는 천재라고 한다. 이건 믿거나 말거나. 명문 중고등학교에 들어간 나카지마 라모는 고교 시절부터 술과 약물에 찌들었고 등교를 거부했다. 이후 소설가, 에세이스트, 연극 각본가, 연극배우, 록밴드의 보컬, 광고 카피라이터 등으로 종횡무진 활동했다. 『오늘 밤 모든 바에서』는 요시카와 에이지 문학 신인상을, 『가다라의 돼지』는 일본 추리 작가 협회상 장편상을 수상. 『인체모형의 밤』, 『가다라의 돼지』, 『영원도 절반을 넘어서』가 나오키상 후보에 올랐지만 상을 받지는 못했다. 이 정도의 이력은 약간 특이한 정도. 2003년 대마관리법 위반으로 체포된 나카지마 라모는 징역 10개월, 집행유예 3년을 선고받는다. 구치소에 있는 동안은 220곡의 가사를 썼고, 에세이집 『감옥에서 하는 다이어트』를 냈다. 그리고 '나는 계단에서 떨어져 죽을 것'이란 생전의 말처럼 2004년 7월 술집의 계단을 내려오다가 떨어져 죽었다. 그야말로 질풍노도와 같은 삶이었다. 마음껏 하고 싶은 짓을 하고, 수다한 일을 하면서 멋지게 죽었다. 알게 뭔가. 그의 죽음마저도 스스로 연출했을지.

    소설에서도 제멋대로인 스타일은 여전하다. 『가다라의 돼지』는 무려 757쪽에 달하는 엄청난 분량의 장편소설이다. 모두 3부로 구성되어 있는데, 1부는 아프리카 주술 연구에 정통한 민족학 교수 오우베 가족의 이야기다. 8년 전 케냐에서 딸 시오리를 잃은 후 알코올 중독에 빠졌지만, 여전히 연구를 계속하며 시시껄렁한 오컬트 방송 같은 프로그램에 출연하고 있는 오우베 교수. 딸을 잃은 후유증에서 벗어나지 못하며 우울증을 앓던 아내 이쓰미가 사이비 종교에 빠지자, 오우베는 함께 방송에 출연했던 마술사 미라클에게 도움을 요청한다. 미라클은 신비 현상이나 초능력의 뒤에 숨겨진 거짓과 사기를 폭로하는 일을 했다. 2부는 오우베 가족이 방송국 취재진과 함께 아프리카 주술사를 찾아가는 이야기다. 주술의 나라 케냐, 그중에서도 마을 주민 전원이 주술사라는 마을 쿠미나타투로 향한다. 일행이 찾아간 주술사의 마을은 엄청난 힘을 가진 주술사 바키리 한 명을 두려워하고 있었다. 바키리의 강력한 주술 도구인 '바나나 키시투'가 무엇인지 궁금하게 여긴 오우베의 조수 도만은 홀로 바키리의 집에 찾아가 그것을 훔쳐낸다. 3부는 오우베 일행을 쫓아 일본까지 온 바키리와의 처절한 싸움을 그린다.

『가다라의 돼지』의 내용을 대강 훑어보면 전혀 다른 소설 3편을 이어놓은 것도 같다. 1부는 일본의 인기 드라마였던 〈트릭〉을 연상시킨다. 사이비종교, 초능력자 등 신비한 힘을 가졌다고 주장하는 사람들을 찾아가 트릭과 사기를 폭로하는 물리학자와 마술사의 활약을 코믹하게 그린 〈트릭〉은 2000년 처음 방영된 후 시즌3까지 이어지며 두 편의 극장판을 만드는 대성공을 거두었다. 〈트릭〉이 인기를 끈 이유는, 바로 눈앞에서 펼쳐지는 기적의 수수께끼를 철저히 논리적이고 과학적으로 해명한다는 점이었다. 사람들은 흔히 말한다. 눈으로 보지 않고는 믿을 수 없다고. 하지만 그 말은 정말 위험하다. 〈트릭〉에 나오는 '기적'들은 모두 눈앞에서 벌어진다. 눈으로 보았기 때문에 많은 사람들이 그것을 믿지만, 그것은 트릭과 장치가 있기 때문에 가능한 '현실'이다. 미라클은 반대로 현실이 가장 힘들고 복잡한 곳이라고 말한다. '속임수도 장치도 없는 세계에 관여하는 짓은 무서워서 못합니다'라고. 철저하게 준비된, 모든 것을 꾸며낸 무대 위에서 '기적'은 얼마든지 가능하다.

    그런데 2부에서는 상황이 달라진다. 2부는 교고쿠 나츠히코의 '교고쿠도 시리즈'인 『우부메의 여름』과 『망량의 상자』 등을 떠오르게 한다. 교고쿠도는 언제나 신랄하면서도 냉정하게 초자연적인 사건들의 합리적인 해석에 대해 이야기한다. 이성적으로는 도저히 불가능한, 눈으로 보고도 믿을 수 없는 일들이 어떻게 '현실'에서 가능한지 알려준다. 케냐에서 주술사들과 오우베가 나누는 대화도 비슷하다. 주술이 단순한 믿음의 차원이 아니라 생활 그 자체로서 존재하는 곳. 주술의 '현실적인 힘'이 어떻게 발생하고 작용하는지, 나카지마 라모는 꽤나 친중하게 설명해준다. 현대의 주술은, 그야말로 과학과 신비의 결합이다. 오우베는 바키리에 대해 이렇게 말한다. '패를 많이 갖고 있어. 물리적인 트릭에 최면술, 위생학⋯⋯ 비위생학이라고 하는 게 낫겠지. 기생충에 전염병, 거기에 독물, 환각성 식물. 우리가 모르는 미지의 노하우를 갖고 있는데다가 근대적 과학 지식까지 가지고 있어.' 그 모든 것들이 결합되어, 그 모든 정보를 알지 못하는 사람들을 공포에 사로잡히게 만드는 것이다. 그런데 나카지마 라모는 그런 '합리적인 해석'으로 주술과 기적을 설명하면서도, 여전히 현실저 너머의 무엇인가를 긍정한다.

그렇다면 일본까지 쫓아온 주술사는 과연 위력을 발휘할 수 있을까? 물론이다. 바키리는 폭력조직이나 권력의 힘까지 동원할 수 있는 능력이 있다. 주술사 바키리와 싸우는 것은 단지 퇴치 주문을 외우는 것만으로는 불가능하다. 반드시 바키리 주술의 정체를 알아야만 한다. 바키리는 단지 마법의 힘만을 믿고 온 것이 아니다. '전령 메로스밖에 없는 시대에 전화를 가진 녀석이 있으면 어떻게 되겠습니까. 훌륭한 대예언자가 될 수 있습니다. 우리는 지금 무척 복잡한 정보 시스템 안에 있습니다. 게다가 상대 쪽에는 바람잡이, 스파이, 배우 극단에 연기자까지 있고, 온갖 장치가 가능합니다. 보통 사람이 어떻게 속지 않고 제대로 겨룰 수 있겠습니까.'

사실『가다라의 돼지』가 진정으로 흥미로운 것은 2부까지다. 바키리가 일본으로 건너온 3부부터는 단순한 액션 활극처럼 펼쳐진다. 장황하게 과장하던 주술사 바키리가 갑자기 현실적인 존재가 되면서 괴상한 야쿠자 정도가 되었다고나 할까. 하지만 상관없다. 나카시마 라모의 소설이 매력적인 것은 꽉 짜인 구성이나 일관성 때문이 아니다. 엔터테인먼트를 지향하는 나카지마 라모의 글은 멋대로 뻗어나간다. 교고쿠 나츠히코의 장광설이 멋진 연설처럼 들린다면, 나카지마 라모의 글은 술집에서의 나른하지만 의미심장한 대화처럼 들린다.『가다라의 돼지』는 미스터리, 호러, 모험, 유머, 액션, 자전적 사소설 등이 망라된 엔터테인먼트 소설이다.

나카지마 라모는 『가다라의 돼지』를 쓰기 위해 직접 아프리카에 가서 주술사들과 생활했다고 한다. 나카지마 라모라면 당연히 그랬을 법한 행동이고, 아마 그 생활을 즐겼을 것 같다. 그리고 느꼈을 것이다. 주술의 세계라는 것이 우리의 현실과 동떨어지지 않았다는 것을. 술이나 마약에 취하고, 사랑이나 저주의 말을 던지는 것은 보통 사람들도 얼마든지 하는 일이다. 그 정체를 밝히는 것은 우리에게 소용이 없다. 사랑하거나 저주하거나, 중요한 것은 그 순간, 그 감정 자체다. 그것이 과학적으로 설명 가능한 세계이든, 마약을 통해서 들여다볼 수 있는 환각 혹은 초자연적인 세계이든 상관없다.

류신 스님에게 있어서는 불가사의한 것이 허구든 실재든 '아무래도 상관없다.' 자신이 인정하든 안 하든 객관적 과학이 인정하건 말건 그런 것은 스님에게는 '내버려두면 되는' 것이다. 종교로서 스님은 자신이 '공덕을 보여' 그걸로 사람이 조금이라도 편해지면 충분했다.

그것이 바로 나카지마 라모의 생각이었을 것 같다. 진실이 무엇이든, 사람들이 원하는 것을 얻으면 된다. 얻기 위해서 자유로워지고, 편해지면 되는 것. 어쩌면 그것이야말로 인생의 진실 아닐까?

팜므 파탈,
가장 매력적이고 원숙한 여인

「조화의 꿀」
렌조 미키히코

렌조 미키히코의 소설 중 처음 읽은 건, 나오키상을 수상한 단편집 『연문』이었다. 사랑 이야기. 너무나도 정갈하지만, 한없이 깊은 울림을 가진 이야기들. 「러브 레터」에서 쇼이치는, 가족을 버리고 한때 사랑했던 여인에게 돌아간다. 그녀가 시한부 인생이라는 이유로 자신이 갖고 있던 모든 것을 등진다. 가족도, 직장도, 미래도. 「피에로」의 남자는, 아내를 위하여 모든 것을 바친다. 상처를 입어도 웃으면서, 짙은 화장 뒤에서 눈물을 흘린다. 그들의 인생은, 실수와 잘못 그리고 고통으로 점철되어 있다. 하지만 그들은 묵묵하게 살아간다. 인생이란 언제나 빛과 어둠이 공존하는 것이니까. 아니 어둠 속에서 빛을 발견하기 위해 가는 것이니까.

렌조 미키히코는 『연문』의 각 단편마다 하나씩 수수께끼와 트릭을 숨겨놓았다. 차분하게 읽어 나가다 수수께끼의 의미를 발견하게 되면, 나도 모르게 눈물을 흘린다. 감동 때문이 아니라, 그들의 신산한 삶의 무게와 온기 때문에. 그들이 얼마나 힘들게 여기까지 왔는지, 그러면서도 자신의 일상을 결코 포기하지 않았음을 새삼 깨닫기 때문이다. 결국 누구나, 살아야 할 이유는 절실하게 존재하는 것이다. 아직은 모른다 해도. 「재회」에서 다섯 장의 사진에 담긴 의미처럼, 그 누구도 알아주지 않는다 해도.

『연문』 이후 다이쇼 시대를 배경으로 '꽃'을 둘러싼 사건들을 들려주는 『회귀천 정사』와 『저녁싸리 정사』, '미녀'들의 사랑과 증오, 유혹 등을 그려낸 단편집 『미녀』, 일곱 명이 어린 소녀의 죽음에 대해 진술하는 내용으로 '서술 트릭'을 전개하는 『백광』 등 렌조 미키히코의 소설에 나는 푹 빠져들었다. 『연문』과 『회귀천 정사』, 『저녁싸리 정사』를 읽으면서는 인간의 마음과 감정을 잘 읽어내는 작가라고 생각했고, 『미녀』와 『백광』에서는 탁월한 미스터리적 구성을 만들어내는 걸 보고 감탄했다. 본격 미스터리의 즐거움을 전개하면서도, 인간의 내면을 예리하고 우아하게 드러내는 작가. 중후하고도 날카로웠다.

그리고 『조화의 꿀』을 읽었다. 5년 만에 발표하여 '2010 미스터리가 읽고 싶다!' 1위를 차지한 유괴 미스터리. 이혼 후, 친정으로 돌아와 아들 케이타와 함께 살고 있는 카나코에게 전화가 걸려온다. 유치원에 있는 케이타가 벌에 쏘였다는 내용이었다. 아버지가 경영하는 인쇄소의 직원 카와타와 함께 유치원으로 간 카나코는 유치원 교사에게 엉뚱한 말을 듣게 된다. 할머니가 벌에 쏘여 위독하다면서, 케이타를 직접 데려가지 않았느냐고. 당황하여 집으로 돌아간 카나코에게 유괴범의 전화가 걸려온다. 그런데 남자는 자신이 케이타의 아빠이고 몸값 따위는 필요없다고 말한다. 현장에 온 형사가 누구인지도 알고 있고, 치과의사인 카나코의 전 남편에게도 직접 연락을 한 이상한 범인. 돈을 요구하지도 않는, 기묘한 유괴극.

유괴를 소재로 한 추리소설의 일반적인 구도는 돈을 뜯어내려는 범인과 어떻게든 그들의 정체를 알아내려는 경찰의 치밀한 머리싸움이다. 자신들이 누구인지 철저하게 숨기고, 돈을 받은 후에도 추적할 수 없게 하려는 범인들. 경찰들은 피해자 가족의 주변을 조사하며 용의자를 찾아내고, 돈을 건네주기로 한 장소를 철저하게 감시하는 것은 물론 돈을 가져간 후에도 추적할 수 있는 방법을 고민한다.『조화의 꿀』에서도 범인과 형사의 밀고 당기기는 치열하지만, 범인의 속셈이 무엇인지 도통 종잡을 수가 없다. 유괴 범죄의 달인이라고 할 형사들도 도저히 범인의 의중을 알 수가 없다. 돈을 가져오라는 곳은, 번화한 도심 시부야의 스크램블 교차로 한복판이다. 게다가 아이를 먼저 건네받고, 돈을 놔두고 오라는 것. 보통의 유괴 사건들과는 전혀 다른 양상으로 사건은 진행된다.

렌조 미키히코는『조화의 꿀』을 끊임없는 복선과 반전으로 끌고 나간다. 범인의 의도를 알아내는가 싶으면, 이전에는 전혀 드러나지 않았던 사건의 이면이 모습을 드러낸다. 기존의 인물이 전혀 새로운 얼굴을 보여주면서 사건 전체가 확 방향을 바꿔버리기도 한다. '조화의 꿀'이라는 제목은 인공적으로 만들어진 꽃에 발라진 꿀이라는 의미다. 조화에는 당연히 꿀이 없지만, 이상하게도 벌이 달려든다면 이유는 무엇일까? 꿀을 발라 둔다면 가능할까? 『조화의 꿀』이라는 제목은 렌조 미키히코가 선사하는 거대한 유괴 트릭이 어떤 의미를 갖는지 암시한다. 만들어진 인물, 무대에 꾸며진 범죄. 현실에 드러난 케이타의 유괴 사건, 그 무대의 뒤편에서는 화장을 지운 그들이 어떤 얼굴로 무슨 짓을 하고 있을까.

『조화의 꿀』을 읽고 나면 '대담무쌍한 작품'이라는 생각밖에는 들지 않는다. 책을 덮고 나서도 여전히 감탄하고 있다. 하나의 유괴사건에 중첩된 또 다른 범죄들. 게다가 그 모든 범죄들은 소위 '결백한 범죄'임이 드러난다. 그리고 범죄의 일부를 담당했던 사람들조차 자신이 거대한 무대에서 어떤 역할을 했는지 정확하게 알지 못한다. 사람, 사건들이 모여서 거대한 흐름을 만들어내고 반전에 반전을 거듭한다. 마지막의 마지막 순간까지. 그 절묘한 트릭에 기꺼이 찬사를 보낼 수밖에 없다.

하지만 『조화의 꿀』의 위대함은, 단지 독자를 완벽하게 속이는 트릭의 기발함 때문만이 아니다. 카나코의 이혼 이야기를 듣던 새언니는 무심코 말한다. 너도 '공범자' 아니었냐고. 그렇다. 『조화의 꿀』은 절묘한 트릭이 숨겨진 유괴 범죄를 보여주면서, 사실은 그 사건의 과거와 현재 그리고 좌우로 얽힌 수많은 사람들의 치명적인 이야기를 들려준다. 그들이 진짜 누구인지, 어떤 사람인지를 샅샅이 공개한다. 그리고 너무나도 매력적인 여인 란이 등장한다. 여왕벌처럼 수많은 남자들을 끌어들여, 자신을 위해 일하게 만드는 진정한 팜므 파탈. 개인적으로는 그동안『백야행』의 유키호가 가장 매력적인 팜므 파탈이었는데,『조화의 꿀』을 읽고 나서 란으로 바뀌었다.

란은 모든 범죄를 계획하는 것만이 아니라, 남자들의 마음을 읽어내고 그들을 움직이는 능력을 가지고 있다. 무엇이 진심인지 모르고, 진짜 그녀의 얼굴을 알지도 못하면서, 남자들은 치열하게 움직인다. 그녀를 위해서라면 모든 것을 바칠 수도 있다고 생각한다. 하지만 란의 진짜 얼굴은,『조화의 꿀』마지막 페이지를 덮을 때까지도 분명하게 드러나지 않는다. 그 모호함이 그녀를 더욱 매혹적으로 만든다. 아마도 란은, 단지 욕망 때문에 움직이는 여자가 아닐 것이다. 그녀는 자신이 움직이고, 행동해야 할 순간을 안다. 원하는 것을 깨달았을 때, 란은 남자들을 끌어들이고 완벽한 계획으로 완전한 무대를 만들어낸다.

『조화의 꿀』에 대해 감탄하는 글을 쓰면서도, 내용을 상세하게 말해주고 싶지는 않다.『조화의 꿀』은 아무런 정보도 힌트도 없이 읽어야, 더욱 즐겁게 읽고 흥분할 수 있는 미스터리다. 게다가 궁극적으로 인간이란 존재에 대해 말해주는 깊이를 지녔다. 렌조 미키히코는 '인간'에 대해 너무나도 잘 알고 있는 작가다. 나아가 인생이란 무엇인지, 이 세계가 어떻게 움직이고 있는지에 대해서도 작가는 모든 것을 꿰뚫어보고 있다. 팜므 파탈에 대해서도 역시.

/ 인용 도서 목록 /

『악인』 요시다 슈이치, 은행나무
『유골의 도시』 마이클 코넬리, RHK
『개의 힘』 돈 윈슬로, 황금가지
『차일드 44』 톰 롭 스미스, 노블마인
『이름 없는 독』 미야베 미유키, 북스피어
『고백』 미나토 가나에, 비채
『레볼루션 No.0』 가네시로 카즈키, 묵쓸리오
『제노사이드』 다카노 카즈아키, 황금가지
『비를 바라는 기도』 데니스 루헤인, 황금가지
『무덤으로 향하다』 로렌스 블록, 황금가지
『불야성』 하세 세이슈, 북홀릭
『런던대로』 켄 브루언, 시공사
『음흉하게 꿈꾸는 덱스터』 제프 린제이, 비채
『탄착점』 스티븐 헌터, 시공사
『우부메의 여름』 쿄고쿠 나츠히코, 손안의 책
『후회와 진실의 빛』 누쿠이 도쿠로, 비채
『아카쿠치바 전설』 사쿠라바 카즈키, 노블마인
『벨카, 짖고 있는가』 후루카와 히데오, 이미지박스
『이케부쿠로 웨스트 게이트 파크』 이시다 이라, 황금가지

『짐승의 길』 마쓰모토 세이초, 북스피어
『악의 교전』 기시 유스케, 느낌이 있는 책
『폐허에 바라다』 사사키 조, 북홀릭
『붉은 수확』 대실 해밋, 황금가지
『타운』 척 호건, 에버리치홀딩스
『본 콜렉터』 제프리 디버, RHK
『워치맨』 로버트 크레이스, 에버리치홀딩스
『어벤저』 프레더릭 포사이드, RHK
『추적자』 리 차일드, RHK
『아웃』 기리노 나쓰오, 황금가지
『탄환의 심판』 마이클 코넬리, RHK
『골든 슬럼버』 이사카 코타로, 웅진지식하우스
『와일드 소울』 가키네 료스케, 영림카디널
『이유』 미야베 미유키, 청어람미디어
『은행원 니시키 씨의 행방』 이케이도 준, 미디어2.0
『바티스타 수술팀의 영광』 가이도 다케루, 예담
『용의자 X의 헌신』 히가시노 게이고, 현대문학
『가다라의 돼지』 나카지마 라모, 북스피어
『조화의 꿀』 렌조 미키히코, 북홀릭

국립중앙도서관 출판시도서목록(CIP)

하드보일드는 나의 힘 : 김봉석의 하드보일드 소설 탐험 / 지은이: 김봉석. — 고양 : 위즈덤하우스, 2012
 p. ;   cm

ISBN 978-89-5913-702-2 03810 : ₩12000

하드 보일드 소설[—小說]
소설 평론[小說評論]

809.9-KDC5
809.3872-DDC21   CIP2012003815

하드보일드는 나의 힘

초판 1쇄 인쇄 2012년 8월 27일
초판 1쇄 발행 2012년 8월 31일

지은이 김봉석
펴낸이 연준혁

출판1분사 분사장 최혜진
2부서 편집장 한수미
제작 이재승 **디자인** 함지현

펴낸곳 (주)위즈덤하우스 **출판등록** 2000년 5월 23일 제13-1071호
주소 (410-380) 경기도 고양시 일산동구 장항동 846번지 센트럴프라자 6층
전화 (031)936-4000 **팩스** (031)903-3895
홈페이지 www.wisdomhouse.co.kr **전자우편** wisdom1@wisdomhouse.co.kr
종이 월드페이퍼 **인쇄·제본** (주)현문

값 12,000원 ⓒ 김봉석 2012 ISBN 978-89-5913-702-2 03810

- 잘못된 책은 바꿔드립니다.
- 이 책의 전부 또는 일부 내용을 재사용하려면 사전에 저작권자와
  (주)위즈덤하우스의 동의를 받아야 합니다.